잊을 수 없는 6·25전쟁

1950년 6월 25일

박 윤 식 지음

저자 서문

구한말 이후 오늘날까지 고요한 아침의 나라 대한민국은 반만년의 유구한 역사 가운데 최대의 격동기를 뚫고 전진해 왔습니다. 오늘에 이르기까지 우리나라의 그 파란만장(波瀾萬丈)한 역사는, 감히 필설로 다 표현하기 어려울 정도로 고난의 가시밭길이었습니다. 세계열강의 각축과 일제의 수탈과 압제, 해방 이후 좌·우익 대결의 혼란, 6·25전쟁의 참화, 반복되는 정치적 혼란 속에서, 대한민국은 그야 말로 한 치 앞도 내다볼 수 없는 칠흑 같은 흑암과 혼돈 속에 빠져 있었습니다. 그러나 이토록 불우했던 약소민족 대한민국은 그 어떤 나라보다도 평화를 사랑하며 본심이 선하고 착한 백의민족(白衣民族)이었습니다. 순박하고 순진하기 그지없는 우리 민족은, 오직 나라가 잘되어야 백성이 잘된다는 일념(一念)과 허리를 졸라매는 근검절약으로 마침내 부강한 나라를 이룩하였습니다. 대한민국은 하늘에서 비춰 주신 한 줄기 소망의 빛을 붙잡고 신통하게도 그 거친 역사의 격랑을 헤치고, 마침내 민족 본연의 기개를 드높여 전 세계 선망의 대상으로 우뚝 솟아올랐습니다. 이제 대한민국은 위대한 민족사적 대업을 완수하고, 세계를 선도하는 일류국가가 되어 새로운 시대적 정진을 이루어야 할 중차대한 역사적 분기점에 직면해 있습니다. 이러한 때에 우리 대한민국 국민들에게 가장 시급한 것이 있다면, 그것은 정확한 역사의 인식과 전수입니다.

역사란, 지난날 오랜 세월을 거쳐 오늘에 이르기까지의 세계나 국가 민족 등이 겪어 온 정치적·사회적·문화적 변천의 과정이나 중요한 사실과 사건의 자취를 말합니다. 분명 역사는 과거를 토대로 현재를 거쳐 미래로 부단히 거대한 물결을 이루며 흘러 나아갑니다. 현재의 역사는 과거 모든 역사의 결과물이므로, 과거의 역사 없이는 현재의 모습이 구현될 수 없습니다. 그러므로 과거에 대한 정확한 인식은 현재를 정확히 보게 하고 동시에 정확한 미래의 건설을 가능케 합니다. 세계를 선도해 갈 대한민국의 찬란한 미래를 건설하고자 할 때, 가장 시급한 것은 바로 과거 역사를 바르게 인식하고 그것에 대해 공정(公正:공평하고 올바름)을 기하는 것입니다.

역사 기록에 있어서 가장 중요한 것은, 과거의 역사적 사실을 실제 있었던 그대로 정확하게 기록하는 것입니다. 자신의 주장을 정당화하기 위해 역사적 사실을 왜곡하거나 날조하여 기록하는 것은 바른 역사관(歷史觀)이 아닙니다. 자기 견해와 입장을 너무 강조한 나머지 역사적 상황을 있는 그대로 기록하지 않고, 주관적으로 치우쳐서 어느 한 부분을 과장하거나 부풀려 기록하고 의도적으로 빼 버리는 것 또한 바른 역사관이 아닙니다. 우리는 역사를 기록할 때 양심을 속여서는 안 되며, 양심에 화인(火印) 맞아서 거짓말하는 자가 되어서도 안됩니다. 옛 성인들의 말처럼 양심의 악을 깨닫지 못하거나 아예 양심이 없는 사람은 참된 사람이라 할 수 없습니다. 역사는 살아 있는 양심을 가지고 사실 그대로 기록해야 합니다. 대한민국의 후손들이 그 역사를 좌나 우로 치우침이 없이 객관적으로 읽고 또 기록해 나가도록 하는 것은, 너무도 중요한 일입니다.

과거의 역사를 올바르게 기억하는 민족은, 결단코 잘못된 역사를 되풀이하지 않으며 새로운 역사의 창조적인 주역이 되어 전 세계를 밝혀 나갈 수 있습니다. 이러한 사실을 뼈저리게 깨달은 민족이 바로 유대 민족입니다. 이스라엘 '야드 바쉠 홀로코스트 박물관' 전시실 2층 동판에는 "Forgetfulness leads to exile, while remembrance is the secret of redemption."(망각은 포로 상태로 이어지나 기억은 구원의 비밀이다.)라는 문구가, 그리고 기념관 출입구에는 "Forgive, but remember."(용서하라, 그러나 잊지는 말라.)라는 문구가 새겨져 있습니다. 뼈아픈 역사를 기억하지 않으면 다시 비참한 멸망의 상황으로 떨어질 수밖에 없다는, 유대인의 깊은 민족적 참회와 깨달음, 그리고 미래에 대한 각오를 엿볼 수 있습니다.

옛날 이스라엘 민족의 위대한 지도자 모세는, 120세로 운명하기 직전에 가나안 입성을 앞둔 제 2세대들에게 "옛날을 기억하라 역대의 연대를 생각하라 네 아비에게 물으라 그가 네게 설명할 것이요 네 어른들에게 물으라 그들이 네게 이르리로다"라고 준엄하게 명령하였습니다. 이는 과거 역사를 회고함으로써 미래 역사를 전망하라는, 유언과도 같은 메시지입니다. 기억해야 할 '옛날(the days of old)'과 생각해야 하는 '역대의 연대(the years of all generations)'에 대한 언급은, 현존하는 역사에는 분명한 시작과 뿌리가 있음을 알려줍니다. '기억하라(remember), 생각하라(consider), 물으라(ask)'라는 이 세 가 지 명령은, 우리 후손들에게 역사에 대한 교육이 반드시 그리고 중단 없이 계승되어야만 한다는 것을, 강력하게 일깨우고 있습니다. 역사 교육을 통해 우리 후손들이 자신들의 뿌리를 찾고, 아비가 설명해 주고 어른들이 일러 주는 역사적 진실과 심원한 경륜을 배움으로써, 우리 민족은 비로소 나라가 나아갈 올바른 방향을 찾게 될 것입니다. 정직하고 성실한 역사 교육이야말로, 만세에 빛나는 대한민국을 만드는 참된 원동력과 생명줄이며, 향후 나라의 운명을 좌우하는 중차대한 과제인 것입니다.

우리나라의 일제 강점기와 6·25전쟁은, 대한민국 백성이라면 반드시 그 실상을 바로 알아야 하고 영원히 기억해야 할 역사적 이정표입니다. 그런데 일제 강점기의 암울하고 처량했던 식민 통치와 수

백만의 목숨이 희생된 6·25전쟁의 참상을 생생하게 기억하고 있는 사람은 이미 80세가 넘었고, 그 이후 세대는 대부분 그때의 비극을 알지 못하거나 옛날이야기 정도로 가볍게 여기고 무관심합니다. 지금 우리나라의 현대사는 지나치게 왜곡되어 차마 눈을 뜨고 읽을 수 없을 정도로 편향되고 좌경화되어 버렸습니다. 심하게 편향되고 좌경화된 물결이 홍수처럼 밀려오고 있는데, 이것은 대한민국을 한 순간에 무너뜨릴 수도 있는 무서운 것임을 온 국민이 깨어 직시해야 합니다. 역사를 왜곡시켜 놓은 채 이기적이고 단편적인 주장들로 국론이 분열된다면, 모래 위에 지은 집이 풍랑에 쉽게 무너지듯이, 아무리 최고로 발전한 물질문명을 가진 나라라도 순식간에 무너질 수밖에 없는 것입니다.

저는 대한민국 격동기의 현장을 직접 체험한 산 증인 중의 한 사람입니다. 해방 이후 고향 이북에서 공산당에게 공산주의 교육을 받았고, 그 실상 또한 낱낱이 목격했고 실제로 경험했습니다. 월남(越南)전에 이미 레닌(Vladimir Lenin)의 「국가와 혁명」, 「유물론과 경험비판론」, 마르크스(Karl Heinrich Marx)의 「자본론」, 「공산당 선언」 등을 교재로 공산주의 사상 교육을 철저하게 받았었고, 이러한 교육과 체험을 통해 공산주의의 허구성과 치명적인 한계를 누구보다도 정확히 파악하게 되었습니다. 1917년 11월 7일, 레닌의 주도로 볼셰비키 러시아 혁명을 승리로 이끈 공산주의는 1991년 12월 31일 완전 붕괴되어, 약 75년 만에 역사의 무대에서 완전히 사라져 버렸습니다. 이것은 공산주의가 이론은 그럴싸하게 보이지만 실제로는 이론대로 실현되지 않는 허구임을 보여 준 것입니다. 공산주의가 자유와 번영, 행복을 보장해 주는 것이 사실이라면 어떻게 이렇게 허무하게 붕괴될 수 있단 말입니까? 공산주의는 당 간부를 비롯한 특권층만 잘살고 교육적 혜택을 누리는 독재 체제요, 공산주의가 들어간 나라마다 무자비한 살상으로 피바다를 이룬 참혹상이 적나라하게 드러났습니다. 이미 역사의 심판을 받았고 온 세계가 내다버린 쓰레기같이 된 이론을 아직도 붙잡고 있는 이들이 많은 것을 보면, 참으로 통탄을 금할 길이 없습니다.

그래서 저는 이 소책자를 통해 현 세대가 전혀 체험하지 못한 을미사변, 을사늑약, 한일합병, 대구 10월사건, 제주 4·3사건, 여수 순천 사건 등을 상세하게 밝히고, 무엇보다 공산주의가 개인과 민족에게 미치는 심각한 파괴력과 그에 따른 폐해를 분명하게 보여 주기를 원합니다. 한걸음 더 나아가 우리나라의 가장 암울했던 현대사를 통해, 나라 없는 설움이 어떤 것인지, 또 나라를 빼앗긴 비참함이 어느 정도인지를 모두에게 일깨워 주고 싶습니다. 저로서는 최선을 다해 현장을 방문하여 눈으로 확인하면서 마지막까지 증언자들을 만나 많은 도움을 받고, 그들의 증언을 정성껏 녹취하고 재차 확인하였습니다. 나름대로 공을 들였으나 아직 미흡하고 불완전하기만 합니다. 하지만 더 늦기 전에 역사적 진실을 후대에 왜곡 없이 전달해야 한다는 소박한 뜻으로 책을 출판하게 되었습니다. 그 동안 섬기는 교회에서 국가의 국경일이나 절기, 목요일마다 꾸준히 해 온 구국(救國) 강연 원고들과 우리나라 근현대사에 대하여 45년간 꾸준히 연구하며 정리해왔던 조각들을 한 곳에 모아 조그만 결실을 보게 된 것입니다.

저는 이북에서 공산주의의 허구성을 깨닫고 1947년 월남하여 춥고 배고프던 차에 통위부 후방사령부 국방경비대에 입대하여, 당시 군대의 상황을 누구보다 피부로 체험할 수 있었습니다. 저는 국방경비대에서 먼저 입대한 군인들이나 하사관들에게 기회가 있을 때마다 북한의 실상과 공산주의의 허구성을 설명하곤 하였습니다. 그때의 국방경비대 사령관은 송호성 준장이었는데, 그는 여수 순천 사건

20여 일 전인 1948년 9월 말에 저를 선도하겠다고 불렀습니다. 그는 두 시간 가까이 북한 공산주의에 대해서 자세히 물어보고 대화하는 가운데 저를 위하는 척하면서 "지금은 공기가 좋지 못하니 당분간 말조심하라"라고 말한 적이 있었습니다. 그때 저는 송호성 사령관의 태도를 보면서 이상하다고 생각했었습니다. 그런데 놀라운 것은 그가 6·25때 인민군에 의해 서울이 점령당하자, 남하하지 않고 인민군 여단장이 되어 국군에게 총부리를 겨누었다는 사실입니다. 그는 1950년 7월 4일 대남방송을 통하여, 국군병사들과 장교와 삼천만 동포들에게 자기를 본받아 인민군과 빨치산이 되어 "총부리를 돌려 인민의 원수 미제와 매국노 이승만 괴뢰도당을 타도하라"라고 부르짖기까지 했습니다. 또한 1948년 12월 보안법이 발표된 후 갑자기 부대의 많은 군인들이 탈영하였으며 그 대다수가 지휘관들이었습니다. 알고 보니 남로당에 가입하였던 빨갱이들이었습니다.

이러한 상황 속에서 6·25가 발발했고, 저는 인민군과의 치열한 전투를 계속하면서 밀리고 밀려 남하하게 되었습니다. 곳곳마다 공산당의 만행으로 처참하게 학살 당해 나뒹구는 시체들은 차마 눈뜨고 볼 수 없을 정도로 참혹하였습니다. 전쟁이 얼마나 무서우며 공산당이 얼마나 잔악한지를 깨달을 수 있었으며, 다시는 이 땅에 전쟁이 일어나서는 안 되고 이 지구상에서 공산주의는 없어져야만 한다는 것을 온 몸으로 체험하게 되었습니다. 저는 남하하던 중 지리산 전투에서 인민군의 총격으로 다리에 부상을 당하였습니다. 지금까지 계속되는 저리고 아픈 총상의 통증은, 일평생 저에게 나라가 얼마나 귀중한지를 일깨워 주고 있습니다.

저는 이미 오래 전에 목회 일선(一線)에서 은퇴하고 어느덧 85세가 다 되어 인생의 황혼기를 살고 있습니다. 그러나 지금이라도 나라가 또 부른다면 다시 전장에 나가리라 하는 마음의 충정은 변함이 없습니다. 나라를 사랑하고 자기 민족을 사랑하는 것이, 국민의 가장 기본적인 의무이고 참된 구국(救國)입니다. 조국을 위해 목숨 바쳐 일하는 군인, 경찰, 공무원들, 노동자들, 남이 알아주지 않는 자리에서 대한민국의 안위를 노심초사하는 이름 없는 진실한 애국자들이 많이 있기에, 우리나라 대한민국은 든든하고 후손들의 미래는 희망찹니다.

나라 없는 개인은 존재하지 않으며, 역사 없는 나라도 존재하지 않습니다. 대한민국의 역사는 곧 우리 각 사람의 역사이기도 합니다. 제 나라의 역사를 모른다면 누구도 자기 정체성을 올바로 세울 수 없고, 그 개인의 앞날은 물론 나라의 밝은 미래를 기대할 수 없습니다. 역사에 대한 정확하고 올바른 인식이 곧 애국심의 참된 발현이며, 앞으로도 대한민국이 세계를 선도하는 가장 부강한 나라가 되는 첩경(捷徑)입니다. 저는 자라나는 세대에게 대한민국 국민으로서 마땅히 알아야 할 역사를 사실대로 전해 주어야만 한다는 사명감으로 이 책을 집필하였습니다. 부디 온 국민이 올바른 역사관을 가지고 나라 사랑의 뜨거운 애국심으로 불타올라, 대한민국을 세계에서 가장 존경받는 위대한 나라로 만들어가는 찬란한 횃불들로 쓰임 받게 되기를 간절히 소망합니다.

2011년 11월 5일

박윤식

들어가면서

해마다 6월은 우리 민족에게 아픔의 달로 남아 있습니다. 그래서 6월은 나라에서 호국 보훈의 달로 정하여, 나라를 지키기 위해 목숨을 바쳐 충성한 순국선열을 특별히 기념합니다. 나라를 위해 목숨을 바치신 순국선열들이야말로 후손들에게 가장 존경을 받아야 하고, 그 숭고한 뜻은 결코 잊혀져서는 안됩니다. 그러나 6월 한 달만 호국 보훈하고 끝나서는 안 됩니다. 진정한 애국은 실천 없는 말잔치가 아니고, 역사의식을 가지고 앞장서서 나라의 장래와 발전을 위해서 남들이 꺼려하더라도 행동으로 본을 보이는 것입니다. 가장 시급한 것이 있다면, 우리나라의 근현대사를 바로 세워 후세대가 6.25를 영원히 기억하게 하고, 순국선열의 희생의 가치가 얼마나 숭고한가를 뼛속 깊이 새겨 주는 일입니다. 우리가 누리는 자유와 번영과 풍요가 그냥 얻어진 것이 아니라, 나라를 위해 이름도 없이 빛도 없이 헌신한 고귀한 목숨들의 희생이 있었다는 것을 기억해야 합니다.

38선에 전쟁의 총성이 멎은 지도 어언 60년이 흘렀습니다. 1950년 6월 25일부터 3년 1개월 2일 그리고 17시간 동안, 임진강에서부터 한강, 낙동강으로 밀리고 밀리는 후퇴(後退)를 거듭하다가, 다시 북진(北進)하여 대동강, 압록강, 두만강에 이르기까지 반만년 푸르던 조국 강산은 완전히 초토화되어 사방은 온통 잿더미로 변했고, 사람의 시체가 온 땅을 뒤덮어 발길 닿는 곳마다 선혈이 낭자했습니다. 그리고 약 18만 명의 국군과 유엔군이 목숨을 잃었습니다. 전선에 투입된 초기부터 마지막 휴전에 이르기까지 살아남을 수 있었던 군인은 불과 몇 명 되지 않습니다. 격전지에서 3년 1개월 2일이 지났는데도 살아남았다면 기적 중의 기적입니다. 전쟁 중에 겨우 살아남은 국민은 매일 목숨을 부지하기 위해 말로 할 수 없는 온갖 고생을 견뎌야 했습니다. 6·25전쟁은 영원히 잊으려야 잊을 수 없고 지우려야 지울 수 없는 민족적 상처요, 아픔입니다. 대한민국 반만년 역사에 다시없는 참상이요, 최대의 비극이었습니다. 갓난아이부터 노인까지 극한 아픔과 슬픔으로 신음하는 소리, 가슴 치며 통곡하는 소리는 삼천리 방방곡곡 산야와 천지를 울렸습니다. 어디를 가나 부모를 잃은 고아와 남편을 잃은 아내의 하염없는 눈물이 하수를 이루었고 위로받을 곳은 아무데도 없었습니다. 다 같은 처지인데 누구에게 하소연할 것이며, 누가 누구를 위로해 줄 것입니까? 한강변 둑에는 가매장 되었다가 빗물에 씻겨서 노출됐거나 그대로 팽개쳐진 시체들이 즐비하여, 그 악취는 숨이 막힐 지경이었습니다. 그야말로 김일성 한 사람이 우리나라를 한순간에 완전히 지옥으로 만들었습니다.

그러나 60년이 지난 지금, 우리의 젊은 세대는 이 전쟁이 언제 발발했는지조차 알지 못합니다. 지난 60년 동안 전쟁의 폐허를 빨리 복구하려는 데 온 힘을 기울이면서, 피 흘리며 싸웠던 그 격전지의 폐허 위에는 크고 작은 도로가 개발되고, 거대한 아파트 단지가 조성되었으며 화려한 호텔과 빌딩이 생겼습니다. 지형적으로 변모가 심하여 참전용사가 방문하여도 치열했던 전쟁의 흔적을 찾아보기가 쉽지 않습니다. 그때 천지를 뒤흔들었던 폭음과 총성도 이젠 너무 멀어져 옛일이 되었고, 피맺힌 통곡도 더 이상 들리지 않습니다. 그러나 치열했던 전선마다 이름 모를 산하에 숭고한 피를 흘리며 희생된 자들은 아직도 가족의 품으로 돌아오지 못한 채, 그 누운 자리에서 무겁게 소리치고 있습니다. 6·25전쟁 중에 유엔군이 4만 670명 전사, 한국군은 그 3배가 넘는 13만 7천 899명이 전사하였습니다. 그 가운데 현재 공식적으로 찾지 못한 유해는 13만 4천 명이나 됩니다. 6·25전쟁 중에 나라를 위해 목숨 바쳐 싸운 전우 대부분이 그 시신마저 가족의 품으로 돌아오지 못하고, 이름 모를 골짜기와 산야에 방치되어 있는 것입니다. 그들은 모두 이 골짝 저 골짝에서 힘겹게 싸우다가 적의 포탄에 맞아 그 전투 현장에 쓰러진 채로, 그때 그 참혹한 역사를 우리에게 증언하고 있는 것입니다. 군번도 없이 나라를 위해 용감히 싸우다가 피어 보지도 못하고 무참히 꺾인 꽃다운 목숨들이, 그 유해를 찾지 못했거나 찾아도 국군묘지에 안장되지도 못하여 이름 석 자도 남기지 못한 채, 조국 강산 어디엔가 흙과 강물 속에 묻혀 있는 것입니다. 스위스 철학자 '장 자크 루소'(Jean-Jacques Rousseau, 1712-1778)의 사회계약론(1762년)에 의하면, 국가는 국가 전체의 안전을 위하여 개인에게 생명을 요구할 수 있는 계약 관계이며, 개인은 그 요구에 응할 의무가 있고 국가는 희생한 그들과 그 가족에 대하여 끝까지 책임을 져야 할 의무가 있다고 했습니다. 나라를 위해 목숨을 바치신 순국선열들의 숭고한 뜻은 결코 잊혀져선 안 됩니다. 순국선열과 보훈가족의 공헌을 높이 평가하고, 국가적으로 독립유공자와 6·25 전사자들의 유해를 발굴하고 이장하는 일에도 정성을 다해야 합니다.

1945년 8월 15일, 우리나라는 일제 36년 식민 치하에서 해방되었으나, 갑작스런 해방이었기에 나라는 한 치 앞도 보이지 않을 만큼 혼란과 혼돈 속에 빠졌습니다. 가장 큰 원인은 1925년 4월 17일 창당되었다가 일제의 탄압으로 지하에서 활동하던 조선공산당이, 해방이 되자 감옥과 지하에서 일제히 나와 1945년 8월 20일 '조선공산당'을 재건하였고, 9월 6일 '조선인민공화국'을 선포하면서 막강한 실세로 정부 행세를 하며 이 나라에 대한 지배권을 주장했기 때문입니다. 해방 이후 그 혼란했던 5년 어간, 1946년 대구10월사건과

1948년 제주 4·3사건이 있었고, 1948년 10월 19일 여수 주둔 국방경비대 14연대 인사계 지창수 상사와 김지회 중위(육사 3기)와 홍순석 중위(육사 3기)의 주도로 좌익 남로당원 50여 명의 반란이 일어났습니다.

이어 광주 4연대, 마산 15연대, 대구 6연대 등이 연속적으로 군 내부 반란을 일으켰습니다. 당시 군 내부의 남로당은, 육군 총병력의 약 10%에 해당하는 10,317명이나 되었습니다. 만일 국가보안법(1948년 12월 1일 법률 제10호 통과)이 아니었더라면, 저들은 6·25전쟁 때 후방을 차단했을 것이고 미군이 개입할 여지도 없이 국군은 완전히 붕괴되고 말았을 것입니다.

적화 야욕의 살인마 북한의 김일성은 1950년 6월 25일 새벽 4시, 선전포고도 없이 기습적으로 남침하여, 3년 1개월 2일 동안 전 국토의 80%를 잿더미로 만들고 말았습니다. 6·25전쟁이 김일성의 남침 야욕에 의해 발발한 사실은 이론(異論)의 여지가 없는데도, 남한이 북침했다고 주장하는가 하면, 우리 측에서 북한이 남침하도록 유인했다는 해괴망측한 이론(남침유인설)까지 퍼뜨리는 얼빠진 인간들이 있습니다.

고려대 최장집 교수는 **「해방전후사의 인식 제 4권」**에서 "한국전쟁은 옹진반도에서 시작되어 점차 동쪽으로 확대되면서 개성, 춘천, 동해안으로 이어져 나갔다."(36쪽)라고 허위 사실을 기록했습니다. 인민군은 6월 25일 새벽 4시 전차 258대를 앞세우고 38선 전 지역에서 일제히 남침하였습니다. 같은 책에서 **김명섭**은 "평화통일을 지향하는 남북협상파 인사들의 노력이 이승만의 북진통일 노선과 물리력에 의해 제압되어, 평화통일 노력의 계속적인 좌절로 1950년 6월 25일 새로운 전쟁을 일으키게 되었다."(139쪽)라고 북한에서 주장하는 내용을 그대로 옹호하고 있습니다. 평화통일 제안은 북한 인민군이 남침 준비를 완료해 놓고, 남한 정부를 방심하게 한 후에 뒤통수를 치기 위한 위장기만전술이었습니다. 또한 **연세대 박명림 교수는 「해방전후사의 인식 제 6권」**에서 "사실상 6월 25일 새벽에 누가 먼저 총을 쏘았는지를 밝히는 것은 거의 불가능에 가까운 일일뿐더러 중요하지도 않다."(171쪽)라고 기록하고 있는데, 이는 북한의 남침 도발의 책임을 희석시키려는 악의가 가득한 망언입니다.

6·25전쟁은 당시 남북한 군사력만 비교해 보아도 도저히 북침일 수가 없습니다. 남한군은 105,752명, 북한군은 198,380명으로 숫자 면에서도 북한이 배나 많았고, 더구나 남한은 6월 24일 토요일부터 군인 3분의 1이 휴가 및 외출 중이었습니다. 북한의 군사력 또한 남한과 비교할 수 없을 만큼 압도적이었습니다. 남한군은 전투기가 한 대도 없는데(연습기만 22대) 북한은 소련 최신 전투기(YAK-9)가 211대나 있었고, 남한은 전차(탱크)가 한 대도 없는데 북한은 소련제 T-34 전차가 258대나 있었습니다. 남한은 105㎜ 곡사포 88문뿐인데 비해, 북한은 76㎜ 곡사포 380문, 122㎜ 곡사포 172문이 있었고, 북한은 또한 남한군이 가지고 있지 않은 자주포(SU-76) 176문, 그 밖에 고사화기 다수를 보유하고 있었습니다. 이렇게 중무장한 인민군 부대가 밀고 내려오는데 어떻게 국군이 38선을 넘어 북침할 수가 있단 말입니까?

게다가 기습공격이었기 때문에 전쟁이 시작된 25일 당일 9시 30분에, 인민군 1사단에 의해 개성이 이미 점령되었고, 오전 11시에 인민군 3사단에 의해 포천이 점령되었고, 오후 6시에는 송우리까지 점령되었습니다. 남한은 전쟁 발발 3일 만에 반격도 제대로 못 해보고 문산, 김포 축선(軸線)의 1사단과 5사단, 3사단 그리고 동두천, 포천 축선의 7사단, 2사단, 수도사단 등 도합 6개 사단의 국군 4만 4

천 명이 전멸하였습니다. 그래도 6·25가 북침이라고 거짓말을 계속 할 수 있습니까?

6·25의 참극이 안겨 준 이 민족의 상처는 참으로 두 번 다시 기억하고 싶지 않은 혹독한 것이었습니다. 온 강토가 두들겨 맞을 대로 맞았고 터질 대로 터졌으며 무참히 짓밟혔습니다. 산과 들은 동포의 시체로 뒤덮여 차마 눈뜨고 볼 수가 없었고, 인민군의 광란 속에 부모 잃고 자식 잃고 형제자매가 처참하게 죽어 간 그 한 맺힌 울부짖음과 탄식이 방방곡곡에 가득히 메아리쳤습니다.

1·4후퇴 때의 피난길은 폭설이 쏟아져서 눈이 무릎까지 쌓여 발을 떼어놓기도 힘이 들었는데, 피난 보따리를 등에 짊어지고 머리에 이고 어린아이까지 잡아끌면서 겨우겨우 옮기는, 지칠 대로 지친 발걸음에 굶주림까지 겹쳐 왔습니다. 가는 곳마다 부모 잃은 어린아이들이 길에서 헤매고 있었고 가깝게 들려오는 포성에 마음을 졸였습니다. 이러한 피난 행렬을 피부로 겪은 세대들은, 몸서리치던 그때의 기억을 영원히 잊지 못할 것입니다. 저 자신이 바로 그때 서부 전선 토성(개성)지구에서 전쟁의 첫 순간부터 적과 싸웠던 사람이므로, 당시에 체험했던 사건들을 누구보다도 생생하게 기억하고 있습니다. 참으로 전쟁이란 것은, 이 세상에 그 무엇과도 비교할 수 없는 가장 큰 비극입니다. 저는 3년 동안 전쟁의 한가운데서 삼천리 금수강산에 가득했던 끔찍한 고통과 슬픔, 그 상처를 다 보았습니다. 길거리마다 쌓여 있는 시체, 부상자들이 고통 중에 신음하는 소리, 부모 잃은 어린아이들과 자식 잃은 부모들의 울부짖는 소리, 죽은 어머니의 젖을 빨고 있는 아이, 허기져서 정신 나간 사람들처럼 풀뿌리를 먹는 사람들, 실로 저마다의 통곡과 부르짖음이 하늘에 사무치고 삼천리에 메아리쳤습니다.

이 모두가 해방 이후 좌·우익의 첨예한 갈등 때문에 시작된 것이었고, 이북 공산당이 적화야욕을 품고 무력으로 남침하여 6·25전쟁을 일으킨 결과입니다. 우리는 그때의 아픔을 뼈에 깊이 되새기면서, 두 번 다시 전쟁의 쓰라림을 겪지 않도록 해야 합니다. 참혹했던 지난날 역사의 발자취를 거듭거듭 되밟아 보고 정확하게 연구해야만, 우리의 앞날을 대비할 수 있고 적에게 맞설 만한 힘을 키울 수 있습니다. 역사를 기억하는 일을 소홀히 하면, 60년 전의 참혹한 희생은 또다시 우리의 역사 위에 반복될 것이 불을 보듯 뻔합니다.

역사적 사실은 결코 시대 흐름에 따라 변하는 것이 아닙니다. 그 해석에 있어서 여러 의견이 나올 수는 있으나, 실체적 진실까지 왜곡되어서는 안 될 것입니다. 시간이 지났다고 해서 강자(승자)편에서 역사적 진실 자체를 가감하거나 왜곡해서는 절대로 안 됩니다. 역사는 더해서도 안 되고 빼서도 안 되며 정확한 사실 그대로 밝혀져야 합니다. 그 순간에 비로소 역사는 현재 속에서 놀라운 생명력을 발휘하여, 현재를 곧게 비추어 주는 선명한 거울이 되며, 미래를 향해 올바른 방향을 힘차게 외치는 나팔수가 되는 것입니다. 그러나 왜곡 날조된 역사는, 반드시 우리와 후손들을 나약하게 만들고 병들게 하여 나라의 장래를 암담하게 만듭니다. 과거 역사를 사실대로 진단하지 못한다면 우리 민족은 앞을 볼 수 없는 장님이나 다를 바가 없습니다.

아직도 국토는 남과 북으로 분단되어 있고, 내부적으로 보이지 않는 이념적 갈등이 끊이지 않는 것이 현재 우리나라의 현실입니다. 그러므로 더더욱 거짓 없는 역사의 보존을 위해, 사실을 사실대로 왜곡 없이 기록하는 일과 젊은 세대들을 위한 올바른 역사 교육이 강력히 요청되는 것입니다. 국사를 정직하게 사실대로 거짓 없이 기록하고 이야기할 때, 비로소 국민들에게 감동을 주어 참된 애국심을 심어 줄 수 있습니다.

국가(國家)란 민족의 커다란 집입니다. 나라 국(國)에 집 가(家), 국가는 실로 민족 대식구가 모여 사는 영원하고 광대한 집입니다. 이 나라에 사는 백성들은 저마다 대한민국의 한 가족 한 식구인 것입니다. '나라'라고 하는 것은 상황과 필요에 따라 입었다 벗었다 하는 옷가지 같은 것이 아니고, 절대로 떼어내 버릴 수 없는 내 살과 같은 것입니다. 그런 의미에서 백성과 국가는 일체라고 할 수 있습니다. 부디 이 책을 읽는 대한민국 백성 모두가 뜨거운 민족혼으로 조국의 앞날을 늘 생각하고 염려하며, 나아가 일사각오(一死覺悟) 애국애족의 일념으로 나라를 지키는 진실된 애국자 되시기를 간절히 소원합니다.

차 례

1. 6·25전쟁은 북한의 명백한 불법 남침

The Korean War, an indisputably unlawful invasion by North Korea

(1) 선전포고도 없이 일으킨 북한의 일방적인 불법 남침

1950년은 '30년 만에 최악'이라는 봄 가뭄이 닥쳤는데, 6월이 되자 아직 장마철이 아닌데도 6월 19일부터 24일까지 연거푸 비가 내리다가 자정 가까이 되어서야 겨우 멎었습니다.

25일 새벽 3시, 김일성(당시 38세)은 내각 비상 회의를 열어서 "오늘 새벽 1시에 남조선 국방군이 38선을 넘어 공화국을 침공하였다. 인민군은 이를 반격한다."라는 거짓말을 하여, 전선사령관 김책에게 "6월 25일 04시 국방군을 반격하라"라고 명령했습니다.

공격 개시 암호명은 '폭풍'이었고, 동시에 무전망으로 숫자 '224'도 타전되었습니다. 북한군들에게는 사전에 전화로 '폭풍', 또는 무전기로 '224'라는 암호가 전해지면 남쪽을 향해 포격을 시작한다고 약정되어 있었던 것입니다. 포격 개시와 함께 38선 인근에 배치된 북한군의 포구가 남쪽을 향해 일제히 불을 뿜었습니다.

북한 공산군은, 전차를 앞세우고 38선 240㎞를 일제히 넘어 일방적인 기습공격을 시작했고, 둑이 터진 저수지의 물이 논과 밭을 덮치듯이, 전쟁이 터지자마자 38선은 흔적도 없이 사라져 버렸습니다. 그리고 북한군과 함께 몰아닥친 붉은 물결은, 불과 3일 만에 대한민국의 수도 서울을 덮쳐 버렸습니다.

북한 정권은 그들의 기습이 성공을 거둔 것이 확실해지자, 25일 오전 11시에 평양 방송을 통해, 국군이 북침하여 인민군이 반격 중이라고 거짓 방송을 하였습니다. 그리고 전쟁의 모든 책임은 남조선 측에 있다고 주장하면서, 현재 남조선 측의 북침을 격퇴하고 반공격(反攻擊)으로 넘어갔다고 거짓 방송을 했습니다. 그날 오후 1시 35분, 방송에서 김일성은 "남한이 북한의 모든 평화통일 제의를 거절하고 이날 아침 옹진반도에서 해주로 북한을 공격했으며, 이는 북한의 반격이라는 중대한 결과를 가져왔다."라고 남침을 은폐하기 위한 각본을 만들어 보도했습니다.

북한은 치밀하게 전쟁을 준비한 반면, 당시 우리 군의 상황은 전쟁수행이 불가능한 상태였습니다. 비교가 안 될 만큼 절대 열세한 남한의 군대가 막강한 북한의 군대를 공격한다는 것은 군사 상식으로도 맞지 않습니다. 남한이 먼저 북한을 공격한 북침이라면, 어떻게 수도 서울이 단 사흘 만에 함락되고 국군의 주력 6개 사단 총 44,000명이 단 사흘 만에 궤멸하는 불가사의한 일이 일어날 수 있습니까? 이 사실만으로도 6·25전쟁은 김일성이 한반도 전체를 공산화하려는 붉은 야욕 아래 일으킨 명명백백한 불법 남침입니다.

그럼에도 불구하고 오늘날까지 **'북침설'**, **'남침유인설'**(북한이 침략하게끔 미국이 유인했다는 허위 주장), **'서울 점령설'**(서울만 점령하고 평화적으로 협상하려 했다는 허위 주장) 등 거짓말이 사실처럼 퍼져서 젊은 세대들을 혼란시키고 있습니다. 또한 북한은 아무런 역사적 근거도 없이 6·25전쟁을 "미국의 사주를 받은 이승만 도당이 공격을 개시함으로써 시작되었다."라고 하면서 **'북침 공모설'**을 주장합니다. 또 남한이 먼저 북침하고 북한이 반격에 응하게 된 것이라는 **'선 북침 후 반격설'**도 제기되었습니다.

그러나 북한의 남침을 증거하는 수많은 비밀문서들이 그 내용을 드러냄으로써 소련과 중국은 물론, 북한도 어쩔 수 없이 남침을 인정하지 않을 수 없게 되었습니다. 현재까지 북침설을 증명할만한 단 하나의 증거도 발굴되거나 제시된 바가 없습니다.

6·25전쟁 발발 당일 서울의 풍경은, 여느 때와 똑같았습니다. 북침 준비는커녕, 전쟁이 터진 25일 오전 10시 수도극장(중구 초동의 스카라 극장)에는 '애원의 섬'을 보려고 관객이 줄지어 있었고, 오후 1시 서울운동장에서는 관객 1만 명이 넘게 모인 가운데 제 3회 전국 대학

축구 선수권대회의 결승전(연세대와 고려대)이 한창이었습니다.[1]

6·25전쟁 전날과 당일의 고급 장교들의 모습만 보아도, '북침'이란 주장은 터무니없는 것입니다. 채병덕 총참모장의 명령으로 6월 11일부터 발령된 전국 비상경계령이 24일 자정을 기해 해제되었고, 전방 장병 3분의 1이 휴가를 받아 외출한 상태였습니다. 채병덕 총참모장과 각급 지휘관과 주요 인사들(육본 각 국장, 실장, 각 사단장, 재경 부대장, 주한 미 고문단 50여 명)은, 24일 토요일 저녁 6시부터 열린 육군 장교 구락부 개관 연회에 참석, 밤늦게까지 술을 마셨습니다. 채병덕 총참모장 외 육본 국장, 실장 10여 명은 거기서 그치지 않고 2차로 명동의 카바레에서 새벽 2시까지 또 술을 마셨습니다. 이들 중에 집에 가지 않고 여관에 들어간 장교도 있었기 때문에 연락이 두절되어, 전쟁 발발 직후 우리 군 전방의 지휘계통은 먹통이었고 공백상태가 되고 말았습니다.

(2) 1948년 '해주 인민대표자 대회'에서 드러난 김일성의 남침 야욕

김일성의 남침 야욕에 의한 전쟁의 비극은, 1948년 8월 15일 한반도 남쪽에서 대한민국 정부가 수립되자 9월 9일 북쪽에서 김일성이 또 다른 정부수립을 발표했을 때부터 이미 예견되었습니다. 그런데 사실은 그들이 정부를 수립하기 전 실시했던 해주 인민대표자대회에서도 그 저의를 드러낸 바 있습니다. 1948년 5월 10일에 남한만의 단독 선거가 있었고, 약 3개월 후 1948년 8월 25일 북한에서는 정통성 있는 정부를 수립한다는 명목으로 '해주 인민대표자대회'를 열고 '조선최고인민회의 대의원' 선거를 실시했습니다. 그리고

---

1) 중앙일보사, 「민족의 증언 제1권」 (중앙일보사, 1985), 4-6.

1948년 9월 9일 남한보다 약 25일 늦게 공식적인 북한 정부가 들어섰습니다. 남한에서 선출된 대표 총 1,080명이 북한이 계획한 '남조선 인민대표자 대회'에 참석 차 이북으로 올라가는 도중에 78명이 체포되거나 도주하였고, 약 1,002명이 해주 대회에 참가하였습니다.[2] 당시는 북위 38도선의 경계가 엄격하지 못하여 1,080명 중 1,002명이나 되는 많은 사람들이 동 회의에 참가했던 것입니다.

남한 유권자 850만 명 중 700만 명이 투표에 참가하였고(80%), 제주도에서도 85,000명의 유권자 중 52,350명이 참가하였습니다. 북한은 남한에서 지역별로 투표한 용지를 모아 북에 가서 전시하였고, 이를 이용하여 "남한 정부는 남한의 유권자만 선거하여 세운 불법 정부이고, 북한은 남북 유권자 전체가 투표에 참여하였으니 북한 정부가 합법 정부"라고 주장하였습니다.

'해주 인민대표자대회'의 가장 큰 이슈는 제주 4·3사건이었습니다. 김일성은 제주 인민유격대 제1대 사령관 김달삼이 가지고 간 **「인민유격대 투쟁보고서」**[3]에 있는 제주 4·3사건의 자세한 성과 보고, 첫째, 남한은 제주 사건에 꼼짝 못할 정도로 무기력하다는 내

2) 조선최고인민회의의 대의원의 수는 인구 5만 명당 1명의 비율로 하여 남한에 360명, 북한에 212명, 합계 572명으로 배정하였다. 이 8.25선거는 최고인민회의의 대의원 572명 중 남한에서는 360명을 선출하도록 되어 있었는데, 남로당은 남한에서의 대의원 선거를 공개적으로 할 수 없기 때문에 남한에 각 선거구에서 선출된 대표(남한에 할당된 최고인민회의 대의원 360명의 3배수인 1,080명)를 북한의 해주에 집합시켜 "남조선인민대표자회의"를 개최하고 동 회의에서 대의원 360명을 선출하도록 계획하였다[신상준, 「제주도 4·3사건 Ⅰ」(도서출판 제주문화, 2010), 449-450.].

3) 「인민유격대 투쟁보고서」는 이덕구의 경호원 양생돌 몸에서 2부가 나왔는데, 한 부는 인민유격대 제1대 사령관 김달삼이 해주대회 때 가져갔고, 한 부는 제 2대 사령관이었던 이덕구가 소지하고 있었던 것이다. 암호로 되어 있는 인민유격대 투쟁보고서를 알기 쉽게 번역해 놓은 책이「한라산은 알고 있다」(문창송 著)이다. 이 책은 제주 인민

용과, 둘째, 850만 명 중 700만 명이 투표한 것을 보아 남한의 700만 명이 공산주의로 통일되기를 원한다는 내용 등을 듣고 자신감을 얻어, 마침내 남한의 무력 침투를 결심하게 되었던 것입니다.

이때 김일성은 여덟 가지 강령을 통해 "남한은 정부가 아니다. 한 지역에 불과하다. 평화적으로는 해결할 수 없으며, 오직 무력으로만 점령해서 통일시키겠다."라는 내용을 발표했습니다. 그 자리에서 박헌영은 연설을 통해, 인민군이 38선 아래로 내려가고 남로당원들이 폭동을 일으키면 남한을 통일시킬 수 있을 것이라고 부추김으로써, 김일성의 남침 야욕을 크게 자극하였습니다. 그 결과 만들어진 북한의 남침 전략의 핵심 가운데 하나는, 북한군의 공격과 동시에 남로당원을 주축으로 하는 민중봉기를 촉발시켜 남한 정부가 스스로 전복되게 만든다는 것이었습니다. 이 전략에 따라 김일성은 남침 다음날, 방송을 통하여 '남한 인민의 봉기'를 촉구하였습니다(조선전사 제 25권 85쪽). 그러나 기대했던 봉기는 전혀 일어나지 않았고, 전쟁이 끝난 후에 김일성은 그 책임을 물어 박헌영을 숙청하고 말았습니다.

(3) 러시아의 비밀문서를 통해 재확인된 불법 남침

6·25전쟁이 북한의 불법 남침에 의한 것임은, 냉전 종식 후에 공개된 공산권 자료에 의해 만천하에 밝혀졌습니다. 북한이 남침을 치밀하게 계획했다는 증거가 러시아의 비밀서류에서 속속 드러나고 있기 때문입니다.

유격대의 활동에 대하여, 1948년 3월 15일부터 7월 24일까지의 상황을 조직, 작전, 투쟁 등으로 구분하여 총괄적으로 기록하고 또 지역별, 날짜별로 자세히 기록하고 있다. 이 책은, 제주 4·3사건이 언제 누구에 의해 무엇 때문에 어떻게 발생하였는지, 초기 진상은 어떠하였는지를 가장 분명하게 알려 주는 아주 귀중한 자료이다.

러시아의 **보리스 옐친** 대통령이 1994년 모스크바를 방문한(1994년 6월 2일) **김영삼** 대통령에게 전달하였던 '스탈린이 남침을 승인하는 극비 문서'에서 명백하게 나타납니다. 러시아를 방문한 김영삼 대통령과 정상 회담을 마친 보리스 옐친 러시아 대통령은 김 대통령에게 검은 서류상자 하나를 건넸습니다. 한국 전쟁 당시 김일성의 남침 계획 등을 담은 300여 종의 고문서 사본에는, 1949년 1월부터 1953년 8월까지 소련 외무부와 북한 외무성 간에 오고 간 전문, 소련 공산당 중앙위원회 회의록 등 한국 전쟁의 진실을 규명할 수 있는 극비 자료가 포함되어 있었습니다. 문서 중에는 김일성이 소련의 스탈린, 중국의 모택동에게 남침 계획을 승인받고, 남침 시기 등에 대해 긴밀히 협의한 내용들이 담겨 있었습니다.

북한 김일성은 1948년 9월 9일 조선민주주의 인민공화국을 수립하고 남한을 공산화하기 위한 작전을 구체적으로 구상하기 시작했습니다. 김일성은 우리 민족이 겪을 고통은 아랑곳하지 않고 오로지 자신의 권력 기반을 마련하기 위해, 마치 웅크린 사자처럼 스탈린의 명령만 떨어지면 곧장 달려나갈 태세였습니다. 이를 위해 줄기차게 모스크바를 방문하여 스탈린에게 승인과 지원을 요청하였습니다.

① **1949년 3월 5일**, 김일성은 소련을 방문하여 스탈린과의 회담에서 최초로 남침의사를 밝히게 됩니다. 이때 스탈린은 "38선은 미국과의 합의에 의해 그어진 국제적 성격을 갖는 국경선이라는 점, 북한군이 남한에 대해서 절대적으로 군사적 우위를 확보하지 못하는 한 공격을 해서는 안 된다."고 답변했습니다.

② **1949년 8월**, 김일성은 소련에게 '옹진반도 점령안'을 제시하였습니다. 북한은 1949년 8월 4일 최현(후일 인민무력부장) 지휘하에 2개 연대와 포병대대를 동원하여 옹진반도(두락산, 까치산, 국사봉)에 대한 2차 대규모 공격을 감행하였습니다. 이때 김일성은 소련

에게 남한에서 미군이 철수한 후 38선은 이미 그 의미를 상실했다고 하면서 '대남 전면공격과 최소한 옹진반도 점령계획'을 제시했습니다. 하지만, 북한 주재 소련대사 스티코프와 툰킨 공사는 4차례(1949.8.12., 9.3., 9.12., 9.13.)에 걸친 김일성과의 면담 후 옹진반도 점령과 같이 제한적 작전 수행에 대해서도 '내전으로 확대되지 않더라도 이는 미국의 성공적인 반소(反蘇) 캠페인에 이용되어 소련에 유익하지 않으므로 가치가 없다'고 하면서, 북한이 국경분쟁을 도발하지 못하도록 철저하게 통제하였습니다.

그러나 1949년 10월 1일 중국공산당이 국공내전에서 승리한 후 '중화인민공화국'이라는 독립적인 강대국이 되었을 때, 김일성의 한반도 적화통일 야욕은 더욱 불타올랐습니다.

③ 1950년 1월 17일, 김일성은 주중 북한대사 환송오찬에서 소련의 스티코프 대사에게 "모택동도 1949년 5월에 중국혁명이 끝나면 북한을 돕겠다고 약속한 바가 있다"면서, "스탈린을 만날 수 있도록 주선해 달라"고 요청하였습니다.

그리고 김일성은 "총공격 시에는 며칠 내에 서울을 점령할 수 있다."라는 의지를 전달하였으며, 이 후 스탈린은 1950년 2월 9일 "군사적 방법으로 통일을 달성하겠다."는 평양측의 생각에 적극 찬성한다고 의사를 표명했고 한반도에서 대규모의 군사작전 준비를 하도록 허락하였습니다.

소련은 당시 강대국으로 부상한 중국이 미국 쪽으로 접근하여 우호관계를 유지한다면 소련에 큰 위협이 된다고 생각했기 때문에, 한반도에서 중국과 미국이 전쟁을 치르게 하여 상호 적대 관계를 갖도록 유도함으로써 중국의 전력을 약화시킬 필요가 있다고 판단하였습니다. 또한 1946년 초부터 소련이 동부유럽과 발칸반도를 위성국가로 만들면서 적극적인 팽창정책을 추진하자, 미국이 이를 저지하기 위해 유럽부흥을 위한 마샬 플랜을 추진하고 북대서양 조약기구(NATO)를 결성하였습니다. 이에 스탈린은 유럽에 대한 미국의 영향력을 약화시키고 힘을 분산시키기 위해 한반도에서의 전쟁을 결정했던 것입니다. 이후 소련은 본격적으로 북한에 탱크, 탄약, 대포, 의약품 및 석유 등을 공급하기 시작했고, 1950년 3월 9일 김일성이 추가로 1억 2천만-1억 5천만 루블 상당의 무기 구입을 요청하자 스탈린은 이에 동의하게 됩니다.

④ 1950년 3월 30일부터 4월 25일까지, 김일성은 박헌영과 함께 소련을 방문하여 남침을 승인 받고, 스탈린에게 다음과 같은 작전 지침을 받게 됩니다.

1단계: 38선 부근으로 공격부대를 집결한다.
2단계: 북한이 평화통일에 대한 새로운 대남제의를 하고, 남한측이 이를 거부하면 옹진반도에서 진행되는 한국군의 활동을 구실로 공격을 시작한다.
3단계: 전선을 신속히 확대함과 동시에 전면전을 통해 남한측이 반격할 기회를 주어서는 안 된다.

⑤ 1950년 5월 13일, 김일성은 박헌영과 함께 중국을 방문하여 모택동에게 "남조선 해방계획"과 스탈린의 방침을 설명했습니다. 이에 모택동이 사실 확인을 요구하자, 1950년 5월 14일 스탈린은 김일성의 말을 확인해 주기 위해 다음과 같은 전문을 보내게 됩니다.

첫째, 4월 모스크바회담에서 김일성에게 '국제환경이 변하고 있다'면서 북한이 통일 과업을 개시하는 데 동의했지만, 둘째, 이 문제의 최종결정은 중국과 북한이 내려야 하며, 중국측의 의견이 부정적이면 새로운 협의가 이루어질 때까지 이 문제의 결정은 연기하기로 북한측과 합의했다.

1950년 5월 14일 스탈린이 보낸 전문을 확인 후, 모택동은 다음과 같이 남침에 동의하게 됩니다.

첫째, 만약 미군이 참전하면 중국이 병력을 파견하겠다.

둘째, 소련은 미국과의 관계(제 2차 세계대전시 양국은 연합국의 일원이었음) 때문에 한국전에 참전이 곤란하나, 중국은 미국에 대하여 자유롭다.

이처럼 김일성은 1950년 3월 30일부터 4월 25일까지 소련을 방문, 38선을 돌파하겠다는 남침 계획을 건의하여 스탈린의 승인을 받았으며, 5월 14일 중국의 모택동도 이를 승인하고 북한을 돕는 데 동의하였습니다.

이런 사실들을 통하여, 김일성이 1년 전부터 철저하게 남침을 준비한 상태에서 1950년 6월 25일에 일방적으로 남한을 기습 공격한 것이 명백한 사실임을 알 수 있습니다. 또 6·25전쟁에 소련과 중국이 깊숙이 개입하여 많은 군사력을 북측에 제공한 사실도 확인되었습니다. 김영삼 대통령은 자신의 회고록에 "이 문서를 통해 친북 성향의 이데올로그들이 주장해 온 북침설이나 수정주의가 허구였음이 명백히 드러났다."라고 기록하고 있습니다(「김영삼 대통령 회고록」298-299쪽).

북한 주재 소련대사 스티코프(Shtykov)는 6월 26일 소련군 부총참모장인 자하로프(Zakharov)에게 보낸 비밀보고에서 개전 상황을 이렇게 썼습니다.

「작전을 위한 모든 예비적 조치들이 6월 24일에 완료되었습니다. 6월 24일 사단장들은 "D(Day)"와 "H(Hour)"에 대해 명령을 받았습니다. 민족보위성의 정령이 부대에 하달되었는데, 그 내용은 남조선 군대가 38선을 침범함으로써 군사 공격을 도발했으며, 조선민주주의 인민공화국 정부는 조선인민군에게 반공격으로 넘어가라는 명령을 하달했다는 것입니다. 반공격에 대한 명령은 조선인민군 병사와 군관들로부터 대단한 열광을 자아냈습니다. 부대들은 6월 24일 24:00까지 각자의 출발 지점에 도달했습니다. ... 보병이 일어나 원기왕성하게 공격하기 시작했습니다. 최초의 3시간 안에 개별 부대들과 대형은 3-5㎞ 진격했습니다. 인민군대의 공격은 적을 완전히 놀라게 하였습니다.」

(4) 흐루시초프 회고록의 증언

제 4대 소련 공산당 서기장이었던 **흐루시초프**(Khrushchev)는 그의 회고록에서 "우리는 조선전쟁을 시작한 것은 남조선이라고 주장해 왔다. 그러나 나는 지금 역사를 위해 진실을 말하고 있다."라고 하면서 "북한의 남침 전쟁계획은 1948년 9월 김일성 정권 수립과 때를 같이하여 김일성, 스탈린, 모택동 3자의 긴밀한 협의 하에 추진되었다. 전쟁의 시작은 김일성 동지가 발의, 스탈린이 승인하였으며, 그는 공격을 위한 구체적인 계획을 갖고 있었다."라고 함으로써, 6·25가 북한에 의한 남침이라는 사실을 명확하게 증언하고 있습니다. 또한 그는 "1949년, 김일성이 모스크바를 방문했을 때 남침을 위한 완벽한 계획서를 가지고 왔다."라고 밝혔습니다(1949년 3월과 1950년 3월 두 차례에 걸친 김일성의 스탈린 방문).

이 후 러시아 중학교 조국사 교과서(1992년 발간)에도, 6·25전쟁은 김일성의 주도로 일어났으며 명백한 남침 전쟁으로 기록하고 있습니다.

러시아 조국사 (蘇聯 祖國史) <교과서 번역문>
소비에트 주의 북한 대사인 이찬조(현재 소비에트 주에 살고 있다)의 견해에 따르면, - 스탈린과의 협상은 실제로 있었으나 모든 주도는 역시 김일성 자신이 <민족-해방> 전쟁을 결심한 계획을 성공시키는 데 있어 소비에트 당을 설복시킨 점에 의거하고 있다. 비록 스탈린이 워싱톤의 개입 가능성을 우려하였을지라도 그는 모든 것에 호의를 베풀었을 것이다. - 이것은 북한군의 잘 갖춰진 침입 준비였다. 전쟁 작전이 개시되기 직전 군사교육 기동연습을 한다는 구실로 기본 돌격 병력의 완전한 전투 준비태세가 갖춰져 있었다. 총동원된 사단에 대해 남쪽으로의 전진 명령이 명백하였다.

(5) 중국의 사회과학원과 역사교과서에서 불법남침 사실을 인정(MK뉴스-매경미디어 그룹, 2014.2.7.)

중국의 국책 연구기관인 사회과학원은 '2014년 아시아·태평양 지역 발전 보고서'에서 "북한은 소련의 지지와 (소련으로부터 강요된) 중국의 묵인을 얻고 나서 군사행동을 개시했다."라고 밝힘으로써, 소련과 더불어 북한의 6.25전쟁 도발을 배후에서 승인하고 지원했던 중국까지 명백하게 6.25전쟁은 남침이었음을 시인하였습니다.

중국의 고등학교 역사 교과서에서도 또한, 2005년부터 남침사실을 인정하여, "1950년 북한이 먼저 남한으로 진격해 서울을 점령했다."고 가르치고 있으며, 중국의 최대 포털 사이트인 '바이두' 또한 '북한이 남한을 침략했다'고 명확하게 밝히고 있습니다.

(6) 6·25전쟁 기간 중 노획된 북한군의 극비문서들

6·25전쟁 기간에 노획된 북한군 극비문서인 '선제 타격계획'은, 1950년 5월 29일 소련 군사 고문단과 북한 지휘부가 연합해서 작성한 것인데, 여기서도 남침 사실이 밝혀지고 있습니다.

1950년 5월 29일 소련군사고문단과 북한 지휘부 작성
1950년 6월 16일 스탈린의 동의를 받은 후 남침 일자 6월 25일로 정함

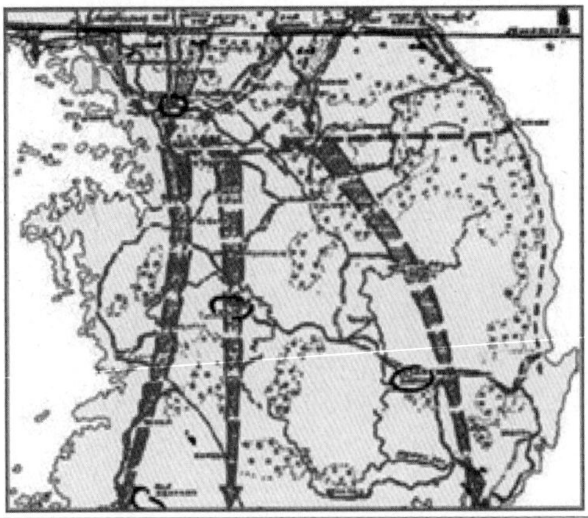

제1단계: 국군의 방어선을 돌파하고 그 주력을 섬멸하는 단계로서 3일 내에 수도 서울을 점령한다. 서울-원주-삼척까지 진출한다.

제2단계:전과를 확대하고 국군예비대를 섬멸하는 단계로서 군산-대구-포항까지 진출한다.

제3단계: 국군을 소탕하고 남해안으로 진출하는 최종 단계로서 부산-여수-목포를 점령한다.

또한 "인민군 총사령부 정찰 명령 제1호"(1950년 6월 18일)라는 문서는 전쟁 당시 대전에서 노획된 것으로, 러시아어 원문과 한글번역본 2개로 되어 있습니다. 한글번역본은 다음과 같습니다.

인민군 총사령부 정찰명령 제1호(1950년 6월 18일) 수신: 제 2사단 참모장
1. 적 제 6사단 제 7연대가 590-621고지를 방어하고 있다. 그 동쪽으로는 적 제19연대가 병행하여 방어하고 있다. 적의 경계진지는 38도선 근처의 고지에 연하여 있고, 주 저항선 전단은 이로부터 1-1.5km 후방 590고지-313고지... 가지리 선에 연해 있다. 2. 사단이 공격대기진지를 점령하면 관측과 정찰을 통하여 공격개시 전날 밤까지 적 주저항선, 지뢰와 장애물지대 및 통로... 등을 정확히 파악한다. 공격이 개시되면 적 예비대의 투입을 관찰하고, 부대의 철수 개시와 방향을 파악한다. 전방부대가 사암리에 도달하면... 방향으로 정찰대를 파견하여 부대의 출현과 서울-춘천 철로와 도로상의 이동상황을 파악한다. 전방부대가 고현리, 강촌리에 도달하면 서울로 이르는 도로에 강력한 기동정찰대를 파견하여 한강 남쪽... 까지 진출해 그곳의 적정과 서울로 이르는 도로상의 적정을 파악한다. 부대가 한경에 도달하면 정찰을 통하여 서울-수원-이천 도로상의 이동과 곡수, 수원, 이천 부근의 적 활동을 파악한다.

그 외에도, 1950년 6월 20일 소련군 군사고문단 작전팀이 작성하여 북한군 각 사단에 발령된 군사 극비문서인 "북한군 작전명령"도 있습니다. 또 한 가지 문서는, 1950년 6월 22일 14:00시에 북한군 제 2사단에서 발행한 "북한군 전투명령 제1호"로서, 한국군의 방어진지 편성과 주저항선, 공격개시와 동시에 수행할 임무를 언급하였습니다.

(7) 북한군 총참모부 작전국장 유성철의 증언

유성철(북한군 총참모부 작전국장)은 소련 태생으로 1943년 김일성의 러시아 통역으로 활동하다가 입북하여, 6·25전쟁 사전모의에 참여했고, 6·25이후 김일성의 대대적인 숙청이 시작되자 소련으로 망명했던 인물입니다. 이후 소련이 해체되던 시기에 6·25에 관한 상세한 과정을 증언하여 주목을 받았습니다. 유성철은 김일성이 1950년 3-4월 사이에 소련을 방문한 직후, "민족보위성 작전국에 있는 한 방에서 약 1개월간 극비리에 6·25 남침 작전계획을 작성하였으며, 소련군의 많은 군사전문가들이 이 작업에 적극 참여했다"라고 증언하였습니다. 「한국민족문화대백과」에는, "전쟁은 북한이 시작했다. 내가 1950년 6월 25일 오전 4시 신호탄을 쏘라고 직접 지시했다."라고 하는 유성철의 증언이 기록되어 있습니다.

(8) 6·25전쟁이 '북침'이라는 거짓 주장들

[거짓 주장 1] 6·25전쟁은 작은 충돌이 큰 충돌로 이어져 끝내 전면적인 무력충돌로 이어진 것이다. 6·25전쟁은 어느 한 쪽에게 전쟁발발 책임을 물을 수 없는 내전이었다.

6·25전쟁을 남침이 아닌 북침이라고 거짓 주장을 하여 대한민국의 현대사를 왜곡시키는 이들이 많이 있습니다. 이는 북한이 남침 도발의 책임을 희석시키기 위해 내뱉는 주장을 대변하는 것입니다.

> 북한의 공격이 그리 갑작스러운 것이 아니었다. 전쟁은 옹진반도에서 부분적으로 시작되어 동해안으로 확대되었다. 4)

1949년 8월 김일성이 소련에 '대남전면 공격과 최소한 옹진반도 점령 계획'을 제시했으나, 소련은 '미국의 성공적인 반소 캠페인에

---

4) 최장집·정해구·류상영·김명섭·김남식·고창훈·한준상·정미숙·임헌영·최일·이효인·이완범, 「해방전후사의 인식 제 4권」(한길사, 1989), 36., 박명림·이완범·김명섭·백일·신형기, 「해방전후사의 인식 제 6권」, 57.

이용되어 소련에 유익하지 않으므로 가치가 없다'고 하면서, 북한이 국경분쟁을 도발하지 못하도록 철저히 통제하였습니다. 이에 따라 옹진반도와 38도선에서 군사적 충돌은 완전히 소멸된 상태였습니다. 그러므로, 옹진반도에서 일어난 작은 충돌이 큰 충돌로 이어져 전면적인 6·25전쟁으로 확대되었다는 것은 전혀 사실과 맞지 않는 말입니다.

스탈린과 김일성 **모스크바 극비회담**(1950년 3월 30일-4월 25일)의 내용에는 "남한 측이 수용할 수 없는 평화통일방안을 제의하고, 이를 거부하면 전투행위를 개시하여 누가 최초로 전투행동을 시작했는지 진실을 은폐하도록 하겠다."라고 분명히 언급하고 있습니다. 그러므로 "북한의 공격이 그리 갑작스러운 것이 아니었다. 전쟁은 옹진반도에서 부분적으로 시작되어 동해안으로 확대되었다."는 것은, 스탈린의 '전쟁발발을 위장하라'는 작전지침을 뒷받침하기 위한 궤변에 불과한 것입니다.

브루스 커밍스(Bruce Cumings)는 '6·25전쟁은 어느 한 쪽에게 전쟁발발 책임을 물을 수 없는 내전이었다'라고 거짓 주장을 합니다(「한국전쟁의 기원」 (1881년 발행, 옮긴이; 박명림)). 그 내용은 다음과 같습니다.

① 6·25전쟁은 미국과 그에 협조한 남한 정치세력의 모순 때문에 발생한 전쟁이다.
② 미군정은 해방 후 남한 민중의 급진적 개혁요구를 억압하고 식민지 시기의 관료, 경찰, 지주세력 등을 협력자로 선택했으며, 그로 인해 미군정에 대한 민중의 혁명적 저항이 발생하여 사실상 내전과 같은 충돌이 곳곳에서 빚어졌다.
③ 사실상의 내전은 남한 곳곳에서 벌어진 빨치산 활동이나, 38도선을 둘러싼 남·북한 간의 크고 작은 군사적 충돌로 이어졌는데, 끝내 전면적인 무력 충돌로 터진 것이 6·25전쟁이다.

대한민국 정부 수립 전에 일어난 1946년 대구10월사건과 1948년 제주 4.3사건, 그해 10월 19일에 일어난 여수 순천 사건들은, 6·25 전쟁 발발 1년 전까지는 대부분 진압된 상태였습니다. 이때 대한민국 정부를 위협하는 반란 세력을 규제하기 위해 이승만 대통령이 국가보안법을 제정하였습니다. 국가보안법은 1948년 11월 20일 국회 본회의 통과, 12월 1일 법률 제10호로 제정되었고, 12월 20일 대통령령으로 공포되었는데, 이후 군 내부 남로당 좌익 세력의 숙군을 대대적으로 펼쳤습니다. 국가보안법에 의해 국군 전체의 10% 정도인 약 10,317명(숙군4,749명+탈영5,568명)이 숙군되거나 탈영했습니다. 그리고 1949년부터 6·25전쟁 발발 전까지, 남로당 서울시당 홍민표에 의해 남로당 자수자가 33만 명이나 되었고, 그 결과 남한에서의 빨치산 활동은 거의 소멸되어 가고 있었습니다.

또한 1949년 6월 21일에는 이승만 대통령의 "농지개혁법"이 공포되었고, 1950년 3월과 5월 사이에는 농지의 약 70-80%가 분배되어 농촌 지역도 안정되어 가고 있었습니다.[5)]

이런 현실을 두고, 남·북한간의 크고 작은 군사적 충돌 때문에 6·25전쟁이 터졌다고 하는 것은, 어처구니없이 거짓된 주장입니다.

게다가 북침설을 주장하는 이들은 교묘한 이중 논법을 써서 '중요한 문제는 남하보다 남하한 내용과 그 의미가 무엇이냐에 있다. 북한군이 어떻게 예상 밖의 성공을 거두었으며, 그 목적이 무엇이었나? 통일정부를 수립하고 선포하기 위한 몸부림이었다'라고 주장합니다.[6)] 그러면서 그들은 "사실상 6월 25일 새벽에 누가 먼저 총을 쏘았는지를 밝히는 것은 거의 불가능에 가까운 일일 뿐더러 중요하지도 않다. 아직까지 그것은 모호하여 알 수도 없다."[7)]라고 주장합니다.

5) 김일영, 「건국과 부국」 (기파랑, 2011), 117-118.
6) 「해방전후사의 인식 제 6권」, 56.

저들은 또한 6·25전쟁이 '김일성이 시도한 통일전쟁이자 내전으로 조국 해방전쟁이었으며, 미국이 개입하지 않았다면 전쟁은 한 달 이내에 끝났고 우리가 실제 겪었던 그런 살상과 파괴라는 비극은 없었을 것이며, 미국의 즉각적 개입은 한국전쟁을 전면전으로 만들어 버렸다.'라는 허위 주장을 펼칩니다.[8] 미군의 개입으로 통일이 방해 받았다면서 미국에게 그 책임을 전가하고 있는 것입니다.

[거짓 주장 2] 1950년 6월 23일 38도선 이북의 북한 지역에 집중적인 포 사격을 실시했다(북한"현대조선력사"의 주장).

전쟁 당일 국군의 상황을 볼 때, 집중적인 포 사격을 실시할 능력이 전혀 없었습니다. 그 해 6월 10일에는 사단장 및 연대장급의 대대적인 인사조치가 실시되고 있었고, 신임 사단장들이 임명 날짜보다 늦게 부임하는가 하면, 군부대 이동 명령을 받았으나 심지어 6·25전쟁 발발 전에 미처 도착하지 못한 부대도 있었습니다.

특히 전방 부대의 경우 국군 3분의 1 이상이 외출 및 휴가 중이었고, 6월 23일 24시 비상경계령이 해제되어 전쟁 수행이 불가능한 상태였습니다. 게다가 6월 24일 토요일 6시부터는 총참모장과 각급 지휘관과 주요 인사들(육본 각 국장, 실장, 각 사단장, 재경 부대장, 주한 미 고문단 50여 명)이 육군 장교 구락부 개관 연회로, 밤늦게까지 파티가 열렸었습니다.

6·25전쟁 발발 당시 남·북한 군사력이나 포병 전력만 비교해 보아도, 남한군은 집중적인 포 사격을 실시할 능력을 전혀 갖추지 못하고 있었습니다.

---

7) 「해방전후사의 인식 제 6권」, 171.
8) 「해방전후사의 인식 제 6권」, 57.

구분	병력	전차	전투기	곡사포	자주포	고사화기	박격포
북한	20만 1,050명	258대	211대	552문	176문	12문(85미리) 24문(37미리)	1,728문
남한	10만 5,752명	없음	22대 (연습기·연락기)	91문	없음	없음	960문

무엇보다 남한이 먼저 선제공격을 했다면, 전쟁 개시 3일 만에 서울을 빼앗길 수는 없습니다. 그러고도 북한은 지금까지 거짓 주장을 계속하고 있습니다. "6·25전쟁은 북한 보유 병력의 2분의 1 수준의 제한적 무력동원이었다. 북한 정규군이 전면적으로 남하한 것이 아니었다. 개전 초에 북한군은 병력의 2분의 1만을 투입했음에도 불구하고 개전과 동시에 파죽지세로 남한군을 격파, 신속하게 전세를 장악했다. 남한군에게 궤멸적 타격을 입히며 3일 만에 서울을 점령했으며, 국회소집과 통일정부수립을 위해 서울에서 며칠간 머물렀고, 이에 실패하자 후퇴하는 이승만 정부를 좇아 대추격전을 전개했다"라고 주장합니다.[9] 북한은 중무장한 전 병력이 전면적으로 남침을 감행하였고, 이는 북한군이 사전에 치밀하게 준비했던 부대 편성과 무기의 동원 상태만 보아도 명백해집니다.

구분	제1군단 (옹진·개성·문산·동두천·의정부·포천)						제2군단(인제·홍천·춘천·강릉)			
부대 편성	6 사단	1 사단	203 전차 연대	105 전차 여단	4 사단	3 사단	2 사단	12 사단	5 사단	766/945 (동해안)
	예비 사단: 13사단						예비 사단: 15사단			
무기 편성	공포의 T-34전차 150대 집중 SU-76 자주포 96문 집중						속도전에 강한 603모터사이클 연대(560대), SU-76 자주포 48문			
북:남	2:1			6.7:1			3.6:1		2:1	

9) 「해방전후사의 인식 제 6권」, 56-57.

[거짓 주장 3] 한반도에서의 전쟁을 유도하기 위한 미국의 음모였다(미국의 남침 유도설).

1994년 6월 옐친 문서의 공개로, 북한의 남침 사실이 명백해졌습니다. 그러자 북침설을 주장하던 이들은, 미국이 북한의 남침을 유도해서 한국 전쟁이 발발했다는 궤변을 늘어놓기 시작했습니다.

첫째, 1950년 1월 12일 애치슨 미 국무장관이 미국의 극동방위선을 알류산열도, 일본열도, 오키나와를 잇는 선으로 한정하고 한국을 미국의 극동 방어선에서 빼 놓음으로써, 당시 공산주의의 팽창을 역전시킬 계기를 찾고 있던 미국이 스탈린과 김일성을 유혹하여 전쟁을 도발하도록 만들었다는 것입니다. 미국이 북한의 남침을 빌미로 공산주의자들을 무력으로 되받아 침으로써 북한공산주의 정권을 붕괴시키려고 했다는 것입니다.

참으로 터무니없는 궤변입니다. 애치슨 선언은 '한국을 미국의 극동방어선에서 제외하는 것'이 핵심이 아닙니다. '소련의 국제공산주의 팽창을 억제하기 위해 일본을 미국의 극동방어선 속에 확실하게 포함 시킨다'는 사실을 강조한 선언입니다. 애치슨 선언이 불가피했던 배경에는, 첫째 미국은 안보의 중요성 면에서 평가했을 때, 한국은 16개국 중 13위에 해당되는 국가였습니다(「6·25전쟁사」(제1집), 115). 미국은 일본을 방위하는 것이 한국에서 38선이나 두만강을 방위하는 것보다 훨씬 쉽고 비용이 적게 든다고 평가하고 있었으며(「6·25전쟁사」(제1집), 116쪽), 극동지역에서 소련과 전쟁이 일어난다면 알류산열도-일본-오키나와-필리핀을 연결하는 도서상의 해·공군기지를 활용하여 공군과 핵무기로 전쟁을 수행한다는 '도서방위전략'을 채택하고 있었기 때문에(「6·25전쟁사」(제1집), 107쪽) 한국을 극동방위선에서 제외했던 것입니다. 전쟁 도발을 위하여 스탈린과 김일성을 유혹했다는 주장은 어처구니없는 억지요, 궤변입니다.

둘째, 미국이 이미 NSC-68계획을 수립해 놓고 남침을 유도했다는 것입니다.

NSC-68계획이란, 소련의 팽창주의를 저지하기 위한 트루먼 독트린(doctrine: 외교 노선의 기본 지침)의 일부로, 막대한 군사비 등 재정 지출을 통해 대규모 군사력 증강의 필요성을 제시한 '국가안보와 군사적 우위전략을 담고 있는 미국의 목표와 계획'을 가리킵니다. 미국에서는 1950년 4월 초 반공주의자인 '존 포스터 덜레스'가 국무성 고문으로 취임하면서, 한반도 정책에 대한 변화가 시작되었습니다. 그 배경에는 소련의 핵실험 성공(1949년 8월 29일)과 중국 공산당의 국공내전 승리(1949년 10월 1일), 중소 우호동맹 및 상호원조조약의 체결(1950년 2월) 등의 사건들이 자유 민주주의 진영에 대한 위협이 되고 있었습니다.

이에 따라 미국은 세계 전략을 재검토한 후 1950년 4월 8일, NSC-68계획을 수립완료 했던 것입니다. 그러나 군사비 200억 불 이상의 막대한 추가재정이 불가피했기 때문에, 트루먼 대통령은 서명을 주저하였습니다. 6·25전쟁이 발발하자, 미국은 3개월 뒤에야 어쩔 수 없이 NSC-68계획을 승인하게 됩니다. 따라서 미국은 6·25전쟁 발발 전에 이미 NSC-68계획을 수립해 놓고 있었기 때문에, 이것으로 남침을 유도했다는 주장은 완전한 거짓입니다. 애치슨이 그의 회고록에서 "한국 전쟁이 NSC-68을 되살려냈다."라고 언급한 내용이, 위의 사실을 명백하게 반증하고 있습니다.

※ 위 내용은 「6.25전쟁과 한·미동맹」(2012, 경기도청 발행), 「6·25전쟁의 재인식」(기파랑, 2010)을 참고하였음을 밝혀 둡니다.

당시 우리나라의 군대와 경찰은 훈련 수준이 형편없었고 모든 면에서 열악했으므로, 이승만 대통령은 우려가 많았습니다. 특히, 미군 철수를 앞두고는 "이 달 말이면 미국은 한국을 떠난다. 우리의 국방을 어떻게 한단 말인가? 많은 군인과 경찰이 무기도 제대로 갖추지 못하고 있다. 국방장관은 실제 전투 상황에서 쓸 수 있는 탄약이 3일분밖에 없다고 보고했다... 현재 우리의 관점에서 볼 때 국방을 위한 적정수준의 무기 확보가 경제회복보다 훨씬 시급하다. 우리는 경제든 그 무엇이든 재건할 수 있지만 나라를 지키는 데 실패한다면 모든 것을 가졌다 한들 무슨 소용이 있겠는가?"라고 하면서 걱정이 태산이었습니다.[10] 또한 6·25전쟁 발발 3개월 전, 이승만 대통령은 그의 외교고문 올리버(Robert T. Oliver)에게 보낸 편지에서 "북쪽의 적은 더 많은 무기와 더 많은 비행기 등 거의 모든 면에서 우리보다 우세한 전투력을 가지고 언제든지 침공할 수 있다. 우리는 항공기도 없고 방공포도 없고 탄약도 없다. 미국의 군사 원조는 탄약과 부품 등 사소한 것들뿐이다."라고 적고 있습니다.

당시 이승만 정부는 미국에 군사원조를 지속적으로 요청했는데, 미국은 민생안정과 경제회복이 더 중요하다고 하면서 군사 원조를 거부했던 상황이었습니다.[11] 트루먼 행정부는 1950년 1월 한국원조 법안을 의회에 상정했으나, 미국 의회는 그 법안을 부결했습니다.[12]

1950년 6월 25일 일요일 새벽 4시, 211대의 전투기와 256대의 탱크, 176대의 자주포 등으로 중무장한 북한이 38선 일대를 기습남침 해 왔을 때, 대한민국의 운명은 그야말로 절망적이었습니다. 전쟁 발발 당일 오전 9시 30분, 인민군 1사단이 개성을 점령하였고, 6월 25일 오전 11시, 인민군 3사단이 포천을 점령하였으며, 6월 25일

---

10) 한국군사문제연구원, 「季刊 한국군사」 제 31호 (2012년 겨울호), 56-57.
11) Stephen Pelz, "Decisions on Korean Policy," In Cuming, ed., Child of Conflict: The Korean_American Relationship, 1943-1953 (Seattle: University of Washington Press, 1983), 118.
12) 「季刊 한국군사」 제 31호, 56.

오후 3시, 인민군은 개성으로부터 13㎞거리의 임진강을 점령하였습니다. 그리고 6월 28일, 전쟁 3일 만에 수도 서울이 북한군에게 완전히 점령당했고, 국군 6개 사단(1사단-5사단-3사단-7사단-2사단-수도사단)의 4만 4천 명 국군이 전멸하였습니다. 남한이 선제공격한 북침이라는 주장은 명백한 허위입니다. 김일성의 권력 야욕과 북한 공산당의 남침에 의한 3년 1개월 2일간 전쟁의 참화로, 우리 민족은 말로 다 할 수 없는 인적·물적 피해를 입었습니다. 그러나 당시 극도로 열악한 상황에서도 국군은 용감히 맞서 싸웠고, 어느 부대도 적에게 투항하지 않았으며, 많은 젊은이들과 학생들이 자원입대하여, 국토의 10%밖에 남지 않은 국토의 최후 방어선 낙동강 교두보를 피 흘려 끝까지 지켜 냈습니다. 그들이 쏟은 피와 땀과 눈물이 지금의 대한민국 자유민주주의가 붕괴되지 않고 살아남을 수 있게 해주었습니다.

1950년 6·25전쟁은 선전포고도 없는 북한군의 일방적 기습공격이었으며, 38선 전역에 걸쳐 일제히 공격했던 불법 남침이었음을 잊지 말아야 합니다. 한국군은 탱크도 전투기도 전혀 없는 가운데 그야말로 6·25의 노래 가사처럼 소련제로 중무장한 적을 맞아 맨주먹 붉은 피로써 처절하게 전쟁을 치러야 했습니다. 또다시 이 민족이 비극적 참화를 당하지 않도록, 전 국민이 애국애족으로 뭉치고 국력신장에 힘을 쏟아 대비해야 합니다.

2. 북한군의 치밀한 남침 준비

The North Korean army's meticulous preparation to attack South Korea

(1) 10차의 인민유격대 남파

북한은 1948년 초, 평양의 동북 35㎞지점에 위치한 강동에 정치공작과 유격전 훈련을 위한 **'강동정치학원'**을 창설하고, 월북한 좌익분자들을 선별하여 3-6개월에 걸친 공산주의 사상교육과 유격훈련을 실시, 대남공작요원으로 양성했습니다. 여기서 양성된 대남공작대는 다시 양양에서 단기교육을 거쳐 이른 바 **'인민유격대'**로 조직되었습니다. 박헌영은 남쪽 지리를 익숙하게 알고 있는 이남 출신의 청년들로 구성된 인민유격대 총 **2,450명**을 700명 정도의 대 단위로, 모두 10차 남파하여 미리 남침 여건을 조성하였습니다. 인민유격대의 10차에 걸친 침투와 그 토벌 과정은 다음과 같습니다.[13)]

제1차 1948년 11월 14일, 북괴군의 군복을 착용하고 99식 소총으로 무장한 약 180명이 양양-오대산 지구로 침투하였다가 국군 토벌대에 의해 대부분 소탕되었다. 이들은 강동정치학원 1차 수료생으로 구성되었으며, 평창 북쪽 30㎞지점의 태기산까지 남하하였다가 영월 북방에서 소탕되고 나머지는 제천 방면으로 도주하였다.

제2차 1949년 6월 1일, 약 400명의 유격대가 오대산으로 침투하였다가 아군에 의해 대부분 섬멸되었다. 나머지는 태백산으로 북상하던 지방 유격대와 합세하여 동해안 일대에서 활동하였다.

제3차 1949년 7월 6일, 약 200명의 유격대가 오대산까지 침투하였다가 대부분 토벌대에 쫓겨 사살되었고, 20명만이 중봉산 방면으로 도피하였다.

제4차 1949년 8월 4일, 김달삼(제주 인민유격대 초대 총사령관) 부대 약 300명이 경북 영양의 일월산으로 침투하였다가, 진출이 좌절되자 영일군 송라면 지경리로 이동하여 경북 보현산 일대의 게릴라와 통합하고 동해여단을 편성하여 유격전을 펼치다가 토벌되었다.

---

13) 「6·25전쟁사(1)」전쟁의 배경과 원인 (국방부군사편찬연구소, 2003), 491-497., 「대비정규전사」 (국방부전사편찬연구회, 1988), 45-46.

제5차 1949년 8월 12일, 철원 지구에 근거지를 둔 유격대가 선발대 15명을 명지산을 거쳐 용문산까지 남파하였으나 실패하고, 도주 월북하였다.

제6차 1949년 8월 15일, 5차의 본대 40여 명이 명지산을 거쳐 용문산으로 침투하였으나 국군토벌대가 20명 이상을 공작산까지 유인하여 사살하고, 남은 20여 명은 응봉산을 거쳐 월북하였다.

제7차 1949년 8월 17일, 강동정치학원장이던 이호제가 직접 지휘하는 인민유격대 제 1군단 약 360명을 태백산으로 남파시켰다. 이들도 대부분 토벌되었으나 100여 명이 보현산의 김달삼 부대와 합류하여 경북 일원에서 활동하였다.

제8차 1949년 9월 28일, 약 50명의 유격대가 양양군 금옥치리로 침투하였으나 국군 8사단에 의해 대부분 섬멸되었다.

제9차 1949년 11월 6일, 약 100명의 유격대가 영일군 지경리로 해상 침투하여 보현산의 김달삼 부대에 합류하였다. 유격대의 병력 보충 및 세력 확장을 시도했으나 이 후 유격대 침투는 잠시 중단되었다.

제10차 1950년 3월 28일, 양양, 인제, 양구에서 대기 중이던 김상호와 김무현 부대 약 700명이 오대산과 방대산으로 침투하였다. 이들은 강력한 화력을 지닌 정예부대였으나 역시 토벌대에 의해 소탕되었다. 이들의 남파 목적은 보현산 지구의 김달삼[14] 부대가 전멸에 가까운 위기에 처하였으므로 그들의 월북을 지원하기 위함이었다.[15]

---

14) 김달삼은 해주로 간 뒤 약 1년 만에 49년 8월 4일, 이북의 인민 유격대 제 3병단장이 되어, 강동정치학원 출신 300여 명의 북한 인민 유격대를 데리고 남도부(하준수)와 같이 오대산과 태백산맥을 따라 내려와, 보현산(경북 영천)을 중심으로 국군을 공격하였다. 김달삼은 1950년 3월 21일 정선군 반론산에서 국군 토벌대 8사단 21연대의 공격을 받아 월북하였다. 그리고 한국 전쟁이 발발한 6월 25일 아침 9시경 강동정치학원 출신의 유격대원 3백여 명으로 구성된 조선인민유격대 제 3병단은 주문진항에 상륙 후, 경북 청도군 운문산 지구로 침투하여, 경남 신불산 부근에서 부산지구에 침투할 계획으로 해로로 남하하던 중에 사살되었다. 김달삼은 국방부의 발표

인민유격대는, 제주 4·3사건과 여수 순천 사건으로 진압부대가 호남 및 경남 지역에 집중되어 후방경비가 허술해지고 남한 사회가 혼란해지자, 1948년 11월부터 시작하여 1950년 3월 28일까지 10차에 거쳐 과감한 침투 공작을 감행했습니다.

전쟁 전에 1년 반 이상 인민유격대와 국군 간의 국지적인 총격전으로 시달렸던 국군이나 국민들은, 싸움은 항상 있는 것으로 알고 무감각하게 되었으며, 이것은 6·25전쟁 초기에 잘못된 상황 판단으로 작전에 크나큰 지장을 초래했습니다.

(2) 남침 최적기로 6월 25일 확정과 전시동원체제 확립

이후 김일성은 6월 말경이 전쟁의 최적기라고 판단, 6월 16일 스티코프를 통해 스탈린의 동의를 받은 후 남침 일자를 6월 25일로 정했습니다. 김일성이 6월 25일을 남침 최적기로 판단한 이유는, 그가 직접 언급한 바 "첫째, 더 늦어지면 북한군의 전투 준비에 대한 정보가 남한에 흘러 들어갈 수 있다. 둘째, 7월이 되면 장마가 시작되어 부대 기동(起動)에 제한을 받게 된다. 셋째, 공격 개시일을 일요일로 계획한 것은 국군의 경계가 소홀할 것을 예상하여 기습 효과를 극대화하기 위함이다."라고 한 그대로입니다.

이밖에 또 다른 이유는, 김일성이 광복절인 8월 15일을 적화통일의 정치적인 적기로 보고 이 날짜에 맞추기 위해 하루 진격 속도를

[조철환·정석균, 「4·3사건 토벌작전사」 (국방부 군사편찬연구소, 2002), 378-379.] 처럼 50년 3월 22일 반론산 전투에서 죽은 것이 아니라, 신불산 전투에서 죽었다. 국제정치학자 A.V 토르쿠노프가 쓴 책, 「한국전쟁의 진실과 수수께끼」(구종서 역)에는 "남한의 신문 라디오는 김달삼의 사망을 보도했으나 그는 현재 빨치산 활동을 위해 북한을 방문 중"이라는 평양 주재 소련 대사가 모스크바로 보낸 전보(50.4.10) 내용이 실려 있다.

15) 佐佐木春隆, 「한국전비사(상) 건군과 시련」, 강창구 편역 (병학사, 1977), 469.

10㎞로 계산, 최종 목표인 부산까지 50일간의 작전 기간을 산정하고 이를 8월 15일부터 역산하여 6월 25일로 정한 것입니다. 해방 5주년 행사를 김일성이 주관하여 부산에서 성대하게 치르자는 의도였습니다.[16)]

그러므로 북한 전역은 1949년 초부터 사실상 전시동원체제에 들어갔습니다. **전시동원체제란**, '전쟁을 위해서 국가의 모든 역량을 한 곳으로 집결시키는 체제'로, 나라 전체가 군부에 의해 통제되고 움직여지는 시스템을 말합니다.

1949년 7월, 북한은 민간조직 형식으로 '**조국보위후원회**'라는 조직을 만들어 17세부터 40세까지의 모든 남녀를 총동원(270만 명)하여 강제로 군사훈련을 실시하였습니다. 남침 직후인 1950년 7월 1일 전시총동원령이 선포되자, 본래 제외되었던 이들까지 모두 징집되었고, 또 징집 연령을 낮춰 17세부터 30세까지 군에 입대시키고, 31세부터 50세까지는 군 노무자 및 군수산업 공장 인부로 동원하였습니다.

또 북한당국은 농민들에게 '애국미'라는 명목으로 곡식을 김일성 정권에 헌납하도록 강요하여 1949년 말까지 총 4만 8,400여 가마를 거두었습니다. 애국미는 전쟁에 대비한 군량미 비축과 군사장비 구입기금으로 사용하였습니다.

(3) 북한의 위장 평화 공세

'위장평화공세'는 평화를 가장한 선전공세로, 주변정세의 변화에 따라 전쟁도발을 숨기기 위한 기만전술입니다. 그럴듯한 제의를 내세워 대한민국을 무장해제 시키려는 속셈입니다.

첫째, 공산주의자들은 자기들이 불리한 상황에 놓이면 위장평화

16) 노병천, 「이것이 한국 전쟁이다」 (21세기 군사연구소, 2000), 159.

공세로 그 고비를 모면하고, 뒷전에서는 새로운 침략을 위한 준비에 골몰합니다.

둘째, 공산주의자들은 위장평화공세를 통해 국제여론을 자기들에게 유리하게 유도해 갑니다.

셋째, 공산주의자들은 한·미간의 관계를 이간시켜 한국으로부터 미군을 철수케 하고, 전쟁이 일어나더라도 미군이 개입할 수 없도록 한국을 국제적으로 고립시켜 무력침략의 목표를 달성하려고 음흉한 술책을 꾸밉니다.

넷째, 용어혼란술로 대한민국 국민들을 현혹합니다. '민족주의, 민주, 사람중심, 평화협상' 등 그럴듯한 말로 대한민국 국민들을 현혹시키고, 북한의 주장에 동조하는 세력을 만들어 안보태세를 느슨하게 만듭니다.

북한은 6·25전쟁 직전, 기습(奇襲) 남침의 효과를 높이기 위하여 침략 계획을 은폐하는 동시에 남한의 경계태세를 허술하게 만들기 위하여, "조국의 평화적 통일"이라는 미명 하에 갖가지 위장 평화공세를 전개하였습니다. 원래 공산주의자들이 '평화'라는 용어를 남용할 때는 뒤에서 몰래 침략 준비를 하고 있는 법인데, 이때도 예외는 아니었던 것입니다.

1948년 12월 소련군은 일방적으로 북한에서 철수하면서 "전조선의 자주통일독립"을 표면에 내걸었으며, 미국으로 하여금 남한에서 철수하지 않을 수 없도록 압력을 가하였습니다. 이것은 미군을 철수시킴으로써 한반도에서 남북 간의 힘의 균형을 깨뜨리려는 소련의 위장평화공세였습니다.

1950년 6월 7일 북한 방송은 소위 「**평화적 조국통일 호소문**」을 발표하였습니다. 이에 따르면 해방 5주년 기념일에 최고입법회의를 열기 위하여 8월 5일에서 8일 사이에 남북 총선거를 실시할 것이며, 이를 토의하기 위하여 6월 15일에서 17일 사이에 남북 민주주의 정당 및 사회단체의 대표자 회의를 해주(海州) 또는 개성(開城)에서 열자는 것이었습니다. 전쟁 직전 1950년 6월 10일, 김일성은 자신들이 억류하고 있던 **조만식 선생**과 남한 형무소에 수감되어 사형집행을 기다리고 있던 남로당 지도자 **김삼룡**, **이주하**를 교환하자는 제의를 해 왔습니다. 이에 이승만은 김창룡을 시켜 둘을 데리고 개성과 사리원 중간쯤에 위치한 '여현'에서 만나도록 하였는데, 조만식은커녕 아무도 나타나지 않아 약속은 무산되고 말았습니다. 평화적으로 해결하자는 위장평화공세로 국민들의 마음만 해이하게 만들었던 것입니다.

이러한 사실이 밝혀졌음에도 불구하고 「해방전후사의 인식」 제 4권 139쪽에는 "평화통일을 지향하는 남북협상파 인사들의 노력이 이승만의 북진통일노선과 물리력에 의해 제압되어, 평화통일 노력의 계속적인 좌절로 1950년 6월 25일 새로운 전쟁을 일으키게 되었다."라는 거짓말로 북침설을 옹호하는 주장을 하고 있습니다.

북한은 또한 1950년 6월 19일에는 소위 「남북 국회에 의한 통일정부 수립 제안」을 방송을 통해 발표하였는데, 남한이 이에 동의한다면 6월 21일에 서울 또는 평양에서 남북한 국회의 대표들이 회합을 갖자고 하였습니다.

우리나라가 6.25전쟁을 통해 얻은 큰 교훈은, 공산주의의 평화공세가 진정한 평화를 위한 것이 아니라 전쟁도발을 숨기기 위한 위장평화공세였다는 사실입니다. 북한은 남침 수일 전까지도, 겉으로는 얼토당토않은 대남 평화 공세를 외쳐대면서 속으로는 비수(匕首)를 갈았습니다. 북한은 지금도 입으로는 평화를 외치면서 속으로는 기습을 노리고 있음이 분명합니다. 무력과 폭력으로 남한을 적화시켜 통일한다는 궁극적 목표를 달성하기 위하여 때와 장소 또는 주변정세의 변화에 따라 교묘하게 온갖 수단과 방법을 동원하고 있는 것입니다. 그러므로 온 국민은 6·25의 비극 속에서 배운 현대사의 뼈저린 교훈을 깊이 유념하고 잊지 말아야 할 것입니다.

(4) 정권 수립 7개월 전부터 북한의 전면적 남침 준비

① 정권 수립 7개월 전, 조선인민군 창설(1948년 2월 8일)

김일성은 북한 정권 수립 7개월 전인 1948년 2월 8일, 통수권을 발휘하여 조선인민군 창설을 선포했습니다. 평양역 광장에서 창설을 선포하는 열병식[17]을 가진 김일성은 "남조선에 주둔하는 미 점령군으로부터의 도발에 대응하고 통일을 위한 인민정권의 무력기관"이라고 창설 취지를 밝혔습니다. 조선인민군 창설 이후 북한은 군사력을 강화하기 위한 훈련을 적극적으로 실시했습니다. 1948년 9월 9일 '조선민주주의 인민공화국'을 수립하였으며, 인민군 총사령부를 '민족보위성[18]'으로 승격시켜 4개 사단으로 증편된 인민군을 통합지휘토록 하였습니다. 김일성은 정권을 장악함과 동시에 소련 점령군과 스탈린의 지원을 받아 북한군을 강화시켜 나갔습니다. 북한은 1948년 9월 조선민주주의 인민공화국을 창건한 이후, 지하 동굴에 총과 탄약을 제조하기 위한 무기 공장을 만들어 무기 생산에 박차를 가했습니다.

북한은 정권 수립 이전부터 경제건설은 제쳐두고, 북한 주민들을 동원하여 군수산업에 각종 기술과 자원을 집중 투입하였습니다.

② 소련의 전폭적 군사 지원

소련은 1948년 12월 25일 북한의 군사대표단을 모스크바로 불러

17) 열병식(閱兵式): 정렬한 군대의 앞을 지나가며 검열하는 의식.

18) 북한의 국방부. 작전국 등 11개 국으로 편성하여 각 군의 업무를 관장하였다.

"중공의 조선인들을 입북시켜 인민군을 증편하고 500여 대의 전차를 지원하며, 6개 공격사단을 비롯하여 총 22개 사단의 인민군을 육성한다."라는 내용에 합의했습니다.

이후 소련은 1949년 봄부터 확대 보강되는 인민군을 위해, 전차와 야포 등의 중화기와 트럭, 오토바이 그리고 연료 등을 북한의 항구로 보내기 시작했습니다. 그런데 북한을 근대화된 전차 500여 대와 막강한 공군으로 무장하려 했던 소련의 스탈린과 북한 김일성은, 이것이 당시 일본에 위협을 느끼게 하거나 미국과 소련의 관계를 악화시킬 수 있다고 판단하여 그 규모를 축소하기로 했습니다. 22개 사단 대신에 6개 사단과 3개의 기계화 부대 등 약 7개 사단 규모의 북한 지상군으로 축소 조정하고, 최초 계획한 전차 500여 대는 그 절반쯤 되는 258대만 보유하기로 조정했습니다(1949년 3월 17일). 이는 한국의 지형을 분석한 결과 산악과 하천이 많아 전차부대 운영이 부적합하고, 또 한국군의 대전차 장비가 빈약한 줄 알았기 때문입니다.

한편 북한 해군은 1948년까지 내무성 산하의 해안경비대로 있다가, 1949년 8월 20일 민족보위성으로 관할이 옮겨지면서 해군으로 정식 발족했습니다. 북한군 해군은 소련의 지원으로 30여 척(5,560톤)의 대·소형 함정을 보유했으며 병력은 총 1만 5,720명이었습니다.

한편 북한 공군은 1948년 9월, 북한정권이 수립되자 민족보위성으로 배속되어 비행대대가 비행연대로 증편되었습니다. 1949년 3월 김일성은 소련방문 시에 총 150대의 항공기(정찰기 20대, 전투기 100대, 폭격기 30대)를 지원받아 항공부대를 확장하였습니다. 북한 공군은 먼저 1차분으로 1949년 8월 중산 IL-10형(전폭기)과 YAK-9형(전투기) 항공기 등 모두 30여 대를 지원받아 같은 해 12월에 항공연대를 항공사단으로 증편하였습니다. 1950년 4월에는 IL-10, YAK-

9 등 60여 대를 새로 소련에서 지원받아 배치했으며, 남침을 1주일 앞둔 6월 18일에는 IL-10형 60여 대를 소련군 조종사들이 직접 몰고와 북한에 인도해 주었습니다. 이렇게 북한은 소련의 전폭적인 군사 지원 가운데 211대의 항공기를 보유하게 되었습니다. 당시 북한의 공군력은 보병이나 전차 등 지상 전력보다 상대적으로 열세였는데, 이는 소련이 한국 공군의 전력(연락기 22대)이 워낙 열세여서 그 이상의 공군력이 필요 없으며, 막강한 전차부대만 가지고도 남한을 충분히 점령할 수 있다고 판단했기 때문이었습니다.

③ 중공의 대규모 군사 지원

북한은 소련의 적극적인 무기 지원을 약속받은 데 이어서 중공으로부터 "동북의용군 출신 2만 8,000여 명을 1949년까지 3회에 걸쳐 북한에 보내준다"라는 합의까지 받았습니다.

1949년 초, 독소전쟁 때 스탈린그라드 전투에 참전한 조선인 병력 5,000여 명을 105전차여단에 배속시켜 북한은 지속적으로 군사력을 증강시켜 나갔습니다. 그리고 1949년 4월 조·중 회담에 따라 중공군 166사단, 165사단이 북한으로 들어왔으며, 또한 1949년 7월부터 1950년 5월까지 독립 제 15사단과 중국 각지의 조선의용군 5만여 명이 북한으로 들어왔습니다. 중공군 출신 한인부대 약 5만 명은 사격, 소대공격, 백병전 등 일부 전투훈련에서 다른 부대와 비교할 수 없을 만큼 월등한 전투력을 갖추고 있었습니다.[19)]

④ 북한의 남침 음모 일지

1949년 3월	김일성 러시아 모스크바 방문 남침 승인 요청
	스탈린 거절

19) 전종순, 이준성, 「우리가 겪은 6·25전쟁」 (대한민국육군협회, 2012), 43.

1950년 4월	김일성 러시아 모스크바 방문 남침 승인 요청
	스탈린 승인
1950년 5월	김일성 중국 모택동에게 남침 동의 요청
	모택동 지원 약속(한인계 장병 2만 명 이상 지원 계획 수립)
1950년 6월	위장 평화 공세
6월 10일	남침모의 사단장급 이상 전군 지휘관 회의
	본 회의의 목적은 대기동 작전훈련을 가장하여 "전투사단과 모든 기본 부대는 물론 병기 일체와 전 장비를 총동원하여 무력남침의 비상태세를 갖추도록 한다."는 것이었다.
6월 18일	각 사단장 앞으로 남침 정찰명령 제1호 하달
	국군의 주력부대 위치를 파악하여 공격부대 정면의 국군에 대한 상황을 세밀하게 기술하였고, 공격 전날 밤까지 국군 위치를 정확히 파악하여 정찰행동을 개시하라는 명령이었다.
6월 22일	각 사단장 앞으로 남침 전투명령 제1호 하달
	1950년 6월 23일 12:00시까지 이승만 군대를 무찌를 수 있는 만반의 태세를 갖추도록 하라는 명령이었다(공격작전에 필요한 신호규정까지 명시).

⑤ 대(對)기동 작전훈련을 가장한 38도선 전역 전투부대 배치 완료

북한은 1950년 6월 12일부터 23일까지 12일간 대기동 훈련을 가장하여 전투부대를 은밀하게 38도선 전역에 배치하였는데, 그들이 보유한 10개 사단 중에 제1군단 5개 사단과 제2군단 4개 사단 등 9개 사단을 편성(제13, 15사단은 예비), 전방에 배치하였습니다. 9개 사단 외에 제10사단은 숙천에 예비로 주둔하였습니다.

북한군 공격부대의 전방 전개지역은 다음과 같습니다.[20]

제1군단 김웅 (금천에서 창설)		제2군단 김광협 (화천에서 창설)	
부대	주둔지→도착지	부대	주둔지→도착지
1사단 최 광	남 포 → 구화리	2사단 이청송	원산 → 화천
3사단 이영호	신의주 → 운천	5사단 김창덕	나남 → 양양

20) 「6·25전쟁사(1)」전쟁의 배경과 원인, 614.

4사단 이권무	남 포 → 연천	12사단 전 우	원산 → 양구
6사단 방호산	사리원 → 계정, 해주, 죽천	945육전대 길원팔	갑산 → 성진
105전차여단	평 양 → 연천, 남천	766부대 오진우	회령 → 원산, 간성
고속기동부대			
① 105전차여단(-) 지휘관: 유경수 107전차연대 제3사단 포천 방향 109전차연대 제3사단 포천 방향 203전차연대 1개 대대 제4사단 동두천 방향 ② 203전차연대(-1) 제1사단 개성-문산 방향		제 603모터사이클 연대[21] 지휘관 미상 ① 모터사이클 4개 대대 - 대대당 3개의 모터사이클 중대 - 대대당 1개 박격포 중대 - 대대당 1개 중기관총 중대 ② 장갑차 1개 대대 ③ 대전차포 1개 대대	
예비사단			
13사단 최용진	평양 → 금천	15사단 박성철	회령 → 화천
10사단 이방남	숙천 주둔		

공격부대들은 6월 12일부터 주둔지를 출발하여 38도선 북방 10-15 ㎞ 지역으로 이동을 개시하였습니다. 주둔지가 38도선에서 가까운 부대는 도보로, 먼 부대는 기차를 이용하였으며, 예비사단도 각각 해당 군단 지역으로 전개하였습니다. 이렇듯 북한군은 전쟁 직전 치밀한 공격계획과 철저한 준비 속에 전쟁준비에 만전을 기하였습니다.

⑥ '남한에서 북침할 가능성이 높다'는 유언비어 유포

북한은 1950년 3월이 되자 이북 주민들에게 **'남한에서 북침할 가능성이 높다'**는 유언비어를 유포하여, 38선으로부터 5㎞ 이내 주민을 모두 후방으로 소개시키는 등 전쟁 준비에 박차를 가했습니다.

1950년 5월부터는 **남침을 위한 본격적인 부대정비**에 들어가고 그 중 일부는 이동하기 시작하였습니다. **모란봉 극장의 회의**(1950.5.16.)가 개최된 직후 북한의 민족보위성과 소련 군사고문관들은 전쟁을

21) 「6·25전쟁사(2)」북한의 전면남침과 초기방어전투 (국방부군사편찬연구소, 2005), 419.

위한 최종적인 준비에 여념이 없었습니다. 북한은 자체 생산한 소화기와 탄약, 소련에서 지원받은 전투기를 비롯한 기동 장비와 중장비 그리고 전쟁 기간 동안 필요한 유류까지 모두 준비함으로써[22], 남침 전쟁을 위한 모든 준비를 1950년 5월 말까지 완벽하게 마쳤습니다.

(5) 남침을 위한 북한군의 완벽한 부대 편성

① 주공부대 제1군단

북한군 제1군단은 수도 서울을 겨냥한 주공(主攻) 부대였습니다. 옹진반도에서부터 국군 제7사단 책임지역까지를 담당하였는데, 서에서부터 동으로 제6사단, 제1사단, 제4사단, 제3사단 순으로 전방에 배치하고, 제13사단을 예비로 보유하였습니다. 제 105전차여단(-)[23] 예하의 '제107전차연대, 제 109전차연대'(포천 축선), '제203전차연대 제3대대'(동두천 축선)는 서울로 진입하게 될 제3사단과 제4사단을 지원하였습니다. 그리고 203전차연대(-1)는 개성-문산 축선의 제1사단을 지원하도록 하였습니다.

이처럼 북한은 작전 목표인 서울 완전 점령과 서울 관문에 배치되어 있는 국군 주력을 전멸시키기 위하여 서울 북방(문산, 의정부 방면)에 전차(T-34)를 집중 투입시켰으며, 옹진반도나 동해안 축선에는 SU-76자주포를 두고 전차는 한 대도 운용하지 않았습니다.

② 조공부대 제 2군단

북한군 제 2군단은 홍천-춘천-동해안 일대로 공격하는 조공(助攻)

---

22) 전투기와 전차 등 기계화부대를 움직이는 데 필수요소가 유류이다. 북한은 소련으로부터 원유수송이 원활하도록 원산과 장진호 부근 지하에 각기 12만 5,000톤의 정유능력을 가진 공장을 1949년 초 건설, 유류를 확보했다. 1950년 4월 석유 10만 톤을 루마니아에서 추가로 수입, 저장하였다.

23) '(-)'은 어느 규모든지 일부 부대가 빠졌을 때 사용되는 표현으로, 특히 '(-1)'은 여단의 바로 아래 부대인 1개 대대가 빠졌다는 의미입니다.

부대였습니다. 서에서 동으로 2사단, 12사단[24], 5사단 순으로 전방에 배치하고, 15사단을 후방에 예비로 보유하였습니다. 또한 고속기동부대로서 제 603모터사이클 연대를 두어 운용하였는데 이 부대는 1949년 8월 중국으로부터 입북한 조선의용군 출신 2,000명이 대부분이었습니다. 603모터사이클 연대는 부대개편에 따라 명칭이 변경되기도 하였는데, 처음에는 **12MTSP정찰연대**(일명 '603모터찌크연대')로 불렸다가, 105전차여단의 **'603차량화 연대'**로, 또 1950년 5월에는 **'603경기계화 연대'**로 불렸습니다.[25] 이처럼 국군 제 6사단 정면에 있는 북한군은, 완전 편성된 3개 보병사단에 1개 모터사이클 연대 등 막강한 전력이 투입된 상태였습니다.

이들에겐 6월 24일 저녁 7시까지 식사를 완료하고 완전 전투준비를 갖출 것과, 저녁 7시부터 9시 30분까지 중대별로 군무자 동원대회를 실시하여 전투준비 상태를 검열할 것을 지시하는 등, 전쟁 발발 전날 사실상의 남침준비가 완벽하게 완료되었습니다**[제 2사단 참모장 현파(玄波) 명의로 작성된 지령 제15호]**.[26]

③ 해안 상륙부대(제 766부대, 945육전대)

해안 상륙부대로는 제 766부대와 945육전대[27]를 두었습니다.

---

24) 12사단은 북한군 2군단의 주력부대였다. "그동안 일부에서는 인제-홍천 축선의 공격을 담당한 북한군의 실체, 다시 말해 북한군 7사단이냐 아니면 12사단이냐 하는 논쟁이 있어 왔다. 북한군 7사단이 그동안 정설로 인정되어 왔으나, 새롭게 공개되고 있는 공산측 자료에 의해 그 오류가 지적되고 있다. 이는 북한군 2보병사단 참모부가 개전 직전에 발행한 「전투명령 제 001호」에서 입증되고 있는데, 여기에는 북한군 2사단의 좌익사단으로 12보병사단을 분명하게 지칭하고 있다."(「6·25전쟁사(2)」북한의 전면 남침과 초기방어전투, 537.)

25) 「6·25전쟁사(1)」전쟁의 배경과 원인, 271, 282, 284.

26) 「6·25전쟁사(2)」북한의 전면 남침과 초기방어전투, 430.

27) 기존 전사에서는 육전대의 부대 통상 명칭을 '549부대'라고 하였으나, 러시아가 최

766부대는 주로 남로당원 및 강동정치학원 출신 등으로 편성된 유격부대로서, 주 임무는 남침과 동시에 강릉 부근에 상륙하여 무장폭동을 야기하는 한편, 국군의 퇴로를 차단하는 일이었습니다. 부대 이동은 명령대로 6월 23일까지 완료되었습니다.

1949년 3월 함경북도 회령에서 창설된 **766부대**는 6·25 발발 첫날인 1950년 6월 25일 새벽 **3시쯤** 주문진 앞바다를 통과하여 오전 7시경 강릉 남쪽 **임원진** 부근으로 상륙하여 전쟁의 선봉장 역할을 하였습니다. 임원진리 왕바위 해변에 상륙한 제 766부대는 무방비 상태인 마을을 휩쓴 후, 일부는 태백산맥으로 침투했고 일부는 삼척 방면으로 이동하였습니다.[28]

또한 **945육전대는 6월 25일 새벽 3시** 1개 중대가 정동진 해안에 상륙하여 교두보를 확보한 후, 2개 대대가 차례로 상륙하였습니다. 동해안으로 상륙한 945육전대의 임무는, 국군 제 21연대의 증원을 저지하는 것이고, 또 전선에서 공격하는 제1경비여단 부대들과 합동으로 강릉 북쪽에서 국군을 포위, 소멸하는 것이었습니다.

④ 38경비여단(1여단, 3여단, 7여단)

한편, 전쟁 직후 38경비여단 예하 1경비여단(산악침투부대)은 북한군 **8사단**(사단장 오백룡), 3경비여단은 북한군 **9사단**(사단장 박효삼), 7경비여단은 북한군 **7사단**(사단장 이익성)으로 각각 배속되어 내무성에서 민족보위성으로 이관한 후 전선으로 투입하게 됩니다.[29]

근 공개한 소련군 총참모부('조선에서의 전투일보')에 의하면 동해안 지역 상륙부대로 참가한 육전대의 부대 통상 명칭은 '945부대'이다(육군본부, 「북괴군 특수부대」).

28) 「6·25전쟁사(2)」북한의 전면남침과 초기방어전투, 598.

29) 「6·25전쟁사(2)」북한의 전면남침과 초기방어전투, 274.

(6) 전쟁 직전, 북한의 거짓 선전선동

아직까지 불법남침을 가리는 억설로 북침설이 여전히 떠돌고 있는 이유는, 당시 북한이 전면 기습 남침을 숨기고 남북한 국민을 속이기 위한 선전공세를 계속했기 때문입니다.

북한은 전쟁이 일어나기도 전에 남한이 먼저 전쟁을 도발한 것처럼 꾸몄습니다. 1950년 3월 그들은 "남한에서 북침할 가능성이 높다."라는 유언비어를 유포하였습니다.

1950년 6월 24일 밤, 각 부대 문화부 군관들은 "북조선 인민공화국은 수립 이래 가장 큰 위험에 직면해 있소. 인민군 전사 여러분 지금 서부에서는 국방군이 38선을 넘어 공화국을 향해 북진하고 있다고 합니다. 동부에 있는 우리 전사들이 가만히 있으면 우리는 위기에 처하게 됩니다. 신속한 행동으로 적의 침공을 반격하여 응징하지 않으면 안 됩니다. 우리는 남반부를 미제의 식민지로부터 해방시켜야 합니다. 남반부 인민 해방전쟁은 우리가 서울만 가면 됩니다. 그것은 남반부 인민들이 혁명에 동참하여 봉기를 하기 때문입니다. 1군단은 서울을 반격하고, 2군단은 수원으로 진격해서 서울을 포위하여 이승만을 비롯한 각료들과 군관 나리들을 서울에서 궤멸시켜 해방전쟁을 조기에 끝낼 작정입니다. 우리는 8월 15일 서울에서 공화국 수립 2주년 환영대회를 열렬히 할 것입니다. 우리 모두 싸우러 갑시다."라는 거짓말로 선동하였습니다. 또한 문화부 군관들은 부대원들에게 "국군이 북침하였으니 이것을 되받아 치되 동부에서는 서부가, 서부에서는 동부가 반격해야 한다."라고 거짓말을 하였습니다.

그리고 1950년 6월 25일 새벽 3시, 김일성 내각 회의 때 김일성(당시 38세)은 "오늘 새벽 1시에 남조선 국방군이 38선을 넘어 공화국을 침공하였다. 인민군은 이를 반격한다."라는 거짓말로, 전선 사령관 김책에게 "6월 25일 04시 국방군을 반격하라"라고 명령하였습니다. 이러한 내용으로 북한의 신문들뿐만 아니라 북한의 공식기록은 조선통사에도 북침에 대한 반격으로 전쟁이 시작되었다며, 북측의 기습남침 사실을 감추고 덮어 버렸습니다.

1950년 6월 25일 오전 11시 평양 방송에서는, 국군이 북침하여 인민군이 반격 중이라는 거짓 방송, 그리고 전쟁의 모든 책임은 남조선 측에 있다는 거짓 방송, 그리고 현재 남조선 측의 북침을 격퇴하고 반공(反攻)으로 넘어갔다는 거짓 방송으로, 온 국민을 철저히 속였던 것입니다.

그리고 1950년 6월 25일 오후 1시 35분 평양 방송에서 김일성은 "남한이 북한의 모든 평화통일 제의를 거절하고 이날 아침 옹진반도에서 해주로 북한을 공격했으며, 이는 북한의 반격이라는 중대한 결과를 가져왔다."라고 남침을 은폐하기 위한 거짓 각본을 만들어냈습니다.

한편 1950년 6월 25일, 남한의 육본 보도과장 김현수 대령은 국군의 사기를 높이기 위해 "국군 17연대는 해주를 점령하고 38선 이북으로 20㎞를 북진하였다."라고 거짓 방송을 했습니다. 그러나 옹진반도의 국군 17연대는 물밀듯이 밀려오는 인민군 전차 때문에 절대로 북진할 수 없는 상황이었습니다. 국군의 사기를 높이고 국민들의 마음을 안심시키려는 목적으로 했던 이 방송들은, 나중에'6·25 전쟁은 남한이 먼저 북한을 공격했다'는 북침설의 근거로 악용되는 결과를 가져왔습니다.

(7) 전쟁 하루 전, 부대 이동을 위해 지뢰와 폭파장치 제거

전쟁 하루 전인 6월 24일부터 인민군 지휘관들은 일제히 위장을 하고 38선상에서 지도를 들고 전방을 관측하고 있었으며, 인민군 관측장교들은 부대 지휘관들에게 지형 및 국군의 부대 배치, 병력 등을 설명하기 시작하였습니다.

이러한 선전선동 결과, 인민군들은 남한에 대한 적개심이 충만한 가운데 38선을 넘기 위한 준비를 착착 진행하였으며, 24일 오후 8시부터 공병대는 민간복 차림으로 지뢰를 제거하기 시작하였고, 국군의 다리에 폭파장치가 있는지를 치밀하게 조사하였습니다.

모진교는 춘천 지방 북한강과 소양강 사이에 있는 길이 250m 되는 다리로, 38선에서 불과 300m 남쪽에 있어, '38교'라고도 불렀습니다. 모진교는 화천에서 춘천으로 진입할 수 있는 관문으로, 이 다리를 통과하지 않고서는 북한의 기계화부대가 춘천으로 진입할 수 없었으므로, 북한에서는 6·25전쟁을 앞두고 모진교 주변으로 부대를 이동시켰습니다. 모진교(38교)에서의 남침 징후와 관련하여 '6·25 50주년 특별연재'로 신동아 2000년 5월호에 연재된 「잊혀진 전쟁의 비록(상)」의 한 부분을 소개해 봅니다.

「1950년에는 '30년 만에 최악'이라는 봄 가뭄이 닥쳤다. 농민들은 이제나 저제나 비 소식을 기다리는데 장마철이 시작되는 6월이 와도 큰 비가 오지 않았다. 그러던 참에 일본 오키나와 남쪽에서 규모가 작은 태풍 '엘시'가 발생해 서북진하고 있다는 소식이 들려왔다. '타는 목마름'으로 비를 기다리던 농민들이 겨우겨우 모심기를 끝낸 그해 6월 23일 오후 2시쯤, 태풍 '엘시'의 영향으로 춘천 일대에 모처럼 가랑비가 내렸다.

강원도 춘천시 신북읍 천전리 샘밭골은 당시 38선 바로 남쪽에 위치해 있었다. 38선에서 불과 300m 남쪽에 있는 북한강에는 '모진교'라는 길이 약 250m의 다리가 걸려 있었다. 이 다리 북쪽인 화천군에는 함흥에 주둔하다 수일간 야간 행군 끝에 6월 17일 이곳으로 이동해 온 인민군 2사단(사단장 이청송 소장-인민군 소장은 국군 준장과 같다)이 포진해 있었다. 인민군 2사단이 춘천으로 들어오려면 반드시 이 다리를 건너야 한다. 당시 이 다리 지역을 방어한 것은 박용덕 상사가 이끄는 6사단 7연대 수색대였다(사단장 김종오 대령).

그러나 다리 북쪽 지역에 있는 38선 이남 지역이 너무 좁아 7연대 수색대는 다리 남쪽만 방어하고 있었다. 이로 인해 다리 북쪽에는 인민군 초소가 생겨났으니, 사실상 모진교가 38선인 셈이었다. 당시에도 지뢰가 있었다. 국군은 인민군의 침공에 대비해 다리 한복판에 지뢰를 매설해 놓았다. 원격 장치로 다리를 폭파할 수 있게끔 별도의 폭발물을 설치해 두었다.

가랑비를 맞는 모진교 아래 북한강에서 을씨년스럽게 물안개가 피어오르는데, 다리 북쪽에서 홀연히 흰옷 입은 사람이 나타났다. 당시는 인민군이 월남자를 향해 무차별적으로 총격을 가할 때였다. 그런데도 이 사람은 인민군 초소로부터 전혀 총격을 받지 않고 다리를 건너오기 시작했다. 흰옷은 한 노인이었다. "어! 저 영감이!"라고 하며 7연대 수색대원들이 당황해 하는데 "꽝" 하는 소리와 함께 지뢰가 터지고, 노인은 다리 한복판에서 꼬꾸라졌다. 나중에 안 사실이지만 이 노인은 장씨였고, 화천으로 출가한 딸의 집에 살고 있었다. 장씨의 평생소원이 38선 남쪽 춘천에 살고 있는 아들 집에 가보는 것이었다.

이청송 인민군 2사단장은 개전을 앞두고 사단 정치장교인 이시혁(李時赫)에게 "요충지인 모진교의 방어 상황을 알아보라"라고 명령했다. 그래서 이시혁은 이산가족을 찾던 장 노인을 찾아내, 설득 반 위협 반으로 "아들 집으로 가라"라며 모진교로 내몬 것이다. 장씨의 죽음으로 인민군은 모진교에 폭파 시설이 있음을 간파했다.

그로부터 10여 시간 후인 6월 23일 24시(6월 24일 0시), 육군본부는 6월 11일부터 발령된 전군 비상 경계령을 해제했다. 이 경계령은 5월 1일 메이 데이(근로자의 날) 시위와 2대 총선인 5·30선거, 그리고 6월 7일 북한이 남북한 선거를 제의하고 6월 10일에는 북쪽의 조만식(曺晩植)과 남쪽의 이주하(李舟河), 김삼룡(金三龍)을 교환하자고 제의함에 따라 취해진 조처였다.

비상경계령이 해제되자 육본 장교들은 토요일인 6월 24일 저녁부터 육군참모학교 구내에 만든 장교구락부 낙성 기념 댄스파티에 들어갔다.」

(이정훈 동아일보 주간동아 기자)

북한 공산당은 소련-중국과 협조하여 사전에 치밀하고 완벽한 남침 계획을 세웠습니다. 북한의 김일성과 소련의 스탈린이 중국의 모택동과 협의하여 수립한 남침 계획의 기본전략은 “1950년 6월 말에 전면 공격으로 신속히 서울을 점령하고, 인민봉기를 유발하여 한국정부를 전복하는 한편, 북한군이 신속히 남해안까지 내려가 미 증원군의 한반도 상륙을 막아 1개월 내에 전쟁을 종결하고, 8월 15일 해방 5주년 기념일까지 서울에 통일정부를 수립한다.”라는 것이었습니다.

3. 전쟁 수행이 불가능했던 남한의 상황

The situation in South Korea
that made the execution of war impossible

(1) 1950년 6월 23일 24시(전쟁 하루 전), 비상 경계령 해제

경계강화 조치는 5월 1일 노동절을 전후로 총 26일, 5월 30일 총선거를 전후로 총 25일, 6월 11일 북한의 거짓 평화공세(북쪽의 조만식과 남쪽의 이주하, 김삼룡을 교환하자는 제의를 해 놓고 무산시킴)를 전후해 총 13일을 실시하였습니다.

*경계태세 발령(1950.4.7. - 6.23.)

구분	노동절 (26일간)	해제 (7일간)	5.30총선 (25일간)	해제 (10일간)	평화공세 (13일간)	해제
대기태세	4.7↔5.3	5.3↔5.9	5.9↔6.2	6.2↔6.11	6.11↔6.23	6.24 00:00
경계태세	4.29↔5.2	5.3↔5.9	5.27↔6.2	6.2↔6.11	6.11↔6.23	

이렇듯 휴가도 통제된 상태에서 대기령과 비상경계령이 계속되었지만 곧 일어날 것만 같던 전쟁이 일어나지 않게 되자, 육군본부는 6월 11일부터 발령된 전군 비상경계령을 6·25전쟁 발발 하루 전날인 6월 24일 자정을 기해 해제했습니다. 그러자 많은 장병들이 너도나도 그동안 미루어 둔 휴가를 떠났고, 남아 있는 장병들도 외출을 하거나 외박을 나갔습니다. 이 때문에 전쟁이 시작되었을 때는 대부분의 부대가 많게는 3분의 2, 적게는 절반 정도로 최소한의 병력 수준만을 유지한 상태였습니다. 영내에 대기한 장병은 군 복무규정과 육군본부가 요구한 수에도 미치지 못하였고, 그나마도 부대 내에 남아 있던 장병들까지 긴장이 다 풀린 상태였습니다.

6·25전쟁의 '베티고지 영웅'으로 불리는 김만술[30] 씨는 그의

30) 김만술(金萬述, 1929-1991): 경남 함안군 칠서면 대치리에서 출생, 1947년 6월 국방경비대에 입대하여 1953년 7월 15일, 소대장(소위)으로 임명되던 날 오후, 얼굴도 미처 익히지 못한 34명의 소대원을 이끌고 서부전선 임진강 건너편의 연천 베티고지에

저서에서 당시의 외출이 갑작스러운 것이었음을 기록하고 있습니다.[31]

「3개월 만의 외출

1950년 6월 24일, 토요일-흐린 날씨는 아니었으나 후덥지근한 습기가 몰고 온 회갈색 구름이 하늘에 얼룩져 널려 있었다. 불쾌한 바람이 살갗을 스치고 지나갔다.

3개월 만의 외출허가, 부대에 내려졌던 비상으로 기대하지 않았던 외출과 비록 기다렸던 외출이라 하여도 어수선한 상황에서 주어진 것이라 날씨조차 개운하지 않았다.

뜻밖의 사실에 접한 동료들과 나는, 이런 비상시 외출허가는 긴박한 사태가 해결될 경우나 혹은 다음에 일어날 긴박한 사태에 대비한 군인들의 사기를 북돋아 주기 위한 외출인가 하는 생각에 마음들이 복잡했다.

그러나 이러한 비상 중에 우리에게 주어진 외출은 행운이라는 생각에 곧 복잡한 마음을 지우게 되었다. 동료들과 함께 상사에게 등을 떠밀리다시피 하여 부대입구를 나섰을 땐 어느덧 구름은 걷히고 아침 해가 중천을 향해 달음박질치는 시각이었다.

진록색 아카시아가 머리를 내민 철조망 사이에서, 외출로 들뜬 군내의 차단된 부대 옆길을 끼고 걸으며 나는 불안과 흥분된 마음을 열심히 달래고 있었다.

3개월 만의 외출, 무엇을 할까?

그런데...

어째서 갑자기 외박 허가가 나왔을까?」

투입되어 중공군 2개 대대의 적을 맞아 끝까지 사수하였다. 1대 11의 열세한 병력으로 13시간 동안(15시 50분부터 새벽 4시 20분까지) 19차례의 공방전을 치른 끝에 적 314명 사살, 적 450명 부상, 소대원 12명 생존이라는 혁혁한 공을 세웠다[김만술, 「나는 이렇게 싸웠다」 (도서출판 인물과 진상사, 1986), 91-119.].

31) 김만술, 「나는 이렇게 싸웠다」, 13.

(2) 1950년 6월 10일, 군 부대 이동과 지휘관급 인사이동

북한은 이미 공격부대의 전방 이동이 완료된 상태였는데, 국군은 6월 10일(전쟁 발발 15일 전) 대대적인 군부대 이동이 있었습니다. 특히 전방 38도선에 배치된 6, 7, 8사단의 3개 사단장의 인사이동이 있어, 군 경계 태세는 완전히 흐트러진 상태였습니다. 심지어 임명된 신임 사단장들이 임명 날짜보다 늦게 부임하는가 하면, 군부대 이동 명령을 받고도 6·25전쟁 발발 전에 미처 도착하지 못한 부대도 있었습니다.

2연대가 수도사단에서 춘천 6사단으로 예속되어 서울에서 홍천으로 이동하느라 정신없을 때, 6·25전쟁이 터졌습니다. 의정부 7사단의 예비연대인 25연대도 갑작스런 군부대 이동 명령을 받고 온양에서 출발하여 의정부에 도착하기 전이었기 때문에, 7사단도 예비연대가 없는 상태에서 북한군의 주력부대의 침공을 받게 되었습니다.

게다가 채병덕 총참모장은 북한군의 움직임이 심상치 않다는 정보를 보고받고도 6월 10일, 사단장과 연대장의 대부분을 교체하는 초유의 인사이동을 단행, 12명의 주요 직위자를 일괄 교체하였습니다.

- 유재흥 준장 2사단장 → 의정부 7사단장(전방 사단장)
- 김종오 대령 1연대장 → 원주 6사단장(전방 사단장)
- 이성가 대령 16연대장 → 강릉 8사단장(전방 사단장)
- 이종찬 대령 국방부 1국장 → 서울 수도사단장(서울방어 사단장)
- 이형근 준장 8사단장 → 대전 2사단장
- 이준식 소장 7사단장 → 육사 교장
- 신상철 대령 6사단장 → 육본 인사국장
- 강문봉 대령 작전교육국장 → 미 참모대학
- 김점곤 중령 12연대 부연대장 → 정보국 차장
- 장창국 대령 참모학교 부교장 → 작전교육 국장

- 박림항 대령 3연대장 → 작전국 차장
- 정래혁 중령 참모학교 → 작전국 과장

일선 사단장 중 유일하게 남아 있던 제1사단장도 당시는 참모학교에서 교육을 받느라 전쟁이 터졌을 때 현지에 없었습니다. 더구나 새로 부임한 사단장급 이상 일선 지휘관들은 전날 육군 장교 구락부 개관 연회에 참석하기 위해 근무지에서 서울로 떠나 버린 상황이었습니다. 북한군이 38도선에 20만 병력과 최신무기의 집결을 끝마치고 마지막 공격명령을 기다리고 있을 때, 우리나라 육군 총참모장을 비롯한 주요 지휘관들은 연회에 참석 후 깊이 잠들어 38도선의 지휘체계는 먹통이 되고 말았습니다. 전쟁은 시작되었지만 우리 국군측 초기 대응작전은 마비가 되고 말았던 것입니다.

6·25전쟁 발발 당시 한국 육군의 편성은 다음과 같습니다.

	사단(지역)	사단장(지휘관)	보직일	예속 부대
전방사단	독립 제17연대 (옹진반도)	(연대장) 대령 백인엽 28세	1950.3.1.	육군본부 직할 독립연대
전방사단	제1사단(문산)	대령 백선엽 30세	1950.4.22.	제11, 12, 13연대 제6포병대대, 공병대대
전방사단	제6사단(원주)	대령 김종오 29세	1950.6.10.	제2, 7, 19연대 제16포병대대, 공병대대
전방사단	제7사단(의정부)	준장 유재흥 29세	1950.6.10.	제1, 9, 25연대, 제8포병대대, 공병대대
전방사단	제8사단(강릉)	대령 이성가 28세	1950.6.10.	제10, 21연대, 제18포병대대, 공병대대
후방사단	제2사단(대전)	준장 이형근 30세	1950.6.10.	제5, 16연대, 포병대대
후방사단	제3사단(대구)	대령 유승렬 59세	1950.4.22.	제22, 23연대, 보국대대, 포병대대
후방사단	제5사단(광주)	소장 이응준 60세	1950.4.22.	제15, 20연대, 제1독립대대, 포병대
후방사단	수도경비사단	대령 이종찬 34세	1950.6.10.	제3, 8, 18연대

당시 일선인 38도선 부근에 있었던 국군 가운데 **제17연대**는 육지와 격리된 옹진반도에, **제1사단**(제 11, 제12, 제13연대)은 서부인 고랑

포-개성-연안-청단 정면에, **제7사단**(제 1, 제9, 제25연대)은 그 동쪽 동두천-포천 정면인 중서부에, **제6사단**(제 2, 제7, 제19연대)은 어론리-춘천-가평 정면의 중동부 산악지역에, **제8사단**(제10, 제21연대)은 동해안 지역에 각각 배치되어 있었습니다.

또한 후방지구의 치안유지를 위하여 각지에 분산 배치된 후방사단 가운데 **수도경비사령부** 예하의 제3, 제8, 제18연대와 독립 기갑연대는 서울에 배치되었으며, **제2사단**(제5, 제16연대)은 청주, 대전 등지에, **제3사단**(제22, 제23연대)은 대구, 부산 지역에 그리고 **제5사단**(제15, 제20연대)은 전주, 광주 등지에 각기 분산 배치되어 있었습니다.[32]

(3) 싸울 장병도 실탄도 없는 수도 방어 사단 (의정부 7사단, 2사단, 수도사단)

제 7사단은 대한민국과 수도 서울의 관문을 지키는 가장 중요한 사단으로, 제1연대는 동두천 전방, 제 9연대는 포천 전방을 방어하고 있었으며, 공병대대는 사단 사령부와 함께 의정부에 주둔하고 있었습니다. 충남 온양에 주둔하고 있던 2사단의 25연대가 7사단으로 소속이 변경되어 6월 15일까지 금오리로 이동하라는 명령을 받았으나, 수용시설을 확보하지 못한 관계로 적이 남침하는 순간까지도 계속 온양에 주둔해 있었습니다. 이렇게 의정부 7사단은 예비연대가 텅텅 빈 가운데 전쟁을 맞이하였습니다. 또한 1950년 6월 24일 1연대와 9연대의 30%가 휴가·외출 중이어서 7사단 장병은 4천 명뿐이었습니다.

---

32) 「6·25전쟁사(2)」북한의 전면남침과 초기방어전투, 55.

북한은 남침을 계획하는 단계에서부터 소련 군사고문단의 전폭적인 지원을 받아가며 완벽한 공격계획을 수립하고 있었으나, 국군의 방위태세는 전쟁을 수행하기에는 모든 면에서 부족한 최악의 상황 그 자체였습니다. 8개 사단 중에서 4개 사단만 전방에 배치하고 그나마도 절반 가까이 휴가 및 외출 중이었고, 나머지 4개 사단은 후방 지역에서 공비소탕 작전을 수행하고 있었습니다.

「어느덧 정오를 지나와 2시 사이를 가리키지만 우리 소대원들은 아침의 끼니까지 굶고 적군의 제 3차 공격을 기다리고 있었다. 원군을 요청하려고 전령병이 떠난 지도 40분을 지나고 있었지만 북한군의 3차 공격이 시작될 때까지 아무런 해답이 없었다. 5백여 명의 병력으로도 두 번의 공격을 실패한 북한군의 제 3차 공격에 대항하는 우리 소대의 총소리도 이전의 그것 같지가 못했다.

"소대장님! 실탄이 없습니다."

"탄약을 주십시오! 탄약을." (중략)

"소대장님, 후퇴해야겠습니다." (중략)

"나에게는 후퇴명령을 내릴 권한이 없어! 후퇴명령은 군단장만이 내릴 수 있는 것이야! 최후의 한 사람까지 싸우다 이 자리에서 죽기로 하자!"

내가 선임하사에게 이런 이야기를 하고 있을 때도 이미 우리의 소대원들은 3분의 2가 전사하고 간신히 살아남은 대원들도 실탄이 없거나 부상을 당한 최후의 순간에 놓여 있는 실정에 있었다.」

(6.25전쟁 참전자 증언록(1), 국방부 군사편찬연구소,박병호(예)중령 증언, 192.)

(4) 미국의 소극적인 군사 지원

북한군에 대한 소련의 전폭적인 지원과는 대조적으로 남한에 대한 미국의 군사 지원은 매우 소극적이었습니다. 미국은 한국에 105mm 야포지원도 망설이고 있었습니다. 1945년 11월, 미군정 당국은 장차 주한미군 철수에 대비해 한국의 현지 군사력 육성이 필요하다고 느끼고 있었습니다. 그래서 11월 13일 군정법령 제28호로 국방사령부를 설치하고 그 책임자로 미 제 24군단 헌병사령관인 로런스 시크(Lawrence E. Schick) 준장을 임명했습니다. 국방사령부는 장차 한국정부의 수립에 대비하여 국방군 창설계획을 수립하였는데, 당초 이 계획은 국방군을 육군과 공군으로 구분하며, 육군의 규모는 3개 보병사단으로 구성된 1개 군단, 공군은 1개 수송중대와 2개 비행중대로 편성하려 했습니다. 육군과 공군 병력은 4만 5,000명이고 여기에 5,000명의 해군과 해안경비대를 합해 총 5만 명 규모의 군대를 창설하려 했습니다. 그러나 미국 행정부는 미·소공동위원회가 열리는 때에 한국군의 창설은 소련을 자극할 수 있다고 생각하여 이 계획에 반대하였습니다. 이에 따라 미 군정당국은 신임 국방부장 아서 참페니(Arther S. Champeny) 대령에게 보다 규모를 축소한 새로운 방안을 강구하라고 지시했습니다. 참페니 대령은 군 기능보다 경찰 기능에 가깝게 병력과 장비를 축소한 경찰예비대의 창설안을 작성해서 건의했습니다. 이것이 바로 'Bamboo'(뱀부) 계획입니다.

뱀부계획은 국방군 창설계획안보다 그 규모면에서 훨씬 축소된 것으로, 국방경비대는 각 도에 1개 연대씩 모두 2만 5,000명 규모로 8개 연대를 편성할 계획이었습니다. 당시 국방사령부 고문으로 있던 이응준 장군이 뱀부계획 수립 시 각 도에 1개 사단 규모를 유지하자고 조언하였으나 받아들여지지 않았습니다. 뱀부계획은 경비대의 창설방법에 대해 구체적으로 명시하고 있었습니다. 우선 남한의 각 도에 1개 중대씩 먼저 8개 중대를 설치하되, 편성은 중화기가 없는 미군보병중대를 기준으로 장교 6명과 사병 225명으로 편성하고, 각도에 편성 시 정원의 20%를 초과 편성하여 중대 편성이 완료되고 훈련이 끝나면, 그 초과병력을 근간으로 다음 중대를 추가 편성하도록 계획하였습니다. 이처럼 중대를 대대로 편성하고, 대대 편성이 완료되면 다시 연대를 편성하여 각 도에 1개 연대를 편성한다는 계획이었습니다. 이처럼 미군은 외부 북한의 침략에 대비해서가 아니라 남한의 내부 치안유지를 위해 한국군을 창설하려고 했던 것이었습니다.

1949년 한미 군사고문단은 '한국 육군 수준은 애국심 하나만 빼고는 1775년 독립전쟁 당시의 미군과 비슷한 수준'이라고 평가했습니다. 이를 인식한 이승만 대통령은 미국의 트루먼 대통령에게 북한 공산주의자들의 침공에 대비하기 위한 군사원조를 간절히 요청하였으나, 미국 정부는 "한국이 부담할 수 없는 대규모 군사력을 유지하는 것보다 건실한 경제개발이 더욱 중요하다."고 경제안정의 내부단속만을 강조했습니다. 아울러 이승만 정부가 국내 반공의식을 강화하고 국민의 결속을 다지는 목적으로 말하는 '북진통일'과 '공산주의 타도'라는 구호의 위험성을 지적했습니다.

이처럼 미국은 한국의 군사력 증강에는 관심이 없고 오로지 파탄 위기에 처했던 경제를 살리기 위한 지원에 적극적이었으며, 군사 지원은 치안 질서 유지 정도에 불과했습니다(동아일보 1949년 4월 22일자).

우리나라는 건국 직후 파탄 상태의 어려운 경제가 미국 원조에 의해 겨우 지탱할 정도였으며, 군사력은 바닥 상태였으므로 6·25전쟁이 남한이 북한을 먼저 공격한 북침이었다는 주장은 상식적으로도 불가능한 일입니다. 군사 원조가 아닌 경제 원조에 주력했던 미국이 남침을 유도했다는 것도 당시의 상황과 전혀 맞지 않은 사실 무근의 억지 주장입니다.

(5) 군사력에서 북한군에 절대 열세였던 남한군

북한군은 6·25남침 전쟁 개시 직전까지 전투준비가 완료된 육군

총 10개 보병사단, 해군 3개 위수사령부(衛戍司令部)[33], 공군 1개 비행사단이 주축이 된 강력한 군사력을 갖추고 있었습니다. 남침 직전 3군 전체 병력은 20만 1,050명으로, 국군 10만 5,752명의 약 두 배였습니다. 더구나 각 축선마다 북한군의 병력과 무기는 국군과는 비교가 불가능할 정도로 심각한 불균형을 이루고 있었습니다. 가장 심각한 곳은 북한의 주공 방향인 의정부-포천-서울 축선으로 남한군과 북한군의 병력 비율이 1대 4.4이었고, 개성-문산-서울 축선은 1대 2.2였습니다. 북한군의 조공방향인 화천-춘천과 인제-홍천 축선은 1대 4.1이었고, 양양-강릉 축선은 1대 2.5로 국군이 북한군에 비해 절대 열세였습니다. 게다가 당시 국군 38도선 경계부대의 전체 병력 중 3분의 1이 외출한 것을 고려한다면, 의정부-포천-서울 축선의 경우 실제 병력 비율은 1대 7.1로 격차가 훨씬 심했습니다.

북한의 군사력은 부대 병력이나 주요 무기 면에서 남한과 비교할 수 없을 만큼 압도적이었습니다. 그것은 양적인 면뿐 아니라 질적인 면에서도 마찬가지였습니다. 당시 국군의 최대 화기였던 M-3형 105㎜ 곡사포는 사정거리가 고작 6,252m인데, 북한군의 주 무기인 122㎜ 곡사포의 사정거리는 1만 1,710m로 두 배 가까이에 이르렀습니다. 따라서 북한군 포병은 국군 포병의 사정권 밖에서 아무런 위협도 받지 않은 채 목표지점을 향하여 사격을 계속할 수 있었던 것입니다. 또한 북한군 보병사단은 국군 보병사단에는 없었던 120㎜ 박격포를 장비하고 있었으므로, 산악 지대에서도 화력 근접지원이 가능하였습니다. 또한 북한군은 국군이 갖고 있지 않은 평사포 76.2㎜ 24문을 가지고 있었습니다.

---

33) 부대가 일정한 지역의 질서와 안전을 유지하기 위해 장기간 머무르면서 경비하는 일을 맡아보는 사령부로, 이를테면 대한민국 수도인 서울을 방어하기 위해서 '수도방위사령부'를 두고 있는 것과 유사하다.

야포 사거리표 비교

국군		북한군	
무기	사거리(m)	무기	사거리(m)
105㎜ 곡사포	6,525	122㎜ 곡사포 76.2㎜ 평사포 76.2㎜ 자주포 76.2㎜ 곡사포 *120㎜ 박격포	1만 1,710 1만 3,090 1만 1,260 9,000 5,700

국군은 적의 전차를 파괴할 수 있는 대전차화기가 한 대도 없었습니다. 북한은 신속하고 효과적인 서울 점령을 위해 강과 산악 지형, 도로 등을 고려하여 개성-의정부-포천 축선에 전차의 대부분을 집중적으로 운용하였습니다. 전쟁 직전 개성-의정부-포천 축선(제1군단)에 배치된 전차 대수는 총 150대였습니다. 203전차연대(-) 27대는 문산 지역의 1사단 지역에서 운용되었으며, 의정부-포천 지역에는 107전차연대, 109전차연대, 203전차연대 1개 대대, 123대가 배치되어 제 3사단 및 제 4사단 지역에 투입되었습니다.

북한은 1950년 6월 초 나남에서 T-34전차 30대로 독립전차연대를 창설하였고, 이 후 제16, 17전차 여단을 추가로 창설해 각각 44대를 보유하게 됩니다. 따라서 북한군은 6·25남침 개시 직전까지 T-34전차 총 258대를 보유하였습니다.

북한군은 신속한 기동능력을 가진 T-34전차 외에 막강한 화력을 지원하는 SU-76자주포를 176문이나 각 전선에 골고루 배치하였고, 제 2군단 쪽에는 603모터사이클 연대(모터사이클 560대)라는 고속 기동부대를 투입하여 이천-수원 방면으로 우회하여 수도 서울을 공격하는 임무를 맡도록 하였습니다.

국군이 가장 많이 사용했던 소총은 반자동식 M1 Garand(개런드)와 Carbine(칼빈)이었습니다. 북한군은 1발 쏠 때마다 장전손잡이를 돌려 당겨야 했던 **모신나강 소총**(M1891/30)과 완전자동 71발 연속사격의 **슈파긴 기관단총**(PPSh-41: 일명 따발총, 1개 사단에 2,100개)이었습니다(국방일보 2011년 12월 19일자). 칼빈 소총은 한반도의 혹독한 동계 기간에는 작동되지 않는 경우가 많았는데, 장진호 전투에 대한 기록들에서는 이러한 내용을 쉽게 찾을 수 있습니다. 반면에 북한군은 슈파긴 기관단총(PPSH-41: 일명 따발총)을 1개 사단에 2,100개나 보유하여, 국군의 병력이나 무기만으로는 불법으로 남침한 북한군의 공격을 막아내기에는 역부족이었습니다.

우리나라 해군은 미군으로부터 소규모 함정을 인수한 후 이를 보수하여 사용했고, 미국으로부터 PC-701함(백두산함)을 구입했습니다. 당시 해군은 손원일 제독 이하 말단 수병까지 월급의 10%를 원천공제하면서 전투함을 사기 위한 모금운동을 벌였습니다. 장교 부인들은 삯바느질로 한 푼 두 푼 모았고, 수병들은 골목길을 돌며 폐품을 수집하는 등 노력을 기울여 1년여 만에 1만 5,000달러를 모았습니다. 이에 감격한 이승만 대통령은 국고에서 4만 5,000달러를 지원해 주었습니다. 당시 15명의 분야별 해군장교들이 구매요원으로 미국에 갔으나, 미국이 판매를 거부하여 수소문 끝에 해안경비대의 실습선 한 척을 1만 8,000달러에 구입한 것이었습니다. 그 후 702, 703, 704함을 계속 구입했으나, 이들 함정이 하와이에 기항하고 있을 때 전쟁이 발발했습니다. 이러한 노력을 기울인 해군은 1950년 6월 25일 당시 28척의 경비정과 약 7,000명의 병력을 보유한 상태였습니다.

육군과 더불어 발족한 공군은 주로 경비행기인 연락기를 보유하고 있었습니다. 당시 애국기 헌납운동을 펼쳐 항공기의 판매를 미국에 요청하였으나 거절당했습니다. 이후 캐나다에서 AT-10형 훈련기 10대를 구입하였으며, 1950년 5월 14일 이승만 대통령이 이를

'건국기'라고 명명했습니다. 이 후에도 항공기의 추가 구입이나 미국의 지원이 없었기 때문에 한국 공군은 22대의 연락기와 연습기만으로 북한의 YAK전투기를 대적해야만 했습니다. 국군은 고작 소총과 연습기에 불과했고, 북한군은 전차와 전투기로 무장하였으므로 군사력에 있어서 극심한 불균형을 초래하였습니다. 이러한 현상은 김일성으로 하여금 전쟁에서 승리할 수 있다는 확신을 갖도록 만들어 전쟁을 촉발시키는 요인으로 작용하였습니다.

(6) 남한 사회의 사치와 방종

6·25전쟁 전에 북쪽에서는 호시탐탐 남침만 노리고 있는데, 남쪽에서는 사회가 타락하고 공의가 땅에 떨어져 뒤로 힘을 쓰는 비리와 부정부패가 만연하였으며, 아랫사람들은 상관에 대하여 아부하는 것을 밥 먹듯 하면서 상사의 눈과 귀를 멀게 했기 때문에, 나라가 기울어지는 것을 깨닫지 못하고 북쪽의 칼 가는 소리를 듣지 못했던 것입니다. 북한이 38선을 넘어 전면 남침해 오므로, 전방에서 많은 사람이 피 흘리고 싸우며 죽어가고 피난민들의 행렬이 끝없이 이어지고 있을 때, 부산 거리는 전쟁을 치르고 있는 나라라고 믿기지 않을 정도로 향락이 넘쳐흘렀습니다. 거리를 빈둥거리는 젊은이들이 수두룩했고 극장가는 인파로 가득하였으며 술집마다 흥청거렸습니다. 38선 전역에 전면전이 벌어져 장병들이 쓰러지고 나라는 붕괴 직전에 놓여 있는데, 후방에서는 아무 일도 없다는 듯 향락에 빠져 있었다니, 국민들의 정신 상태가 완전히 마비되어 있었음을 알 수 있습니다. 북한에서는 인민위원회, 청년동맹, 인민유격대 등을 통해 힘을 차근차근 기르면서 칼을 갈고 있었는데, 남쪽은 평화의 허상에 사로잡혀 도무지 정신을 차리지 못하고 있었던 것입니다. 그런데 오늘의 대한민국 상황은 6·25전쟁 직전의 상황과 너무나도 흡사합니다.

(7) 결정적인 남침 징후의 묵살

전쟁 개시 하루 전 6월 24일, 육군본부 상황실에서는 22일과 23일에 획득한 첩보를 분석하고 적의 활동이 매우 활발하다는 것을 우려하고 있었습니다. 이때 제 7사단으로부터 "인민군 군관들로 보이는 일단의 무리가 아측을 향하여 지형 정찰을 하는 것 같다."라는 보고를 받고, 이는 필시 북한군의 전면 공격이 임박한 것으로 판단하였습니다. 정보 실무자들의 이러한 판단에 따라, 이날 오후 3시에 채병덕 총참모장을 비롯한 육본 일반 참모들이 모여서 긴급대책을 강구하였습니다. 이때 정보 실무자들이 비상경계령 해제의 즉각 중지와 휴가 및 외출의 즉각 중지, 또한 최소한 3분의 2병력의 부대 대기를 건의하였지만, 채병덕 총참모장에 의해 즉시 묵살되었습니다. 다만 채병덕 총참모장은, 첩보대를 포천, 동두천, 개성 등지에 파견하여 적정을 살피고 그 결과를 다음날인 6월 25일 오전 8시까지 보고하라는 지시만 내렸습니다.

38도선 부근에서 1949년부터 자주 발생한 남북한 군사적 충돌은 북한군이 남침할 것이라는 풍문으로 점점 확대되면서 군과 국민들은 상당한 위기의식과 큰 불안감에 사로잡혔습니다. 1950년에 들어서면서 **2월 위기설, 3월 위기설, 4월 위기설**까지 심각하게 거론되었습니다. 이에 따라 정부에서는 "북한의 전쟁 준비는 이미 완료되었고 남침은 이제 시간문제다."라고 하는 취지의 발표가 반복되었습니다. 이승만 대통령은 "5월에서 6월 사이에 무슨 일이 일어날지 모른다."라고 경고하였는가 하면, 맥아더 장군도 3월 10일 워싱턴으로 보낸 기밀정보 보고서에서 "최근 획득된 정보에 의하면 북한이 6월에 남한을 침략할 것이라 한다."라고 정확한 지적을 하였습니다.

38선에서의 위기가 고조되자 유엔 한국위원단의 현지 감시반은 6월 9일부터 6월 24일까지 강릉에서 옹진반도까지 38도선 전역을 순시하고 남침 불과 하루 전인 6월 24일 안전보장이사회에 보고서를 제출하였는데, 거기에는 '최근 북한군이 38도선 인접 지역으로 4-8㎞ 이동한 바 있고, 옹진 북쪽 근처에서 군사 활동이 증대되고 있다.'라고 하는 중요한 내용이 담겨 있었습니다. 이것이 전쟁 직전 공식적인 유엔 보고서이며, 이는 남한이 먼저 북한을 공격하지 않았음을 보여 주는 귀중한 증거 자료이기도 합니다.

남침 징후의 결정적인 몇 가지 사례만 보아도 참으로 통탄을 금할 길이 없습니다. 강릉 8사단장 이형근 준장은, 1950년 6월 10일 인민군 유격대 공작원들이 서해 해상을 통해 일제히 침투해 들어온 것을 보고 포로로 잡아 조사한 결과, 인민군의 전쟁 준비가 완료 됐음을 확인하고 우리도 전시 체제를 갖추고 공격에 대비해야 한다고 채병덕 총참모장에게 보고했으나, 이를 묵살 당하였습니다. 이에 이형근 준장은 8사단장직 사표를 내고 부대를 떠났습니다. 그러나 후에 이종찬 장군이 이형근을 권하고 채병덕 총참모장을 설득하여 다시 부대로 복귀시켰습니다.

함흥에서 주둔하던 인민군 2사단(사단장 이청송)이 6월 17일 야간 행군으로 화천에 이동, 포진하고 있었습니다. 이 사실은 6월 19일 귀순한 박철호 전사를 통해 6사단장 김종오 대령에게 보고되었고, 이를 심각한 상황으로 판단한 김종오 대령은 육본에 보고하였으나, 채병덕 총참모장은 "인민군은 절대 도발하지 않는다."라며 또 이 사실을 묵살하였습니다.

1950년 6월 19일, 강릉 밑 해안에서 인민군 전사가 귀순하여 아주 결정적인 남침 징후에 관한 정보를 제공하였습니다. 그는 "일주일 후면 전면 남침이 시작될 것입니다. 엄청난 인민군이 후방에서 38선 가까이 와서 남침 명령을 기다리고 있습니다. 나는 이것을 알리려고 귀순하였습니다."라고 하였습니다. 그러나 이 역시 채병덕 총참모장은 묵살하였습니다.

1950년 6월 20일, 임영신 상공부 장관이 이승만 대통령을 찾아갔습니다. 임영신 장관은 인민군이 곧 남침한다는 소식으로 세상이 뒤숭숭하여 3월 경, 북한 실정을 잘 아는 김기희라는 사람에게 60만원을 주고 북한 실정을 알아오게 하였습니다. 그는 그 자금으로 12명을 선발, 그들과 함께 북한 군부대의 동태를 정탐하고 돌아와 "북한 전 지역이 비상사태에 들어가, 밤낮 없이 38선으로 남하하는 군용 열차와 군용 트럭이 줄을 이었고, 외금강에서는 급탄 등을 하느라 기차가 밀려 있는데 끝이 보이지 않습니다. 인민군의 남침에 대해 빨리 준비해야 하겠습니다."라고 하였고, 이를 이승만 대통령에게 보고하였습니다. 그런데 신성모 국방부 장관이 허위 사실이라고 우겨서 대통령도 믿지 못하게 하였습니다.[34)]

1950년 6월 22일, 화천 정면의 6사단 7연대에 인민군 전사가 귀순하였습니다. 그가 "나는 전차병이다. 화천지구에 1개 대대의 전차가 집결하고 있다."라고 하자 임부택 연대장은 즉시 관측소에 가서 정찰을 했습니다. 유천면의 인민군 부대에 지금까지 보지 못한 포진지가 보이고 포신이 모두 남쪽을 향하고 있는 것을 보고 깜짝 놀라 망원경으로 유심히 관찰해 보았더니, 평소에 없던 차량이 빈번히 움직여 인민군의 남침이 곧 시작될 것으로 판단하였습니다. 임부택 연대장은 즉시 육본 정보국에 보고하고 대책을 준비해야 한다고 건의하였습니다. 그러나 채병덕 총참모장은 이것도 묵살하였습니다.

장도영 육본 정보국장은 옹진 17연대, 동두천 1연대, 포천 9연대, 춘천 7연대, 강릉 10연대 정보를 종합 분석한 결과, '이는 인민군의 전면 남침'이라고 판단, 6월 24일 오후 2시에 채병덕 총참모장에게 보고하면서, 오늘 저녁이 위험하니 비상경계령만이라도 부활시

34) 이선교, 「6·25 한국전쟁 막을 수 있었다(상)」 (빛된삶, 2007), 190.

켜 달라고 간청하였으나, 이때 채병덕 총참모장은 화를 벌컥 내면서 "오전에 해제하였는데 어떻게 오후에 다시 경계령을 부활시키는가?"라고 하면서 거절했다고 합니다. 그러자 장도영 정보국장은 국장들을 불러 "인민군의 전면 침공이 예상된다."라고 하였는데, 국장들도 별 반응이 없이 "유언비어를 퍼뜨려 사회를 혼란시킬 작정인가? 당신 빨갱이 아니오?"라고 하였습니다.

이렇게 전쟁이 터지기 전 임박한 북한의 남침 첩보가 무려 417회나 노출되었고 수 없이 많은 전쟁 징후가 육본에 보고되었습니다.[35)]1950년 6월이 될수록 그 횟수가 잦아지고 남침의 징후는 너무도 분명한 것이었는데, 모두가 잘못 판단하여 내용을 변질시킴으로써 북한의 남침을 대비할 수 있는 기회를 송두리째 내버리고 말았습니다. 그 결과 이루어진 북의 기습공격은 상상할 수 없는 피해와 큰 혼란과 고통을 가져왔습니다.

북한은 무력 남침을 위해 1948년 2월부터 약 28개월에 걸쳐 철저하게 준비했으나, 우리나라는 6월 25일 당일까지도 휴일을 즐기고, 흥청망청하며, 국방(國防)에 주력하지 못했습니다. 군인들이 평소에 교육·훈련에는 소홀하고 사치와 낭비가 너무 심했으며 미국 문화를 여과 없이 받아들여서 사교댄스나 즐기는 형편이어서, 국군이 부패했다는 국민들의 비판이 자자했습니다.

당시 초기 전투 패배의 내부적 원인을 정리해 보면 다음과 같습니다.

첫째, 전쟁 상황을 고려한 국가 차원의 통합방위 계획이나 이를 기초로 한 국가 차원의 동원 및 전쟁 연습이 정부 수립 이후 한 번도 시행되지 않았습니다.

---

35) 「6·25 한국전쟁 막을 수 있었다(상)」, 190.

둘째, 전쟁 발발 불과 1개월 전에 단행된 군 수뇌부에 대한 대대적인 인사이동, 주요 지휘관의 교육 파견, 전쟁 전야 지휘관 및 참모들의 장교구락부 개관 축하 회식 및 부대별 평균 3분의 1에 달하는 장병들의 외출·외박·휴가 조치, 그리고 38선 방어 임무를 담당하고 있는 전방 사단 연대급 부대에 대한 전후방 교체는, 개전 초기 단계에서 신속히 조치되어야 될 가장 중요한 사항들을 지연시키거나 무력하게 만들었습니다.

셋째, 국군의 기동과 통신 장비에 대한 입고 조치, 탄약 및 모든 물자 보급 지원이 너무도 빈약하였습니다. 막강한 전차를 앞세우고 각 전선에서 물밀듯이 내려오는 적의 공격에 국군은 속수무책이었습니다. 포를 맞고 꿈쩍도 않는 적의 탱크 앞에 일선부대는 차례로 무너졌고, 그 상황에서 할 수 있는 일은 육탄으로 전차 위에 뛰어올라 수류탄으로 전차를 파괴하는 일을 시도하는 것뿐이었습니다.

넷째, 어렵게 수집한 이북의 남침 정보가 수없이 보고되어 정확한 대북 정보를 알고 있었으면서도, 적의 상황을 정확하게 판단치 못하고 안일하게 대처한 군 수뇌부의 오판은 문제 중의 문제였습니다.

북한의 불법 기습 남침으로 남한의 피해 규모가 상상을 초월했던 현실적인 이유는, 북한이 군사력 면에서 남한과 비교할 수 없이 막강했기 때문입니다. 그러나 당시 국군 방위태세가 최악의 상황이었던 점도 무시할 수는 없습니다. 전쟁 개시 3일 만에 수도 서울이 북한군에게 점령되고 국군 4만 4천 명이 몰살당한 비극의 외부적 내부적 원인을 살펴, 전쟁의 역사적 교훈을 깊이 되새기고 다시는 이토록 쓰라린 전쟁이 없도록 온 국민이 자각하고 대비해야 하겠습니다.

4. 북한군 불법 남침기
(1950.6.25 - 9.15: 약 2개월 20일)

The period of North Korean army's unlawful invasion of South Korea
(Jun 25 - Sep 15, 1950: approx. 2 months and 20 days)

(1) 1950년 6월 25일 새벽 4시 전쟁 개시

1950년은 '30년 만에 최악'이라는 봄 가뭄이 닥쳤고, 아직 장마철이 아닌데도 6월 19일부터 24일까지 연거푸 비가 내리다가 자정 가까이 되어서야 겨우 멎었습니다. 6월 25일 새벽 3시, 김일성(당시 38세)은 내각 비상 회의를 열고 "오늘 새벽 1시에 남조선 국방군이 38선을 넘어 공화국을 침공하였다."라는 거짓말로, 전선 사령관 김책에게 "6월 25일 04시 국방군을 반격하라"라는 명령을 내렸습니다. '폭풍!'이라는 공격 개시 암호명과 함께 전차를 앞세우고 강력한 화력으로 무장한 북한군은 일제히 38선 240㎞를 넘어 일방적으로 기습공격을 가해 왔습니다.

그 순간 북한군 2사단이 122㎜ 곡사포를 터뜨리자, 꾸벅꾸벅 졸던 국군 6사단 7연대 2대대 6중대장 정영삼 중위는 평소 박격포 소리가 아닌 122㎜ 곡사포 소리에 놀라 상부에 보고하였으며, 날이 밝자 자주포를 앞세운 북한군 2사단의 기계화 부대가 모진교를 통과, 38선을 돌파하였습니다.

· 6월 25일 02시 - 채병덕 총참모장은 갈월동 총장 공관에 도착하여 곯아 떨어졌다.
· 05시 10분 - 춘천 7연대 임부택 연대장이 전화를 걸었으나, 부관 라엄광 중위가 총참모장이 잠을 잔다고 바꿔 주지 않았다.
· 06시 - 육군본부 일직사령이 총장 공관으로 달려와 북한군의 전면 남침을 알리자, 그제야 국장들 소집 명령이 내려졌다. 그러나 참모회의를 하려고 해도 술에 취했던 국장들이 어디에 있는지 연락이 되지 않아 참모회의를 할 수 없었다.
· 07시 30분 - 국방부 장관에게 상황을 보고하였다.
· 09시 30분 - 채병덕 총참모장은 술이 덜 깬 상태에서 미 고문관 하우스만 대위와 같이 의정부에 가서 7사단장 유재홍 준장의 상

황 보고를 듣고서야 전면 남침을 확인하였다(전쟁 개시 5시간 30분 경과).

· 10시 10분 - 이승만 대통령이 북한의 남침 보고를 받았다(전쟁 개시 6시간 10분경과).

전쟁이 터진 것도 모르고 이승만 대통령(당시 75세)은 아침부터 창경궁 비원 반도 연못에 한가히 낚싯줄을 던지고 있었습니다.[36)]

6월 25일 오전 10시 10분, 이승만 대통령은 북한군이 남침한 사실을 보고 받고, 국방부 장관 신성모를 불러 큰소리로 나무라자, 그는 엉뚱하게도 "예, 오늘 새벽 4시에 38선 전역에서 북한군이 대거 남침하였습니다. 그러나 수일 이내로 평양을 향한 각하의 명령을 받으려고 합니다."라고 하였습니다.

북한군의 침공으로 빚어진 상황에 대처하기 위하여 소집된 국무회의에서, 채병덕 총참모장은 당시의 상황을 설명하면서 한술 더 떴습니다. "적의 전면 남침이 아니라 붙잡힌 공비두목 이주하와 김삼룡을 살려 내기 위한 책략 같으며, 남쪽의 부대를 즉시 출동시켜 반격하여 격파하겠습니다."라는 말로, 전쟁의 상황을 아주 애매모호하게 보고하였습니다.[37)]

전혀 예상치 못한 기습으로 전황은 계속해서 악화되고 있었으며, 국군 서부 지역 최전방 부대인 옹진반도의 제17연대가 6월 25일 당일에 무너지면서 국군은 모든 전선에서 후퇴에 후퇴를 거듭하였습니다. 그런데 육본 보도과장 김현수 대령은, 17연대가 해주를 점령하고 38선 이북으로 20㎞를 북진하였다고 거짓방송을 하였습니다. 현재

---

36) 「민족의 증언 제1권」, 3.
37) 「6·25전쟁사(2)」북한의 전면남침과 초기방어전투, 97.

까지 종북세력들은 이 방송을 근거로, 국군이 북침하였고 6·25는 미국의 대리전쟁이었다고 주장하고 있습니다. 그러나 국군 17연대는 인민군의 전차 때문에 해주를 점령할 수 없었고, 38선 이북으로 20㎞도 전진할 수가 없는 연대였습니다. 국군의 다른 부대들도 물밀듯이 밀려오는 인민군 전차 때문에 38선 이북으로 북진할 수가 없었습니다.

6월 26일 신성모 국방부 장관도 중앙방송국에 나가 "침입한 적은 국군의 반격으로 후퇴하고 있다. 그러므로 국군은 총 반격전을 개시하였는바 차제에 압록강까지 전격하여 민족의 숙원인 국토의 통일을 완수하고야 말 것이다."라고 호언장담하는 생방송을 계속하였습니다. 이승만 대통령도 남침 당일부터 라디오 방송을 통하여 모든 서울 시민들은 길거리에 나오지 말고 집안에 머물러 있도록 강조했습니다.

정부는 피난민에 대한 비상계획이나 구호, 철수계획을 체계적으로 논의하지 못하고 상황에 따라 임기응변으로 대처하느라고 분주하였습니다.[38] 정부가 적절한 대책을 마련하지 못하고 우왕좌왕하는 사이, 동두천과 의정부 쪽에서는 적의 포격소리에 놀라 공포와 혼란에 휩싸인 국민들이 보따리를 챙길 틈도 없이 허겁지겁 피난행렬에 올랐습니다. 적의 압력이 가해질수록 서울은 이북 지역으로부터 내려온 피난민들에 의해 말할 수 없이 혼잡해지기 시작했습니다. 청량리 거리는 피난민으로 꽉 메워져 있었는데도 라디오 방송에서는 여전히 전황이 좋다고 하였으니, 서울 시민들은 남침 3일 만에 서울이 점령당하는 순간까지 정부의 방송을 철석같이 믿고 피난 가지 않은 자가 많았습니다. 급기야 6월 28일 아침, 38선 접경지에서 수도 서울에 이르는 거리의 모습은 그야말로 공황상태였고, 도저히 통제 불가능한 무질서 속에 주민들은 탈출로를 찾아 아우성쳤고 모

38) 「6·25전쟁사(2)」북한의 전면남침과 초기방어전투, 87.

든 거리는 사람들로 메워졌습니다.[39)]

(2) 적의 기습공격에 악전고투한 옹진 지구 전투

개성 서쪽 옹진반도에서는 국군 독립 제 17연대(연대장 백인엽 대령)가 45㎞에 달하는 38선 경계임무를 수행하고 있었습니다.

적군 제 6사단 14연대는 전차를 선두로 제 17연대 3대대 정면 양원 및 강령 방향으로, 적군 제 3경비여단은 기마대를 앞세우고 제 17연대 1대대 정면 옹진 방향으로 공격해 왔습니다.

적의 기습을 받은 17연대는 초전부터 악전고투하였으며, 좌전방 1대대의 진지가 아침 6시경 인민군에 의해 돌파 당했습니다. 연대장은 지체 없이 예비대인 2대대를 동원, 빼앗긴 지역을 공격하여 되찾았으나, 우전방의 3대대가 적의 강력한 공격에 무너지고 오후 5시경에는 옹진과 강령이 점령당함으로써, 연대 방어진지는 두 동강이 나고 말았습니다.

제 17연대장은 이와 같이 전투 지역이 양쪽으로 분할되어 지탱할 수 없게 되자, 연대본부와 3대대는 부포항에 집결, 다음날 오전 해군함정을 이용해 철수하였으며, 1대대 및 2대대는 사곶항에서 민간 선박을 이용하여 각각 인천으로 철수하였습니다.

당시 진퇴유곡의 절망적인 상황에 대하여 「노병들의 증언」 (육사 제 8기생회, 1992), 521쪽에 실린 실화 한 편을 소개해 봅니다.

「나는 중대장과 함께 강령을 거쳐 부포로 철수하기 위해 급히 출발했다. 바로 이때였다. 갑자기 좌측 방향의 가까운 야산으로부터 적의 기관총 사격을 받았다. 나는 적재함에서 뛰어내리면서 "뛰어내렷!"하고 소리

39) 「6·25전쟁사(2)」북한의 전면남침과 초기방어전투, 86-87.

침과 동시 "중대장님!"하고 불렀다. 그러나 대답이 없어 운전석을 보았더니 중대장과 운전병은 온 몸이 피투성이가 된 채 앞으로 쓰러져 있었다. 확인해 보니 이미 전사하였고, 적재함에 타고 있던 6명 중 3명도 전사했다. 이때 연락병이 "소대장님!"하고 외치면서 나의 다리를 손짓하기에 보니 왼쪽 바지에 피가 흥건히 젖어 내리고 있었다. 그 순간 나는 통증을 느끼면서 관통상을 입었음을 알았다.

3면은 모두 적이고 좌측으로는 해변까지 보리밭이 500m가량 이어져 있었다. 실로 진퇴유곡이었다. 우리 세 사람은 보리밭으로 뛰어들었다. 그리고 부상한 나를 부축하며 해안 쪽으로 피해 가면서 중대장을 생각하니 눈물이 앞을 가린다. 다행히 적은 이따금 사격만 할 뿐 추격은 해 오지 않는다. 우리는 불안한 마음을 달래며 해안을 따라 남쪽으로 갔다. 배가 나타나 주기를 간절히 기원하면서...

저 멀리 작은 어선 한 척이 지나가고 있어 우리는 기뻐서 총을 흔들면서 소리를 질렀지만, 배는 우리를 발견치 못했는지 그냥 지나고 있으므로 우리는 공포를 쏘았다. 그랬더니 배는 우리 쪽으로 뱃머리를 돌려 다가왔다. 우리는 배를 타고 연평도에 도착했다.」

(3) 인민군 집중공격에 맥없이 무너진 개성-문산지구 전투

인민군은 서해 쪽의 옹진반도로부터 개성, 동두천, 포천, 춘천, 주문진에 이르는 38도선 전역에서 지상 공격을 개시하였습니다. 제 1차 공격 표적인 수도 서울을 점령하기 위해, 인민군의 주공격부대인 제 1군단은 연천과 운천에서 의정부에 이르는 방향과 개성에서 문산에 이르는 방향에, T-34전차를 비롯한 전투력을 집중적으로 투입했습니다. 그리고 보조공격부대인 제 2군단은 화천과 인제, 양양 일대에서 춘천, 강릉 방향으로 자주포(SU-76)[40]를 앞세우고, 일거에

40) 적군의 주력전차였던 T-34전차는 1944년에 완성된 비교적 최신모델이었으며, 35톤의 중량을 가졌으나 시속 34마일 정도의 신속한 기동능력을 보유했기 때문에 한국

국군의 38선 방어진지를 돌파하려 하였습니다.

국군 1사단(사단장 백선엽 대령) 정면의 인민군은 제 203전차연대로 추가 보강된 제 1사단 및 제 6사단으로서, 그 중 제 1사단은 구화리-고랑포-문산 방향으로, 제 6사단은 개성-문산 방향으로 공격하여 왔습니다.

① 인민군의 개성 점령(25일 오전 9시 30분)

6월 25일 새벽 4시 인민군의 포격이 일제히 시작되었습니다. 새벽 5시, 인민군 제 6사단장 방호산 소장은 제 14연대로 옹진을, 제 13연대와 제 15연대로 개성을 공격하게 하였습니다. 장갑차로 보이는 차량 3대(북한군 전차)가 국군 검문소로 오는 것을 보고, 우리 헌병이 정지신호를 보냈습니다. 그러나 정지한 전차는 헌병의 가슴을 벌집으로 만들고 헌병초소를 뭉개버린 후 유유히 남쪽으로 향하였습니다. 적군 제 13연대가 송악산에서 국군 제 1사단 12연대 2대대 경계 진지를 공격하고 있는 동안, 적군 제 15연대는 기차로 개성역에 들이닥쳐 순식간에 그곳을 점령하였습니다. 국군 제 12연대장 전성호 대령은 특공대를 조직, 인민군에게 빼앗긴 개성시를 다시 공격하였으나 병력 부족으로 적에게 밀려 철수하였으며, 25일 오전에 개성은 인민군 제 6사단에 의해 완전히 점령되고 말았습니다.

② 국군 제 1사단 13연대의 전투

국군 제 1사단 13연대 3대대장 유재성 소령은 전방에 배치된 제 10, 11중대장으로부터 북괴군의 대대적인 공격이 개시되었다는 상

지형에 적합한 전차였다(55㎞/5). 한편 북한군은 전차 외에도 탱크 모양과 아주 비슷한 SU-76이라는 자주포를 보유하고 있었는데, 이 장비는 76.2㎜ 주포를 갖고 있어 화력지원에서도 큰 역할을 담당하였다.

황보고를 받았으며, 곧이어 연대장으로부터 "적을 최대한 지연시킨 후 금곡리로 철수하라"라는 명령을 받고 전방 중대에 하달하려 했으나, 이미 모든 통신이 끊겨 있었습니다. 그 후 대대본부 부근에 포탄이 연달아 떨어지면서 전차 7대를 앞세운 북괴군들이 나타났으며, 장단 경찰서 병력 21명을 태운 트럭 한 대가 포탄에 맞아 불타고 있었습니다. 이에 3대대는 81㎜ 박격포와 2.36인치 로켓트포 등 모든 화력으로 북괴군 전차를 사격하였지만 끄떡도 하지 않았습니다.

대대장은 9중대 1소대장 장두철 중위에게 특공대를 조직하여 공격하라고 명령, 특공대 9명이 전차를 공격하였으나 전차로 접근하는 도중에 기관총 사격을 받고 모두 전사하였습니다.

25일 새벽, 자하리에서 훈련 중이던 제 13연대 1대대는, 인민군의 대포소리에 놀라 대대장 김진위 소령이 연대본부에 보고하고 즉시 진지로 들어갔습니다. 그러나 여수 순천 사건 후부터 최전방 부대가 아니면 실탄이 지급되지 않은 데다, 훈련 중이라 실탄이 전혀 없어 전멸 위기에 처해 있었습니다. 실탄을 지급받은 시간은 낮 12시로, 인민군 선두가 코앞에 다가오자 대대는 박격포와 105㎜ 곡사포 4문으로 포탄을 퍼부어 인민군을 고랑포 쪽으로 내쫓았습니다.

③ 국군 제 1사단 11연대의 전투

제 1사단의 38선 경계 진지를 돌파한 적은, 공격 기세를 몰아 임진강 도하를 위한 발판 확보에 혈안이 되어 있었습니다.

수색에 주둔하던 제 11연대(연대장 최경록 대령)는 사단으로부터 출동 명령을 받고 6월 25일 오전 11시부터 오후 3시 사이에 3회에 걸쳐 열차로 이동, 임진강교 남쪽 진지에 병력을 배치하였습니다.

개성에서 철수한 제 12연대장 전성호 대령이 얼굴에 부상당한 채 연대 일부 병력을 데리고 임진강교를 건너왔고, 그 뒤를 이어 적이 추격해 오고 있었습니다. 연대장은 제 12연대의 철수 상황을 확인한 후 사단장에게 임진강교의 폭파를 건의하였습니다.

임진강교는 인민군의 서울 진입에 매우 중요한 통로였으므로, 공병대대장 장치은 소령은 임진강교 폭파 임무를 공병 제 3중대장에게 부여했었는데, 25일 오후 정작 폭파해야 할 중대한 시기에 그의 행방을 찾지 못했습니다. 대대장은 할 수 없이 작전 장교에게 이 임무를 대행시켰는데, 폭약을 장전하고 점화하였으나 불발이었습니다. 작전 장교가 급한 마음에 다시 폭파병 두 명을 이끌고 뇌관을 연결, 폭파를 시도했으나 배선이 끊어졌는지, 역시 실패하였습니다. 끝내 임진강교를 완전히 폭파하지 못하고 철수했기 때문에, 중공군 출신으로 구성된 막강한 전력의 북한군 제 6사단 주력부대가 임진강교를 건너 서울을 향해 물밀듯이 내려오게 되었습니다.

그 후 임진강교 폭파에 실패했던 공병대대는 22명의 자원특공대를 조직해, 전원이 나라를 위해 목숨을 바친다는 유서를 쓴 뒤 문산 남쪽 도로변에 호를 파고 들어가 인민군 전차를 기다렸습니다. 그들의 품속에는 TNT묶음 속에 수류탄을 넣은 자폭용 폭탄이 들어 있었습니다. 전차가 나타나면 수류탄의 안전핀을 뽑은 후 폭발 시까지 3초의 여유밖에 없었으므로, 전차에 뛰어든 후에는 아예 살아남을 수 없도록 한 비장한 결의였습니다. 이들은 적의 포격을 뚫고 용감히 앞으로 나가 전차에 하나씩 둘씩 뛰어들면서 장렬하게 전사했습니다.

④ 육군본부의 부대증원 및 제 1사단의 철수

한편 육군본부의 조치로 지원부대가 도착하여, 보병학교 교도대대, 육군사관학교 교도대대, 5사단 제 20연대 3대대가 제 1사단에 추가 보강되었습니다.

이렇게 후방에서 온 부대로 전투력이 대폭 증강되어 힘을 얻은 제 1사단은 반격으로 전환할 계획을 세우고 있던 중, 오른쪽 인접부대인 제 7사단이 덕정-축석령 쪽으로 철수하였기 때문에 사단의 동측이 위험한 가운데 제 13연대는 파평산 방어진지로 접근한 적의 공격을 저지하지 못해 무너지고, 전차를 앞세운 적군 제 1사단이 서쪽으로 진출하면서 문산을 위협하였습니다.

이러한 급박한 상황에 처한 백선엽 사단장은 6월 26일 오후 7시부로 사단을, 위전리-도내리를 연결하는 최후 진지로 철수토록 하였습니다.

6월 27일 12시경 인민군이 18대의 전차를 앞세우고 봉암리 쪽에서 위전리 쪽으로 공격해 오자, 15연대 3대대장 최병순 소령은 육탄공격조를 편성하여 파괴하였습니다. 당시 1사단 15연대장 최영희 대령 저(著) 「전쟁의 현장」 77-79쪽에 실린 실화를 옮겨 봅니다.

「1950년 6월 27일 오전 12시경, 여기저기서 "적 전차가 나타났다!"라는 고함소리가 들려, 나는 호 속에서 뛰어나와 북쪽 봉암리 쪽을 응시했다. 문산천에 전개한 적의 전차 18대가 일제히 집중사격을 실시하여 연대진지는 모조리 파괴되고 말았다. 그 사격음은 당시의 유행어로 '땅퐁'이라고 했다. '땅'하는 발사음과 함께 목표물에 맞는 소리가 '퐁'해서였다. 정말 정신을 차릴 수가 없었다.

이윽고 선두 전차의 측방이 노출되는 순간 57밀리 대전차 포탄이 연속적으로 명중해 섬광과 함께 먼지가 자욱이 일었다. 손에 땀을 쥐고 지켜보던 병사들은 호 속에서 뛰어나와 "전차가 파괴됐다"라고 감격의 환성을 올렸다. 그런데 이 어찌된 일인가? 먼지가 걷히면서 적의 전차가 아무 일도 없었다는 듯이 우리의 57밀리 대전차포에 집중타를 가했고 대전차포는 그 자리에서 곤두박질하면서 파괴되지 않는가! 적의 전차는 연대 진지에 기관총을 휘두르며 돌진해 오기 시작했다. 이에 숨을 죽이고 있던 2.36인치 로켓포가 포문을 열고 연속타를 가했으나 적의 전차는 아무 동요도 없이 전진 속도를 늦추지 않은 채 그대로 연대 진지를 향해 계속 돌진해 왔다.

이때였다. 갑자기 "와"하는 함성 소리가 둔전동 쪽에서 울려 퍼지며 70여명의 장병들이 전차를 향해 일제히 돌진하는 장렬한 광경이 보였다. 나도 모르게 "어쩌자고 맨몸으로 철갑 탱크 앞으로 달려드는가!"하는 괴성이 절로 흘러나왔다.

적은 예상치 못했던 아군 장병들이 떼를 지어 돌격하자 접근을 막아보려고 단말마적으로 기관총을 난사하면서 몸부림쳤으나 때가 늦었다. 일부 병사들은 이미 전차에 기어 올라가 포탑 안으로 수류탄을 집어넣었고 어떤 병사들은 포탑이 열리지 않자 길게 뻗은 포구에 수류탄을 넣으려고 포신에 동동 매달리고 있었다. 어떤 병사는 전차의 취약점인 눈(잠망경)을 막아버리기 위해 진흙을 준비했다가 적 전차에 뛰어올라 잠망경에 진흙을 문질러 버렸고 적의 전차는 방향을 잃고 야생마처럼 날뛰었다. 병사들이 벌떼같이 적의 전차에 오르자 북괴군 전차병들은 포탑을 급선회시킴으로써 일부 병사들은 낙엽처럼 떨어져 나갔다. 또 호 속에 있던 어떤 병사는 적의 전차가 타고 앉아 호를 깔아뭉개고 통과하자, 뛰어나가 전차 후면에 수류탄 공격을 하기도 했다.

이 사이에 연락장교 마 중위(이름을 잊음)가 105밀리 곡사포를 혈전장으로 유도하여 마치 직사포식으로 적의 전차를 직접 사격함으로써 1~2대의 전차가 파괴되기도 하였다. 이 같은 육탄 공격으로 북괴군은 도합 8대의 전차가 파괴되거나 화염에 휩싸이자 나머지는 문산천을 향해 도주해 버렸다. 실로 김선일 대위, 전일수 소위, 김종록 이등상사를 비롯한 40여 명의 고귀한 희생자를 내고 얻은 값진 대가였다.

국방부 공간사는 이렇게 기록하고 있다. "그들의 조국에 대한 충성심과 죽음을 두려워하지 않고 용감무쌍하게 사지에 뛰어든 전투 의지와 책임감, 그리고 적수공권(赤手空拳)으로 대항한 군인 정신은 찬란하게 역사에 기록되었으니 영원히 기억될 것이다."라고.」

(4) 서울의 관문이 뚫리다! 동두천-포천-의정부 전투

인민군은 서울 북방 의정부 방면을 공격하기 위해 3사단, 4사단, 105전차여단 등 총 37,000명의 병력과 T-34전차 123대, SU-76 자주포 64문 등 최대 군사력(30%)으로 총집중하였습니다. 무적의 괴물 T-34전차와 자주포가 국군의 방어진지를 향해 돌진하고 있었으나, 당시 국군은 단 한 대의 전차나 자주포도 갖지 못했고, 전차를 격파할 수 있는 대전차 무기도, 그에 대한 적절한 방어 훈련도 전무한 상태였습니다. 국군은 처음 보는 전차의 괴물 같은 위력을 보고 겁에 질리고 공포에 떨 수밖에 없었습니다. 참전용사들의 증언은 당시 T-34전차의 위력을 실감나게 합니다.

「탱크라는 건 알지만 얼마나 무서운 건지 그땐 몰랐던 거여, 대가리가 돌아가는 것도 몰랐어, 우리는. 거기다 대고 쏘라는 거지. 쇳덩이에다가 기관총을 쏘라는 거야. 그러니까 딱 서. 서니까 저거 망가진 줄 알았지, 우리는. 그런데 대가리가 빵 돌더니 우리 있는 대로 쾅 쏘니 뭐, 기관총이 훌쩍 날아가지.」 - 김형필(당시 일등중사. 1931년생)

「이건 뭐, 전차만 나타났다 하면 정신을 못 차리는 거예요. 사기가 죽어 가지고...」 - 박형수(당시 중위. 1930년생)

동두천, 포천 지역에는 국군 제 7사단(사단장 유재홍 준장)이 38선 경계임무를 담당하고 있었습니다. 동두천 정면에는 제 1연대(연대장 함준호 대령), 포천 정면에는 제 9연대(연대장 윤춘근 대령)가 배치되어 있었고 사단 예비대는 없었습니다.

6월 25일, 제 7사단 방어지역을 공격한 북한군은 제 105전차여단이 추가 보강된 2개 정예 사단으로, 그 중 제 3사단이 포천 방향으로, 제 4사단은 동두천 방향으로 공격해 왔습니다. 6월 25일 아침 5시 15분 7사단 작전참모 이연규 중령이 약수동에 살고 있는 유재흥 7사단장에게 인민군의 남침 소식을 전하자 사단장은 30분 만에 의정부에 도착하였습니다. 그러나 이때는 이미 인민군의 포병공격으로 1연대 6중대장 최춘정 중위와 3중대장 안태섭 중위가 전사했을 때였고, 9연대 대전차 포대장 허헌 대위가 포대원을 이끌고 포천 위 만세교에서 인민군 전차를 저지하다가 포대원 전원이 전사한 뒤였습니다.

새벽 4시 30분 급보를 받은 윤춘근 제 9연대장이 포천 현장으로 가려고 대원들을 연병장에 집합시켰으나, 이동할 차량이 5대밖에 없어 병력을 이동할 수 없었습니다. 게다가 일요일 아침 일찍이라 차량 징발이 어려운 가운데, 헌병이 겨우 차량 12대를 징발하여 9시 30분에야 포천에 도착하였습니다. 30분이면 도착할 거리를 3시간이나 지체한 것입니다. 윤춘근 연대장은 포천에서 인민군 전차부대를 공격하려고 하였으나, 38교에서 만세교까지 전차를 막을 수 있는 전차 함정이나 전차방벽이나 교량을 폭파할 준비나, 어느 것 하나 준비가 되지 않았기 때문에 공격에 실패하였습니다. 또한 제 8포병대대의 105㎜ 곡사포 15문은 위급한 시기에 탄약이 없어 쓸모없는 무기가 되어 버렸습니다.

그러는 사이 인민군 제 3사단은 11시에 포천을 점령하였습니다. 적의 기갑부대는 국군의 주저항선을 돌파한 후 포천을 점령하고, 그 여세를 몰아 포천 남쪽에 포진한 제 5야전포병대대 진지를 유린하였습니다. 이때 연락장교편으로 "지금 제 3연대가 포천으로 출동 중이니 이와 협조하여 탄장(炭場)선에서 적을 저지 격멸토록 하라. 만일 현 진지에서 저지 불가하면 예비 진지에서 이를 격멸토록 하라." 라는 사단의 구두명령이 도착하였습니다. 그러나 현지 상황은 이미 예비 진지까지 적에게 빼앗겼고 사단과의 통신도 두절되어, 연대장 스스로의 판단 하에 광릉으로 철수해 버리고 말았습니다.

6월 25일 오전 10시, 수도사단 18연대는 동두천에서, 3연대는 포천에서 인민군의 남진을 저지하라는 육본의 명령을 받았습니다. 서울에 있던 수도사단 예하 3연대(연대장 이상근 중령)는 비상발령 후 7사단에 소속이 전환된다는 명령을 받고 연대장이 도착되지 않은 상태에서 3대대장(김봉익 소령) 지휘 하에 주둔지인 서빙고를 떠나 포천으로 향하였습니다.

7사단의 동측 9연대를 증원하는 임무를 띤 3연대가 오후 3시경 포천 남쪽 송우리 부근에 이르렀을 때, 포천 읍내에서는 불길이 치솟고 있었습니다. 뒤늦게 합류한 3연대장은 7사단 사령부에서 확인한 불확실한 인민군 상황과, 눈앞에 전개되고 있는 포천 부근의 상황을 종합 판단한 끝에 송우리에 방어진지를 급히 설치하기로 결심하고, 태봉산과 그 남쪽에 2개 대대를 배치하였습니다. 그러나 3연대의 방어진지 설치가 미처 끝나기도 전인 오후 5시경 전차 7-8대를 선두로 하여 자주포, 장갑차, 차량 등 150대로 이루어진 적의 대규모 기갑부대가 접근하기 시작하였습니다.

대규모의 기갑부대를 맞아, 장비가 열세한 3연대는 81㎜ 박격포를 비롯한 각종 화력을 집중하고 57㎜와 2.36인치 대전차 로켓트포로 전차를 공격하며 싸웠으나, 적의 전차 1대만을 도로변 배수로에 빠지게 하였을 뿐, 적의 포탄 사격과 기관총 사격에 완전 압도되어 저항을 거의 포기한 상태로 빠져 들었습니다. 그런데 이처럼 위급한 상황 아래서 연대장의 모습이 보이지 않았습니다. 더 이상 방어진지를 지탱할 수 없다고 판단한 3대대장은, 연대장을 대신하여 철수명령을 내릴 수밖에 없었습니다.

이렇게 인민군 3사단은 송우리를 점령하였고, 인민군 4사단이 해질 무렵 동두천 시내에 진입함으로써 서울의 관문인 의정부가 위태롭게 되었습니다. 이에 육군본부는 의정부 방어를 위해 서울 부근 주둔 부대(수도사단 예하 18연대)와 후방에 있는 부대(대전의 제 2사단)까지 5개 연대, 총 15개 대대를 추가로 증원하였습니다. 그러나 투입된 병력은 비상 소집된 순서대로의 임시편성이었으며, 한꺼번에 모아서 집중 투입해야 힘을 발휘할 수 있는데도 도착하는 대로 축차적인 투입을 한데다가, 통신망이 구비되지 않아 연락과 협조는 물론 상하부대 간의 지휘체계마저 확립되어 있지 않았으므로, 전차로 중무장한 인민군의 공세를 막는 데는 역부족이었습니다.

26일 오전, 국군 7사단은 빼앗긴 지역에 대하여 역습을 감행한 결과 동두천을 탈환하는 듯하였으나, 후방이 포위될 위협 때문에 철수하였습니다. 국군 제 2사단 이형근 준장은 다음날 사단 병력이 모두 도착하면 집중해서 역습할 것을 건의했습니다. 그러나 채병덕 참모총장의 강경한 지시로 즉시 역습을 실시했고, 적의 전차로 인해 분산 철수하고 말았습니다. 차갑준 소령이 지휘하는 2사단 예하 5연대 2대대는 축석령에 도착했으나, 실탄이 부족하여 제대로 전투를 할 수가 없었습니다.

「나는 채 총장에게 "지금 아군의 상황은 전형적인 병력의 축차 사용"이라고 말했다. 이런 나의 응대에 채 총장은 "속히 역습하라"라고 다그쳤다. 나는 참을 수 없었다. "총장의 작전 지도에는 도저히 따를 수 없소. 그러기에 6월 3일 8사단장 때에 이미 사의를 고집한 것이 아니오." 채 총장은 또다시 "군법회의에 넘기겠다."라고 위협했다. "군법회의? 좋소. 나도 할 말이 많으니 속히 여시오. 나는 사관생도만도 못한 당신의 전술 능력을 믿고 내 사단 병력을 무의미하게 희생시킬 수는 없고 만고의 역적이 될 수도 없소. 지금 총장은 김일성이가 좋아할 일을 해 주고 있는 거요." 채 총장은 전신을 부르르 떨었다. "귀관! 끝까지 항명하는 거얏!" 나는 "군법 회의에서 다시 만납시다."하고 되받았다.」

(군번 1번의 외길 인생, 「이형근 회고록」, 중앙일보사, 1994)

그리고 문용채 2사단 16연대장은 휴가병과 외출병을 끌어 모아 겨우 혼성 1개 대대를 편성하여 26일 새벽 4시 창동역에 도착하였으나, 트럭이 없어 3시간을 걸어 아침 7시에 금오리에 도착하였고, 이때 후퇴하는 5연대를 만났습니다. 이에 문용채 연대장은 장병들에게 금오리에서 자일리 사이 동쪽 산으로 올라가 진지를 구축하게 하였습니다.

6월 26일 아침 8시, 자일리 쪽에서 금오리 쪽으로 인민군이 장사진을 이루며 내려오고 있었습니다. 금오리에서 육군 포병학교 제 2교도 대대장 김풍익 소령은 진지를 구축하고 인민군이 오기를 기다리다가 105㎜ 곡사포로 1번 전차만 집중 포격을 시도했습니다. 그러나 적 전차는 꿈쩍하지 않고 그대로 진격해 왔습니다. 이에 김풍익 대대장은 전차와 정면대결하기로 결심했습니다.

"모두 진정해라. 지금 전방에 배치되어 있던 보병부대는 후퇴를 하고 있지만, 우리는 후퇴하지 않는다. 우리는 끝까지 여기 남아서 적의 전차와 대결할 것이다. 적의 전차를 격파하는 것은 보병이 아니라 바로 우리 포병의 임무다." 김풍익 소령은 제 2포대에서 6번포를 끌고 나와 포대장 장세풍 대위와 6포반(1개 포를 쏘기 위해 구성된 포병 팀 단위) 대원들을 대동하고 자일동 서남쪽 1km 교량 부군 43번 도로상에 포를 방열하고 대기했습니다.

09:10분경 적의 선두 전차가 50m 전방까지 다가오자 제 1탄을 발사하여 전차 바퀴의 궤도에 명중시켰습니다. 선두 전차는 궤도가 파괴되면서 길옆으로 미끄러졌습니다. 이를 지켜 본 6포반 대원들은 일제히 환호성을 지르며, 다음 전차들을 향해 제 2탄을 장전했지만 후속하던 적 전차가 포신을 돌려 전차포를 쏘아 6번포에 명중하여 김풍익 소령과 장세풍 대위, 그리고 6포반원 전원이 장렬히 전사하였습니다.

적 전차 대열은 1번 전차가 파괴되자 진로가 막혀 한동안 머뭇거렸고, 때를 놓치지 않고 포병대대는 전 화력을 집중하였습니다. 이에 인민군은 위협을 느끼고 진로를 바꿔 축석령 북쪽으로 퇴각하였습니다. 당시 유일하게 살아 돌아온 운전병의 진술에 따르면 "모두가 숨이 끊어지는 순간까지 포를 더듬으면서 '대한민국 만세'를 불렀다."라고 합니다. 김풍익 소령과 6포반원들은 비록 적 전차 1대밖에 파괴하지 못했지만, 적을 눈앞에 대치하고 있었으나 죽음을 두려워하지 않고 책임을 완수하려는 숭고한 군인정신은 현재까지 큰 귀감이 되고 있습니다.

이렇게 6월 26일 단 하루 만에 국군 2사단, 7사단, 수도사단 합 3개 사단이 참패하고 말았습니다. 개전 3일째 6월 27일 새벽 4시, 포천과 동두천을 점령한 인민군은 의정부를 공격, 6월 27일 의정부 방어선이 붕괴되고, 이어서 창동, 미아리 방어선마저 무너졌습니다.

개전 초기, 인민군이 앞세우고 내려오는 전차와 자주포를 멈추게 할 효과적인 무기가 없는 상태에서 소부대의 초급지휘자(관)들 중에는 **필사적인 육탄 공격**으로 적의 진입을 막다가 산화(散花)한 이들이 많았습니다. 병사들, 분대장, 소대장, 중대장들은 특공대와 결사대를 조직하여 박격포탄 및 수류탄 뭉치와 화염병을 손에 들고 북한군의 전차와 자주포를 공격하여 어떻게 해서든지 파괴하기 위해 최선을 다했습니다. 당시 38선 전역에서 적게는 몇 명에서부터 많게는 십 수 명으로 구성된 특공대, 결사대 등이 조직되었습니다. 이들의 활약과 희생으로 축차적인 방어선을 구축하는 데 필요한 귀중한 시간을 확보할 수 있었고, 병력과 화력 면에서 절대 열세에 있었던 전선 상황도 부분적으로나마 만회할 수 있었던 것입니다. 실로 초급지휘자(관)들이 몸으로 보여 준 전투는 가히 희생적이고 결사적이었으며, 나라를 멸망의 위기로부터 구한 위대한 구국적 행동이었습니다.

서울 사수의 마지막 저지선인 미아리 방어선은, 대략 27일 밤중에 무너졌습니다. 북한군은 38선을 돌파한 지 불과 60여 시간 만에 수도 서울에 T-34탱크를 앞세우고 들어왔습니다. 국군은 탱크를 파괴할 만한 단 한 대의 대전차 무기도 갖지 못하여 계속 밀리다가, 미아리가 뚫리고 적의 탱크가 서울 시내 한복판에 진입하기 시작한 것입니다.

서울에 맨 처음 돌입한 북한군 부대는 제 105전차여단과 리권무가 이끄는 제 4사단 18연대였으며, 18연대는 그 본부를 덕수궁에 두었습니다. 이어 리영호가 이끄는 제 3사단이 입성하였으며, 방호산의 제 6사단은 서울로 들어오지 않고 7월 3일에는 곧바로 인천을 점령하였습니다. 북한 인민군 최고사령부는 7월 5일 서울 시내에 제일 먼저 돌입한 제 3, 4사단에게 서울사단이라는 명예칭호를 부여하였고, 제 105전차여단에도 사단 승격과 동시에 서울사단의 명예칭호를 부여하였습니다.

(5) 한강교의 조기 폭파(1950년 6월 28일 새벽 2시 30분)

북한군이 침공한 지 4일째 되는 1950년 6월 28일 새벽 2시 30분, 한강의 인도교와 철교가 폭파되었습니다. 당시 한강에는 5개의 교량(이촌동-노량진 간의 한강대교와 3개의 철교, 광나루의 광진교)이 있었으며, 수도권 내에서 남북으로 연결되는 도로는 모두 이 교량을 통과하게 되어 있었습니다. 그러므로 북한군의 한강 이남으로의 공격을 막으려면 한강교의 폭파가 필수적인 조치였습니다. 문제는 그 시기인데, 한강교는 잘못된 폭파 시기의 선정으로 피해가 이루 말로 다 할 수 없었습니다.

서울을 사수하겠다고 큰소리는 쳤으나, 전황이 매우 불리하다고 판단한 채병덕 총참모장은 6월 26일 의정부 전선이 붕괴하여 창동선으로 후퇴할 무렵 공병감 최창식 대령을 불러 1사단 공병이 임진강교 폭파에 실패한 사실을 상기시키면서, 필요시에 "한강교 폭파는 자신이 있는가"라고 따져 물었습니다. 이때부터 한강교 폭파계획과 준비가 시작되었습니다.

예정시간은 6월 27일 오후 4시. 공병감은 27일 오전 11시경 공병학교 폭파교관(황원회, 이창복 중위)을 불러 오후 3시까지 폭파준비를 완료할 것을 지시하였으며, 명령 즉시 폭파되어야 한다는 점을 강조하였습니다.

한강교 폭파준비는 27일 오후 3시 30분경에 완료되었으나, 육군본부가 시흥에 내려갔다가 다시 서울로 복귀하는 바람에 원래 오후 4시에 예정된 폭파시간도 지연되었습니다. 참모부장 김백일 대령은 공병학교장에게 "총참모장과 나, 그리고 공병감의 명령이 있을 때만 한강교를 폭파하라"라고 명령하였습니다. 공병감은 전세가 호전되어 한강교를 폭파하지 않을지도 모른다는 희망을 가지고, 뇌관과 도화선을 거두어 대기하도록 폭파조에 지시하기도 했습니다.

그러나 미아리 방어선에 적의 공격이 심해지자 채병덕 총참모장은 27일 밤 11시 30분 다시 폭파준비를 명령했고, 28일 새벽 1시 45분경 돈암동에서 돌아온 강문봉 대령으로부터 적의 전차가 시내에 진입했다는 보고를 받자마자 공병감에게 전화를 걸어 한강교 폭파 명령을 내리고, 그 길로 장경근 국방부 차관과 함께 육본을 떠났습니다.

한강교 폭파계획에 대해 들은 미 고문단 참모부장 그린우드 대령은 "부대가 한강교를 건너고 보급품 및 장비 등이 후송될 때까지 연기해야지, 한강교를 폭파하면 무엇으로 싸울 것인가? 한강교 폭파를 연기해 주시오! 미군의 보급품이 인민군의 손에 다 넘어가면 큰일입니다."라고 하며 김백일 참모부장에게 간청하였습니다. 그러나 김백일 참모부장은 상부의 명령이라며 그 간청을 거절하였습니다.

2사단장 이형근 준장도 김백일 참모부장에게 "국군과 중화기와 장비가 철수하지 않았는데 한강교를 폭파해서는 절대 안 된다."라고 소리쳤습니다.

미아리지구 전투사령관 이응준 소장도 한강교를 폭파한다는 소식을 듣고 즉시 김백일 참모부장에게 "제 1선 병력이 후퇴 명령이 없어 그대로 있는데, 국군의 주력부대와 중화기를 철수시키지 않고 국군의 퇴로를 차단해서 포로가 되게 하는 작전이 어디 있는가? 한강교를 폭파해서 국군을 다 죽일 작정인가? 중화기와 군 장비와 군수품을 몽땅 인민군에게 바치려는 것인가?"라고 항의했습니다. 채병덕 총참모장의 명령이라 어쩔 수 없다고 하면서도 잘못하면 오해를 받을 거라 생각했던 김백일 참모부장은 후퇴 명령을 내리고 장창국 작전국장에게 "즉시 공병감 최창식 대령에게 국군 주력이 통과할 때까지 폭파를 중지하라!"라고 명령하였습니다. 장창국 작전국장은 정래혁 중령, 공국진 중령, 류근창 대위, 박정인 중위와 같이 지프차를 타고 한강교 폭파현장으로 달렸습니다.

그러나 삼각지 입구부터 한강교까지 수만 명의 피난민이 도로를 꽉 메웠고, 장창국 일행이 남한강 파출소를 150m 남겨 두고 있을 때, 천지가 진동하는 폭음이 들렸습니다.

6월 28일 새벽 2시, 공병감 최창식 대령은 엄홍섭 중령과 황원회 중위에게 "다리 위의 피난민을 제지하고 즉시 한강교를 폭파하라"라고 명령을 내렸습니다. 이시영 부통령이 한강교를 통과하자, 헌병이 손전등을 켠 손을 번쩍 들어 불을 붙이라고 표시하였습니다. 6월 28일 새벽 2시 30분, 황원회 중위가 도화선에 불을 붙이자, 고막이 찢어질듯 한 폭음 소리와 함께 한강교가 폭파되어 내려앉았습니다. 다리 위의 차량들은 온데간데없고, 그 일대는 불길이 하늘 높이 치솟으며 타올랐고, 사람들은 붕 떴다가 강물 위에 떨어지고, 피투성이가 된 사람들은 다리 밑바닥을 허우적거리며 살려 달라고 아우성치는, 그 참상은 도저히 눈뜨고 볼 수 없는 아비규환(阿鼻叫喚)이었습니다. 당시 다리 위에 있던 약 800-1,000여 명의 피난민이 한꺼번에 강물에 빠져 숨졌습니다.

강북에 고립된 6개 사단(1사단, 5사단, 7사단, 수도사단, 2사단, 3사단) **44,000명의 병력**은 전사하거나 포로가 되고 지휘체계가 무너진 가운데 실종됐으며, 중장비를 비롯한 개인화기까지도 고스란히 버리고 후퇴해야 했습니다.

전방을 담당했던 1사단은 9,338명 중 2,155명만이 한강을 건넘으로써 7,183명이 희생되었으며, 7사단의 경우에는 7,211명 중 5,506명이, 17연대는 3,600명 중 113명이 희생되었습니다. 또한 전방으로 증원되었던 수도사단은 8,100여명, 2사단은 9,400여명, 5사단은 7,500여명이 희생됨으로써 각 사단별로 불과 1,000여명의 병력들만이 한강을 도하하였습니다. 기타 3사단 22연대가 2,200여 명, 서울 특별연대, 육사 교도대대, 보국대대, 기갑연대 1대대, 포병학교 교도대대 등도 약 3,800여명이 한강 이북에서 희생되었던 것입니다.

부대	최초 병력	한강철수 후 병력	손실
계	56,304명	12,786명	43,518명
전방사단(17연대, 1사단, 7사단)	20,149명	7,347명	12,802명
예비증원사단(수도사단, 2사단, 5사단, 3사단 22연대)	31,753명	4,777명	26,976명
기타증원부대(보병학교, 육사, 보국대대, 기갑연대, 포병학교 등)	4,402명	662명	3,740명

(국방부 군사편찬연구소, 「6·25전쟁사 제 2권」, 668쪽)

의정부 쪽에서 혈전을 벌이던 7사단은 모든 장비를 버리고 헤엄쳐, 겨우 500명의 장병이 기관총 4정만을 가지고 한강을 건넜습니다.[41]

---

41) 전쟁기념사업회, 「한국전쟁사 제 1권」(행림 출판, 1992), 182.

「개울 따라 나가다 보니 그 개울가에 어떤 병사 두 사람이 복부에 파편을 맞았는지 선혈이 낭자한 가운데서도 얼굴색 하나 변하지 않고 태연히 앉아 있었다. 나를 보더니 자기들은 제 1연대 소속의 아무 아무개인데 이제 여기서 죽게 되었으니, 뒤에라도 자기 부대를 만나거든 그들이 그곳에서 전사했다는 것을 전해 달라고 했다.

포탄이 떨어지고, 달리 사람을 구할 길이 없어, 나는 눈물을 흘리면서 그곳을 떠났는데, 그들은 서로가 얼싸안고 '여기가 우리의 무덤이네' 하고 위로하면서 군가를 부르기도 했다.

그때 그 병사들이 부르던 군가소리가 지금까지 내 귀에 쟁쟁하다. 내가 군대생활을 통해서 남은 한 가지 한이 있다면 그때 그 병사들을 구해 주지 못한 그것이다. 당시의 병사들의 기개는 참으로 훌륭했다고 생각한다.」

(박원근, 「6.25전쟁 참전자 증언록 I 」, 국방부전사편찬위원회, 634.)

한강교가 폭파된 줄도 모르고 봉일천에서 역습을 시도하고 있던 백선엽 1사단장은 눈물을 머금고 부대원들에게 철수 명령을 내렸습니다. 인민군이 행주에 오기 전에 한강을 건너야 했기 때문에 철수를 서둘렀지만, 한강교가 끊긴 이후 살 수 있는 가망은 더욱 희박해졌습니다. 이렇게 혼잡한 틈에 1사단 내에 있던 좌익 세력의 이상한 움직임도 있었습니다. 13연대 본부중대장 박구준 중위가 본부중대원들을 이끌고 철수하려고 "집합!"이라고 외치자, 장병 세 명이 '나라가 망했는데 무슨 집합이냐'라고 항의를 하는 것이었습니다. 중대장은 그 세 사람이 빨갱이가 틀림없다고 판단하여 사살하고, 전 중대원들을 즉시 집합시켜 행주나루에 집합시켰습니다. 또한 13연대 3대대장 유재성 소령이 한강을 건너려고 밤새 걸어서 29일 새벽 불광동 근방에 도착하였을 때, 부대를 점검해 보니 제 10, 11, 12중대 등 3개 중대가 보이지 않는 것이었습니다. 추격하여 살펴보니 5사단 작전참모 오예택 소령이 국군 계급장을 떼고는 장병들을 이끌고 서울로 돌아가는 것이었습니다. 유 소령은 권총을 빼들고 오 소령을 사살하였고, 제 13연대는 필사적으로 29일 새벽 한강을 건넜습니다.

당시 한강을 건너기 위해 행주나루와 이산포는 국군 1사단과 의정부 7사단 병력들로 대 혼잡을 이루었습니다. 그러나 한강을 건널 수 있는 배는 어선 30척뿐이었습니다. 절망하여 자살하는 장병이 있는가 하면 서울로 가는 장병, 사복으로 갈아입고 숨는 장병, 무기를 버리고 벌거벗고 수영하여 한강을 건너는 장병 등, 후퇴 명령을 받지 못했던 장병들이 한강교가 끊긴 상황에서 겪은 그 초조함과 절망감, 배신감은 이루 말할 수 없었습니다. 부상병들을 가득 실은 버스와 트럭이 행주나루터에 도착, 저마다 살려 달라고 아우성이었으나 저들을 건너게 해 줄 대책은 아무것도 없었습니다.

전쟁 개시 이후 국군 1사단의 4일 동안 피해는 전사자가 장교 37명, 사병 284명, 실종자가 장교 45명, 사병 587명이었는데, 한강을 건너면서 당한 피해는 장교 81명, 사병 2,435명 등 총 3,469명으로 4일간의 전쟁 때보다 훨씬 더 많이 희생되어 1사단이 붕괴된 것이나 마찬가지였습니다. 그나마도 한강을 기적적으로 건넌 장병들은 4일간 거의 식사를 하지 못해 눈뜰 기운도 없었으며, 소총도 없이 속옷 차림에 맨발이었으니 거지 중에 상거지였습니다. 인민군은 이러한 국군 패잔병 2,000여 명을 포로로 잡아 김포비행장에 가두어 놓았습니다.

한강교 폭파의 영향은 심각하여, 군에 대한 국민의 분노가 쉽게 가라앉지 않았습니다. 음성녹음만을 남기고 야간특별열차로 서울을 떠난 이승만 대통령, 서울 방어를 장담하던 군 수뇌부의 철수, 갑작스런 한강교의 폭파는 정부와 군의 커다란 허점을 드러내었고, 정부에 대한 신뢰와 그 권위는 완전히 땅바닥으로 떨어지고 말았습니다.

이에 군 수뇌부는 민심 수습을 위해 한강교 폭파와 관련된 자를 군사재판에 회부하였고, 공병감 최창식 대령에게 한강교 조기 폭파의 책임이 있다고 판결하고 사형을 선고했습니다. 그러나 사형이 집행된 후 14년이 지난 1964년 부인이 제기한 항소심에서 재판부는 최 대령이 '상관의 명령에 복종한 것' 뿐이라고 판단하여 무죄를 선고했습니다. 그러나 그 재판에서 그 상관이 누구인지, 한강교 조기 폭파의 책임이 누구에게 있는지는 밝혀지지 않았습니다. 한강교 조기 폭파의 책임 문제에 있어서, 군 내부의 지휘책 문제는 여전히 풀리지 않는 숙제로 남아 있습니다.

한강교의 조기 폭파는, 적의 진출로를 차단하는 성과보다 오히려 우리측에 치명적인 결과를 초래하고 말았습니다. 정부가 서울 사수를 약속하는 바람에 피난을 가지 않거나 다시 서울로 돌아온 사람들이 허다했으며, 한강교를 폭파하는 순간부터 150만여 명의 서울 시민들은 악몽 같은 날들을 보내야 했습니다.

(6) 서울대병원 국군 부상병을 집단학살한 인민군의 만행

7사단, 2사단, 5사단, 3사단, 수도사단 패잔병들은 한강을 건너기 위해 필사적이었습니다. 6월 28일 아침, 마침내 북한군이 미아리를 뚫고 중앙청을 지나 서울대병원까지 들이닥쳤습니다. 개전 직후 의정부 지구에서 부상한 국군 부상병들은 모두 전선에서 가장 가까운 서울대병원으로 후송되었습니다. 이들은 당연히 심한 부상을 입은 중환자들이었습니다. 그런데 인민군이 들이닥쳐 서울대병원을 점령하여 무차별 학살을 자행한 것입니다. 이들은 우선 병원 문을 닫고 사방에 보초를 세워 병원을 외부와 완전히 차단하였습니다. 그리고 국군 부상병들을 침대에서 끌어내려 모두 죽이고, 병실마다 차례차례 들어가 '원수 놈들의 앞잡이들이 여기 누워 있다.'라고 선동을 시작했습니다. 이내 따발총을 난사해 학살하였고, 결국 서울대병원에서 치료받고 있던 100명 이상의 국군 부상자가 모두 사살되었습니다.

인민군은 국군 부상자뿐 아니라 일반 환자까지도 악질반동이라고 하면서 닥치는 대로 죽였습니다. 총소리와 비명 소리에 놀란 각 병동의 환자들은 무조건 도망하려고 마음을 조이며 대피하였으나, 인민 군은 마치 숨바꼭질을 하는 것처럼 병실, 복도, 수술실, 변소, 식당 등을 가리지 않고 환자를 뒤쫓아 기어이 찾아내고는 잡히는 대로 즉결처분하였습니다. 이렇게 28일, 각 병실에서 북한 인민군에 의해 쓰러진 인원은 약 5백여 명이나 되었습니다.[42] 인민군이 병원을 점령한 지 2시간도 못 되어 병원은 공포의 도가니가 되고 말았습니다. 또한 인민군은 환자들을 병실에서 죽이면 인민군 부상자들을 치료할 때 곤란하고 또 한꺼번에 많은 인원을 죽일 수 없기 때문에, 환자들을 병원 밖으로 끌어내어 담벼락이나 나무 밑에 줄줄이 세워 놓고는 한꺼번에 총을 쏴 죽이기까지 했습니다. 오후 1시쯤에는 모든 환자들을 현재의 의대 뒤(당시에는 무료진료소)에 집합시켰습니다. 이 시간에 모여진 인원은 대략 300여 명이었습니다. 파리한 모습에 구부정한 몸가짐을 한 환자들에게 북한 공산군은 발포 명령도 따로 없이 가까이 있는 환자부터 죽이기 시작하였습니다. 아직 숨이 넘어가지 않아 헐떡이는 환자들에게는 총창으로 찌르기도 하고 개머리판으로 난타하는가 하면 발길로 목을 짓눌러 죽이는 참혹상도 볼 수 있었습니다. 또 더 잔인한 살인마는 큰 돌을 번쩍 올려 머리에 던져 죽음 을 재촉하기도 하였습니다. 어떤 부상병이 시체더미 속에 살아남아 숨을 헐떡이자, 이를 본 인민군은 트럭 2대를 가져와 시체더미 위를 서너 번 깔아 뭉개기까지 했습니다.[43]

---

42) 송효순, 「붉은 대학살」(갑자문화사, 1979), 205.
43) 「붉은 대학살」, 208.

한편 병원을 끝까지 사수하고 있던 1개 소대(약 30명, 소대장 남 소위)가 인민군 1개 중대(약 200명)와의 교전 끝에 전원이 장렬하게 전사하여 부상병들과 운명을 같이하였습니다.

인민군의 병원 내 학살 만행은 오후까지 이어졌고, 마지막까지 숨어 있다가 적발된 이들은 본보기로 보일러실로 끌고 석탄 저장소에 생매장하는 끔찍한 일도 있었습니다. 석탄더미는 5m 가량 되었는데, 인민군은 환자들을 눕힌 다음 그 위에 석탄을 퍼부었습니다.[44] 환자들은 이내 석탄의 무게에 짓눌려 숨이 끊기고 말았습니다. 당시 서울대병원에는 붉은 사상을 가진 의사와 직원들이 적지 않았는데, 그들이 앞장서는 바람에 이러한 만행이 자행되었던 것입니다.[45]

당시 증언자들에 의하면 한낮에 시체더미를 대로에 끄집어내었을 때 시체 썩는 악취는, 인근 동네에까지 가득하여 코가 마비될 지경이었다고 합니다. 게다가 7월 중순에는 인민군이 그 시체를 노상에다 쌓아 놓고 휘발유를 부어 불을 질러서 시체 타는 냄새로 고역을 치러야만 했습니다. 현재 이곳(혜화동 서울대병원 후문 주차장 옆)에는 「이름 모를 자유 전사의 비」라는 글자가 새겨진 가로 세로 3×5m 크기의 현충탑이 세워져 있고 여기엔 이런 글이 새겨져 있습니다.

1950년 6월 28일

여기에 자유를 사랑하고, 자유를 위해 싸운 시민이 맨 처음 울부짖은 소리 있었노라.

여기 자유 서울로 들어오는 이 언덕에 붉은 군대들이 침공해 오던 날

이름도 모를 부상병, 입원환자.

이들을 지키던 군인, 시민, 투사들이 참혹히 학살되어 마지막 조국

44) 「붉은 대학살」, 212.
45) 「붉은 대학살」, 191.

부른 소리 남겼노라.
그들의 넋은 부를 길이 없으나 길게 빛나고 불멸의 숲 속에 편히 쉬어야 하리
겨레여 다시는 이 땅에 그 슬픈 역사를 되풀이하지 말게 하라.

국군 부상병들을 죽이고 민간인 환자들을 죽인 이 사건은, 제네바협정을 위반한 분명한 전쟁범죄입니다. 1949년 8월 12일, 제네바 회의에서 채택된 1949년 제네바 협약 중 '전지(戰地)에 있는 군대의 부상자 및 병자의 상태 개선에 관한 조약' 제 12조를 보면 군대의 구성원과 기타의 자로서 부상자 또는 병자는 모든 경우에 존중되고 보호되어야 합니다. 그들은 성별·인종·국적·종교·정견(政見) 또는 기타의 유사한 기준에 근거하여 차별하는 일 없이 인도적으로 대우 또는 간호 받아야 하고, 그들의 생명에 대한 위협 또는 그들의 신체에 대한 폭행은 엄중히 금지합니다. 특히 그들은 살해되고 몰살되거나 고문 또는 생물학적 실험을 받도록 해서는 안 됩니다. 이러한 제네바 협정은 비록 사람이 사람을 죽이는 전쟁터에서도 최소한의 인간적 윤리는 지키자는, 인간이 야수가 아님을 나타내는 마지노선 같은 것입니다. 그러나 인민군을 비롯하여 공산주의 사상을 가진 의사와 간호사들은 제네바 협정 같은 것은 아예 안중에도 두지 않았습니다. 그들은 거동이 불가능한 부상병들과 환자들을 잔혹하게 학살하 는 일을 서슴지 않았으니, 한 사람을 두 번씩 죽인 셈입니다. 그렇게 서울대 부속병원에서는 약 1천 명이 넘는 환자·부상병·애국지사들이 희생되었습니다.[46] 참으로 이같이 비인도적인 사례는 아직 세계 전사에서 그 전례를 찾아볼 수 없는 것입니다. 1950년 6월 28일에 있었던 서울대병원 대학살 만행을 통해, 우리는 짐승만도 못한 공산당의 정체를 똑바로 그리고 분명히 기억해야 하겠습니다.

46) 「붉은 대학살」, 223.

(7) 서울 점령 후 3일 동안 지체한 인민군

서울은 북한군에 의하여 장악되자 순식간에 붉은 색으로 바뀌었습니다. 북한군은 곧 마포형무소와 서대문형무소를 비롯하여 각 경찰서에 들어가, 정치범은 물론 죄수들을 모조리 석방하였습니다(남로당원 약 9,000명). 이들은 인민의 영웅으로 추켜져 북한군을 환영하는 선봉에 내세워졌고, 이른바 반민족주의자들의 색출에 앞장세워졌습니다. 서울을 수복한 9월 28일까지 공산치하 3개월 동안 전국적으로 165,000명이 학살되고, 122,000명이 북으로 납치되었습니다. 서울에서만 민간인 9,500명이 피살되었고, 4,200명이 북으로 끌려가는 참변을 겪어야 했습니다.

북한 공산당은 창경궁 앞과 혜화동 로터리 두 군데서 자신들이 잔인하게 살해한 시체들을 태웠습니다. 창경궁 앞에서는 시체를 쌓아 놓은 뒤 불을 질렀는데 좀처럼 타지 않자, 어디서 가져왔는지 석유를 뿌리고 태웠습니다. 그 불과 연기가 하늘 높이 치솟아 올랐고, 이것을 지켜보는 인근 주민들은 참을 수 없는 분노 속에, 공산당의 정체가 바로 이런 것이구나 하는 것을 똑똑히 깨달을 수 있었습니다.[47)]

「1950년 7월 2일, 태평로 국립극장 앞에서 인민재판이 열리고 있었는데, 팔봉 김기진은 피고로 끌려나와 포박을 당한 채 서 있었다. 그리고 자기를 가까이서 둘러싸고 있는 군중을 찬찬히 훑어 봤다. 모두 400~500명은 될 것 같았다.

6월 30일 저녁때였다. 웬 젊은이 여럿이 집에 찾아와 김기진을 찾았다. 방 밖이 갑자기 떠들썩했다. 아래층에서 기다리던 청년들이 우르르 2층으로 몰려 올라온 것이다. 그리고 장총을 팔봉의 가슴에 들이대고 눈을 부라리며 소리쳤다. "내려갑시다. 당신 보려고 우리가 얼마나 기다렸는지 아시오?" 그 길로 그는 남대문의 남로당 중구당부 임시 사무소로

---

47) 「붉은 대학살」, 227.

끌려갔다.

그는 거기서 조사 같은 조사도 받지 않고 인민재판에 부쳐진 것이다. 인쇄소 직공들이 그를 고발했기 때문이다. 그 이유는 얼마 전 좌익성향의 젊은 직공들이 삐라를 몰래 인쇄하다 적발돼 5명이 경찰에 잡혀간 일이 있었다. 그 중 3명은 팔봉이 책임을 지겠다고 보증을 서고 데리고 나왔지만 두 사람은 경찰이 내주지 않았다. 김봉두는 자기가 남로당 전라북도 책임자라고 자백했기 때문이고, 이인희는 이랬다저랬다 해서 앞뒤가 맞지 않으니 경찰서에서 안 되겠다고 해서, 그냥 경찰서에 두고 온 적이 있었다. 그런데 이 두 사람이, 인민군이 서울을 점령한 다음날인 6월 28일 감옥에서 나와서 팔봉을 당에 고발하고 인쇄소 직공 열두 명을 불러다가 팔봉을 둘러싸고 시가행진을 하게 했던 것이다.

그는 그의 인쇄소에서 일하던 이영환과 함께 팔을 뒤로 해서 결박당한 채로 시가행진을 해야 했다. 흰 광목에 급히 '인민재판소'라고 쓴 플래카드가 행렬의 맨 앞에 섰다. 그 뒤에 팔봉과 이영환을 세웠다. 그들의 양옆에는 팔봉의 인쇄소에서 일하던 직공 12명을 6명씩 두 줄로 나누어 서게 했다. 그 뒤에 일반군중이 따랐다. 그리고 그들은 플래카드 앞에 메가폰을 쥔 젊은이를 앞세우고 "인민재판! 인민재판!"을 외치도록 했다. 그러면 뒤따르던 사람들이 "인민재판! 인민재판!"하고 복창했다.

행렬은 남대문을 출발해서 세종로 네거리, 동아일보사 앞, 서울신문사 앞을 거쳐 죽음의 그림자가 짙게 드리워진 국립극장 앞에 다다르게 된 것이다.

웬 젊은이가 현관 앞 계단으로 올라가서 선동연설을 시작했다. 연설하는 젊은이를 가만히 보니, 작년까지 인쇄소에서 일하다가 자진해서 나간 식자공 차성태였다. 선동연설이 끝나자 한 청년이 사회를 봤다. "지금으로부터 인민재판을 개정합니다!" 개정선언 뒤에 아래위 검은 양복을 입은 청년이 나와서 팔봉의 곁에 섰다. 검사격인 사람이었다. 그는 주머니에서 논고문을 꺼내서 읽어 내려갔다. "피고인 김기진은 과거에 좌익 운동을 하던 자로서 8.15를 전후해서 변절했고, 자신이 직접 밀정 행위를 해 온 것은 물론이요, 경찰의 밀정을 자신이 경영하는 공장에 종업원으로 잠입시켜서 많은 동지를 투옥케 하였다. 또 피고인은 선량한 노동자를 착취했으니 마땅히 죽어야 한다. 따라서 이 검사는 인민의 이름으로 사형을 구형한다." 논고가 끝나자 사회자가 "피고인의 죄를 증명할 증인이 있으면 나와서 증언하시오!"라고 말했다. 말이 끝나자마자 미리 짜 맞춘 것처럼 자칭 증인이라는 사람이 올라왔다. 검사도 증인도 팔봉이 전에 본 일이 없는 사람이었다. 그는 "저 사람은 아주 나쁜 사람입니다. 내가 저 사람네 공장에 직공으로 다니고 있었는데 저 사람이 경찰에 고발해서 서대문 감옥에서 2년 반이나 고생을 하다가 이번에 인민군의 승리로 겨우 나오게 됐습니다. 우리 노동자가 이렇게 되고 그동안 착취당한 것이 다 이놈 때문입니다!"라고 외쳐댔다. 사회자가 다시 "그러면 판사님께서 판결을 내리시겠습니다."라고 말하자 이번에도 자칭 판사라는 사람이 등장해서 판결문을 낭독했다. "피고 김기진과 이영환은 검사가 논고한 바와 같은 사실의 죄악을 범해 온 자들이요, 이들의 범행에 관해서는 이 두 피고인의 범행으로 말미암아 2년 반 동안이나 철창생활을 하고 나온 동지의 증언이 있었고, 피고 이영환은 경영자에게 붙어서 신분이 동일한 동지들을 경영자에게 팔아먹었으니 더욱이 고려할 여지가 없다. 그러므로 두 피고인에 대하여 검사의 구형과 같이 사형을 언도한다!"

주위에 있던 40~50명이 박수를 쳤다. 박수소리에 묻혀 "옳소!"하는 소리도 들렸다. 그는 기도했다. "미워하지 말자. 원망하지 말자. 탓하지 말자... 깨끗하게 죽자." 어디선가 이런 소리가 들렸다. "총탄도 아깝다. 때려 죽여라!" 그러자 그의 뒤에서 건장하게 생긴 젊은이가 몽둥이를 들고 나왔다. 구경꾼들은 그러면서도 설마 때려죽이기야 할까 하는 생각들이었다. 그러나 그 망나니는 인정사정 두지 않고 팔봉의 머리를 힘껏 내리쳤다. 순간 붉은 피가 분수처럼 솟구쳤다. 구경꾼들의 입에서 "어어!" 하는 소리가 한꺼번에 터져 나왔다. 팔봉은 이 한방을 얻어맞고 비틀거리긴 했지만 곧 정신을 가다듬고 그대로 서 있었다. 그러자 몽둥이를 든 청년은 머리통을 또 한 번 세게 내리쳤다. 팔봉은 비틀거리며 넘어져서도 죽지 않고 버르적거렸다. 그 모습을 보고 다른 두 명의 건장한 청년이 몽둥이를 들고 머리와 몸통을 여러 차례 내리쳤다. 팔봉의 몸뚱이는 그제야 움직이지 않고 축 늘어졌다.

팔봉의 옆에 서 있던 이영환은 머리를 한 대 호되게 얻어맞고 이내 죽어 버렸다. 그들은 총살형이 아니라 타살형을 선고받았던 것이다. 죄수 두 명이 나자빠지자 사람들이 다리를 각각 밧줄로 묶었다. 그리고 거리 행진을 나섰다. 시체들은 피를 흘리며 질질 끌려 다녔고, 사람들은 "인민재판! 인민재판!"하고 목이 터져라 외치고 다녔다. 시체를 끌고 다니다가 어쩌다 뒤집혔을 때 보니 머리통 뒤쪽과 등판때기 그리고 꼬리뼈 부분이 갈려 나가고 뭉개져서 뼈가 허옇게 드러나 있었다.

"인민재판! 인민재판!" 그들은 인민 공화국에 반역하면 당신들도 이 꼴이 된다고 시민들에게 위협적으로 말하는 것 같았다. 아닌게 아니라 거리를 지나던 시민들은 이 모습을 보고 기가 질려 머리를 움츠렸다.

내무서원이 시체를 내다 버리라는 명령을 받고 나와 인부들을 시켜 팔봉과 이영환의 시체를 트럭에 싣게 했다. 그때 트럭에 실린 시체 하나가 "물! 물!" 하고 물을 찾았다. 이 사람이 바로 팔봉이었다. 그는 모진 매를 맞고, 길바닥에 끌려 다녔지만 다행히 실낱같은 목숨이 붙어 있었던 것이다.」

"김팔봉과 인민재판" (「60년 전 6.25는 이랬다」, 2010.6. 월간조선 부록)

서울을 점령한 북한군은 승리에 들떠, 군 수뇌부는 2일간에 걸쳐 서울시청에서 승전 축하연회를 여는 등 일방적인 공격을 멈추고 3일간 서울에서 지체하였습니다. 북한군이 3일간이나 서울에서 지체한 이유는 무엇입니까? 박헌영에 의해 은밀히 공작된 약 60만 명의 남로당원들이 남한 전역에서 일제히 봉기하면 남한 전체를 순식간에 공산화시킬 수 있다는 확신이 있었기 때문입니다. 그들은 일단 공격을 개시한 후 서울을 단시일에 점령하면 남한 각 지역의 남로당 세력들이 총 봉기하게 될 것이므로, 한강선 이남 지역이 거의 무혈로 점령되리라고 생각했던 것입니다.

한편, 남쪽에서 폭동이 일어나기를 바랐던 북한측 지도자들의 속셈은, 북한군은 남한을 침략하려고 한 것이 아니라 남조선 해방투쟁을 협력하려고 서울에 내려온 것이라는 명분을 내세우려고 했던 것입니다. 그리고 이것을 빌미로 '미군은 한국의 내전에 관여하지 말라'고 하여, 저들의 남침 계획에 큰 걸림돌인 미군 개입을 초반에 막으려 했던 것입니다. 스탈린도 "인민군은 서울에서 봉기가 일어날 때까지 기다리면서 한강을 건너지 말라."라고 하여 남한에서 일어날 민중폭동을 기다렸습니다. 박헌영은 김일성에게 "이승엽 동무가 서울시 인민위원장으로 부임하면 즉시 봉기가 일어날 것이니 조금만 기다려 달라."라고 하면서 안심시켰습니다. 이에 박헌영이 이승엽에게 매일 몇 차례씩 독촉을 했는데도 폭동은 일어나지 않았습니다. 그것은 남로당 간부 김삼룡, 이주하, 이재복이 체포되어 처형되었고, 인민유격대 2천여 명이 국군 진압부대에 의해 토벌되었으며, 남로당 서울시당 홍민표의 자수 이후, 그가 설득한 남로당원 약 33만 명이 자수하여 폭동을 일으킬 사람이 없었기 때문이었습니다.

3일을 기다려도 남한에서 폭동이 일어나지 않자 7월 1일, 김일성은 초조하여 인민군에게 한강을 건너 8월 15일까지 부산을 점령하라고 명령했습니다. 이에 북한군 제 1사단, 3사단, 4사단, 6사단 등 4개 사단은 일제히 한강을 건넜습니다. 인민군 전차의 평균 전진 속도(시속 20㎞)로 간다 할 때, 아무리 늦어도 7월 10일쯤이면 부산과 목포까지도 점령할 수 있는 위기 상황이었습니다.

한편, 국군은 대전 2사단, 광주 5사단, 대구 3사단이 국군 1사단, 7사단, 수도사단과 함께 한강 이북에서 궤멸되었기 때문에, 이제 한강 이남에서 인민군을 막을 병력은 강릉 8사단, 원주 6사단, 대구 3사단 23연대뿐이었습니다. 단 3일 만에 국군 병력 98,000명 중

44,000명이 전사하거나 포로로 잡히고 실종되었으니, 이는 도저히 인민군 대군의 적수가 될 수 없는 병력이었습니다.

(8) 춘천-홍천 지구 전투

중부전선을 담당한 국군 제 6사단(사단장 김종오 대령)은 춘천에 제 7연대, 홍천 북동쪽에 제 2연대를 각각 배치하고, 제 19연대는 사단 예비대로서 원주에 배치하였습니다.

중부전선을 담당한 국군 제 6사단은 타사단에 비해 전투준비를 철저히 했습니다. 38도선에서 춘천까지의 거리가 13km에 불과한 점을 감안하여 제 7연대는 춘전 시민과 학생들의 지원을 받아 철근 콘크리트 진지를 구축하고 교통호를 연결했으며, 철조망을 설치하고 대인지뢰까지 매설했습니다. 다만 홍천 북동쪽을 담당했던 2연대는 6월 20일 교대되었고, 사단 예비대로서 원주에 배치되었던 19연대 또한 5월 1일부로 소속 변경되어 전투태세를 아직 제대로 갖추지 못한 상태였습니다.

제 7연대는 수색대(30명)를 적 지역에 투입하여 적의 남침 징후를 파악하였으며, 육본의 지시에도 불구하고 외출·외박을 통제하여 적의 공격에 대비했습니다. 포병대대는 춘천지역으로 전진 배치되어 사전에 진지를 구축하고 군의관까지 포 사격이 가능하도록 훈련시켰습니다. 공병대대는 전방연대에 각 1개 중대씩 배속하여 진지 구축과 장애물 설치를 지원했습니다. 각종 탄약도 충분히 보유하고 있었습니다. 당시 6사단 7연대 헌병대장 조혁환 소령[48]은 "제 6사단은 적의 동태가 심상치 않았기 때문에 비상경계령을 해제하지 않고 외출, 외박을 금지한 상태였으며, 전쟁이 일어나기 전 학도호국단원들을 지원받아 진지를 견고히 구축해 놓았습니다. 제 16포병대

48) 예비역 준장, 육사 3기, 국군 제 3사단장 역임

대장 김성 소령은 전쟁 전 현장을 일일이 답사하면서 치밀한 화력 계획을 준비하였기 때문에 적이 공격해 오자 계획대로 사격을 가해, 쓰러진 인민군의 빨간 계급장과 흘린 피로 소양강 일대 벌판을 붉게 물들었습니다."라고 증언하였습니다.

6월 25일 새벽, 약 30분 동안 가해진 적의 엄청난 포격에 아군 장병들은 한동안 넋을 잃고 있었으며, 짙게 깔린 안개로 인해 적이 접근하는 것조차 모르고 있다가 진지 바로 앞까지 육박한 것을 보자 큰 혼란에 빠졌습니다.

모진교는 춘천으로 들어오는 관문이며 매우 중요한 교량이었는데, 적은 모진교 남쪽 강변 일대의 고지에서 7연대 3대대에 맹렬한 포격을 가하면서 인공기를 앞세우고 공격해 왔습니다.

북한군 제 2군단장 김광협 소장은 현지까지 나와서 6월 26일 낮까지는 반드시 춘천시를 점령해야 한다고 독전하였습니다. 그러나 북한군 2사단 6연대는 두 번의 공격에 실패했고, 25일 18:00시에 또다시 17연대를 투입하여 소양강 도하를 시도했습니다. 지형 여건상 공격이 더 효과적이라고 판단한 국군 7연대 1대대장 김용배 소령은 19:00시에 반격을 개시하였습니다. 북한군은 은폐물이 없는 가래모기(춘천시 사농동의 마을 이름) 보리밭을 따라 밀집대형으로 밀고 내려왔습니다. 국군은 보병과 포병의 협동공격이 동시에 이루어졌고, 적은 엄청난 타격을 입고 도주하였습니다. 1대대는 여기서 만족하지 않고 북한강까지 적을 추격하여 격멸하였습니다.

당시 16포병 대대장이었던 김성 소령은 그때 상황을 "보리밭은 누런데 적은 꺼멓게 파리 떼와 같아 구별이 용이하여 목측으로 사격하였다. 조준이고 뭐고 할 시간여유가 없었다. 그리고 포탄은 VT탄이 없어 순발신관[49]을 썼다."라고 증언하기도 했습니다.

---

49) 극히 가벼운 충격에도 폭발하는 신관으로 목표물에 충돌과 동시에 충격력에 의해

26일 08:00시, 국군 7연대 1대대는 옥산포에 집결해서 공격준비 중인 약 1개 대대의 적을 공격하여 격멸했습니다(옥산포 대첩).

27일 05:00시, 적은 강력한 포병 사격지원을 받으며, 일부는 소양강을 도섭하고 일부는 소양교로 공격해 왔습니다. 국 군 7연대 1대대는 모든 화력을 총 동원하여 적의 도하를 저지했습니다. 이에 북한군은 혼란에 빠져 자주포 5대까지 버리고 허둥지둥 북쪽으로 도주했습니다.

옥산포 대첩을 지휘한 대대장은 김용배 소령[50]이었습니다. 1대대는 완벽하게 적의 공격을 물리치고 방어진지를 사수하면서 소양 강변과 춘천 시내에서 적군의 발목을 잡았습니다. 북한군의 남침계획인 '선제타격계획'에서는 2군단이 6월 25일 점심 때 춘천시를 점령하고 포위기동으로 6월 28일 이천-용인-수원 선으로 진출할 예정이었으나, 춘천에서 사흘 이상 큰 타격을 받고 허덕거렸습니다. 소련 군사고문단장 라주바예프의 6. 25전쟁 보고서에 의하면, 북한군 제 2사단은 국군의 기습적이고 강력한 포격에 큰 손실을 입고 사단장은 전투지휘도 포기한 채 포병대대장과 함께 자주포용 차량을 타고 도주했다고 합니다. 이에 김일성은 춘천지구 전투의 대실패에 대한 책임을 물어 2군단장 김광협 소장을 군단장직에서 해임하여 군단 참모장으로 좌천시켰으며, 김무정이 2군단장으로 임명되었습니다.

폭발하는 신관.

50) 김용배(金龍培) 준장(1921.4.17.-1951.7.2.): 경북 문경 출생, 육사 제 5기, 1950년 6월 제 6사단 7연대 1대대장으로서 춘천 전투 및 음성 전투에서 적의 공격을 저지하여 지연(遲延) 작전을 성공시켰으며, 빠른 승진을 거듭하여 1950년 7월 9일에는 중령으로 진급하였다. 1951년 1월 6일까지 제 1대대장으로서 하루도 최전방 자리를 뜨지 않았으며, 적탄에 부상을 입었을 때도 후방병원으로 후송되는 것을 거부하고 붕대를 감은 채 계속 전투를 지휘했다. 제 7사단 연대장으로서 군량리 전투 시 전사하였으며, 1계급 특진과 태극무공훈장이 수여되었다.

그리고 2사단장 이청송 소장도 사단장직에서 해임하였으며, 후임으로 최현 소장을 임명하였습니다.

6사단 2연대장 함병선 대령은 2대대를 어론리 좌측에, 1대대를 우측에 배치하였으며, 현리 지역 3대대는 흙고개-진다리 일대에서 격전을 치르고 오미재로 철수하였으나 이때부터 모든 통신이 두절되고 말았습니다. 어론리 일대에서 함병선 연대장은 적 자주포 10대가 공격해오자 "이제 조국의 운명은 저 전차(전쟁 초기에는 자주포를 전차로 오인)와 싸워 이기느냐 지느냐의 한판에 달렸다. 저 전차를 때려 부술 용사는 없느냐?"라고 외치자, 5중대 강승호 소위 등 20여 명이 너도나도 지원하고 나섰습니다. 이들로 대전차 특공대를 편성, 적 자주포에 수류탄을 집어넣고 2.36인치 로켓트 포탄을 사격하여 2대를 파괴하였으며, 2대대가 모든 화력을 집중하여 적을 격멸하고 자주포 8대를 북쪽으로 격퇴시켰습니다.

인민군 2군단은 수원 방면으로의 진출이 좌절되자, 홍천 방면으로 공격 중인 12사단에서 2개 연대를 뽑아내어 춘천 지역을 추가 공격하게 하였습니다.

27일 새벽 5시, 인민군은 소양강 돌파를 위해 4개 연대로 국군을 압박해 왔습니다. 7연대가 적과 격전을 벌이고 있을 무렵, 6사단은 육군본부 작전참모부장(김백일 대령)을 통해 "서부전선이 완전히 무너졌다. 육군본부는 시흥으로 철수한다. 6사단장은 판단에 따라 중앙선을 중심으로 한 중부전선에서 지연전을 전개하도록. 이상!"이라는 명령을 받았습니다. 이에 6사단장은 7연대를 춘천에서 철수시킨 후 지연전을 실시하였습니다.

6월 28일 아침 9시, 자주포 10문과 수십 대의 트럭에 병력을 가득 태운 적 12사단이 2연대를 공격해 왔습니다. 이때 조달진 일병 등 대전차 특공대원들이 수류탄과 휘발유를 넣은 화염병을 들고 적 자주포에 뛰어들어 10문을 파괴함으로써 전쟁사에 빛나는 전공을 남겼습니다.

6월 29일 11시, 원창고개 일대의 7연대 2대대 전방에 1개 대대 규모의 적이 백기를 흔들며 접근하자 대대 장병들은 적이 투항하는 것으로 믿고 받아들일 채비를 하는 순간, 20m까지 접근하던 적이 숨겼던 따발총을 난사하여 기습을 당한 2대대는 진지를 빼앗기고 말았습니다.

춘천-홍천 지구 전투에서 국군 6사단이 북한군의 공격에 맞서 춘천을 3일간 지켜냄으로써, 인민군 2군단이 한강 이남을 포위하지 못하게 막았고, 7월 3일까지 6일간 한강방어선을 유지할 수 있었습니다. 그 결과 유엔군이 참전할 수 있는 시간이 마련됨으로써, 미 제 24사단이 한국에 도착하여 경부축선에 전개할 수 있게 되었습니다.

(9) 강릉 지구 전투

동해안 지역 방어는 국군 제 8사단(사단장 이성가 대령) 2개 연대가 맡았으며, 예하 제 10연대는 38선에, 제 21연대는 삼척에 집결하고 있었습니다. 당시 게릴라 토벌작전 때문에 각 연대에서 1개 대대가 각각 빠진 상태였으므로, 적의 남침에 즉각 대응할 수 있는 부대는 4개 대대뿐이었습니다. 더구나, 국군 8사단 정면에서는 인민군 제 1경비여단이 압박해 오고, 945부대 및 766부대가 임원진, 정동진 등 해안으로 상륙하여 후방으로부터 협공하였으므로, 국군 8사단은 극히 불리한 상황이었습니다. 6월 25일 새벽 4시, 10연대 전방부대들은 엄청나게 쏟아지는 적 포병화력에 압도당하여 순식간에 아수라장이 되었으며, 2대대는 주문진으로, 1대대는 구룡령에서 광원리 부근으로 철수하였습니다. 한편, 강릉 남쪽 정동진리의 등명동에서는 새벽 4시경, 945육전대의 인민군들이 나타나 마을 주민들을 강제 동원하여 수송선에서 탄약과 보급품을 뒷산으로 운반시켰습니다.[51]

적군 945육전대의 주력은 삼척-강릉도로를 차단하기 위해 밤재를 점령하였으며, 1개 대대는 강릉을 목표로 북상하고 1개 대대는 옥계 방향으로 남하하였습니다. 또한 아침 7시경에는 임원진에 적군 766부대가 상륙하여 1개 부대는 태백산으로, 1개 부대는 삼척 방향으로 북상하였습니다.

8사단장은 10연대로 하여금 적을 최대한 저지토록 하는 한편, 21연대를 강릉으로 이동시켜 강릉을 사수하기로 하고, 육군본부에 증원을 요청하였습니다. 육본에서는 "서울방어가 더 긴급하므로 불가능하다."라는 답을 보내왔고, 그 직후 모든 통신이 두절되었습니다.

8사단의 방어진지는 연곡천과 송림리 지역에 형성되어 있었는데, 6월 27일 새벽 4시경 적이 집중공격을 가해 왔고 측방으로 접근하는 적을 아군으로 잘못 판단하는 바람에 힘없이 무너지고 말았습니다.

그러나 때마침 증원된 제 21연대 3대대가 적을 사천선에서 막아낸 결과 전방에서 물러난 병력들이 진지를 편성할 수 있었습니다. 그 후 적의 공격이 18야전포병대대가 있는 곳까지 밀어닥쳤습니다. 한 번 무너진 전선은 걷잡을 수 없이 붕괴되었습니다. 제 18포병대대는 철수하는 보병을 엄호하면서 3개 포대 15문의 포로 쉬지 않고 포격을 가하였습니다. 퇴로 차단을 우려한 사단장이 포병의 철수를 명령했으나 포병대대는 진지를 계속 고수하면서 더욱 맹렬한 사격을 가하였습니다. 대대 장병의 90%가 서북청년단 출신인 이들은 북진하여 하루빨리 고향을 찾겠다는 일념으로 싸우고 있었는데, 철수 명령이 떨어지자 "우리는 이제 도망갈 곳이 없다. 적을 죽이고 나도 죽자."는 구호를 외치며, 5시간이나 혈전을 벌였습니다. 이 무렵 사단은 승산 없는 무모한 전투를 피해 대관령으로 물러나 반격을 시도하기로 결정하고, 6월 27일 밤 대관령을 넘어 유천리와 횡계리에 집결하였습니다.

---

51) 「한국전쟁 (상)」(국방군사연구소, 1995-1997), 142.

당시 관측장교였던 김용운 소위는 다음과 같이 증언하였습니다.

「"적의 포격이 얼마나 치열하였던지 포의 폐쇄기를 잡은 병사의 몸뚱이가 포탄에 날아가고, 끊어진 손목만 남으면 다른 병사가 살점이 엉겨 붙은 손목을 떼어 내고 사격을 계속하였습니다. 적이 포진지까지 밀어닥치자 야전삽, 곡괭이 등을 닥치는 대로 잡고 때려 부쉈으며, 저는 파편상을 입어 얼굴이 피투성이가 되었음에도, 주먹으로 때리고 발로 걷어차고 머리로 받아 넘기며 육박전을 벌였습니다. 이때의 용감상은 어느 나라, 어느 전투에서도 찾아보기 힘들 정도로 용감무쌍한 것이었습니다."」[52)]

6월 28일 아침 8사단은 강릉을 탈환하기 위해 공격하던 중 "원주로 철수하라!"라는 육군본부의 명령을 받고, 차량행군으로 원주 방향으로 이동하다가 적이 먼저 원주에 도착할 상황이 되자, 대화를 거쳐 제천으로 철수하였습니다. 그 결과 동부전선에는 배치된 국군부대가 전혀 없게 되었으며, 국군 제 3사단 23연대가 울진으로 북상할 때까지 인민군은 아무런 저항도 받지 않고 남하하였습니다.

인민군의 첫 타격을 입었던 옹진, 개성, 고랑포, 전곡, 포천, 춘천, 양양을 잇는 38선 일대에서, 국군의 방어진지를 기습·공격한 북한군의 전투력은 처음부터 아군의 2-3배가 넘었습니다. 따라서 중과부적이었던 국군은 불과 3일 만에 중요한 방어 지역을 모두 북한군에게 빼앗긴 채 뿔뿔이 후방으로 철수할 수밖에 없었습니다.

(10) 한강선 방어

한강교가 폭파되자 국군 장병들은 지휘체계가 와해된 채 수영이나 민간 배 등을 이용하여 한강 이남에 집결하기 시작하였습니다.

서울이 함락되기 직전 채병덕 총참모장은 육군참모학교 교장 김

---

52) 「한국전쟁사 (1)」(국방부전사 편찬위원회, 1977), 227.

홍일 소장을 시흥 지구 전투사령관으로 임명하여 한강선방어임무를 부여하였습니다. 김홍일 소장은 굶주린 장병들에게 급식을 제공하고, 그때까지 미군 참전이 확정되지 않았으나 '미군 참전'이라고 크게 쓴 간판들을 길목마다 세워, 철수 중인 장병들의 사기를 북돋워 주었습니다. 이렇게 하여 시흥 지구 전투사령부는 놀랍게도 국군의 주력부대들이 흩어진 지 불과 10시간 만에 3개 혼성사단[53)]을 편성하여, 양화교-광진교상의 한강 연변 24㎞에 새로운 방어선을 형성할 수 있었습니다.

시흥 지구 전투사령부는 미 지상군이 투입될 것으로 예상하고, 그들이 가능한 한 북쪽에서 전투를 전개할 수 있도록 최대한 한강선에서 지탱한다는 방침이었으며, 김포 방면에는 혼성병력 6개 대대 총 2천여 명으로 구성된 김포 지구 전투사령부가 배치되어 있었습니다.

한편, 적군 3사단은 6월 30일 새벽 신사리 방면으로 뗏목과 나룻배 등으로 도하를 시도하였는데, 아군 혼성 7사단은 결사적인 사격과 미 제 19폭격전대의 지원으로 적의 도하를 저지하는 데 성공하였으며, 미 공군의 항공지원을 받게 된 국군의 사기는 크게 고양되었습니다. 7월 1일과 2일에는 아군 방어선이 돌파될 위기 속에서 참호 속의 8연대 장병들이 수차례의 혈전 끝에 적을 격퇴하였으며, 시흥리 부근에서는 보병학교 연대가 적의 보급차량 30대를 발견, 기습공격에 성공함으로써 적의 남진을 지연시켰습니다.

이에 북한군은 전차가 없는 상황 하에서는 도하가 곤란하다고 판단한 듯, 철도선로반원과 시민들을 강제 동원하여 은밀하게 철교 복구 작업을 실시하였습니다. 한강교 폭파 시 인도교와 경인 하행선 철교는 모두 절단되었으나, 경인 상행선 철교와 경부선 철교가 완파

53) 혼성 7사단장에 유재흥 준장, 혼성 수도사단장에 이종찬 대령, 혼성 2사단장에 임선하 대령 임명[「한국전쟁」(국방부전사편찬위원회, 1987), 190.]

되지 않고 남아 있었습니다.

마침내 북한군은 경부선 철교를 복구하고, 7월 3일 새벽 4시에 전차 4대가 도강하는 데 성공한 후 후속부대를 진출시킴으로써, 노량진과 영등포 일대를 석권하기 시작하였습니다.

영등포 지역은 한강 남한의 교통 중심지로서 전체 한강방어선을 고수하는 여부가 결정되는 곳이었는데, 적의 영등포 함락이 목전에 다가오자 김홍일 소장은 한강방어선에서 국군병력을 철수시켰으며, 총참모장 정일권 소장은 평택-안성선으로 진출한 미군의 전투 준비시간을 벌기 위하여, 적이 최대한 지체하도록 하였습니다.

국군은 7월 3일까지 한강방어선과 곤지암-충주-제천으로 이어지는 선을 지탱한 후 수원 남쪽으로 철수하였으며, 이 무렵부터 10일간에 걸친 국군의 독립작전이 오산·안성 지역에 배치되기 시작한 미군과의 연합작전으로 전환하게 되었습니다.

한편, 6월 30일에는 채병덕 소장이 육군총참모장직에서 해임되고 정일권 소장이 육·해·공군 총사령관 겸 육군 총참모장으로 임명되었습니다. 해임된 채병덕 장군은 이 후 '영남 편성 관구사령관'이라는 직책을 부여 받았습니다.

이후 신성모 국방부장관으로부터 다음과 같은 서한을 받았습니다.

"귀관은 서울을 잃고 중대한 패전을 했다. 책임은 중하고 또한 크다. 그런데 적은 전남에서 경남으로 향하고 있다. 이 적을 막지 않으면 전 전선이 붕괴될 것이다. 귀관은 패주 중인 부대를 지휘해서 적을 격퇴하라. 귀관은 선두에 서서 독전할 필요가 있다."[54]

이러한 명령을 받은 채병덕 장군은 미 29연대 3대대의 고문관으로 1950년 7월 27일 하동 쇠고개에서 전투 중, 총탄 2발을 맞고 전사하였습니다.

---

54) 「6·25 전쟁과 채병덕 장군」(국방부군사편찬연구소, 2002), 295.

5. 유엔군 반격
(1950.9.15 - 11.25: 약 2개월 10일)

The UN forces' counterattack
(Sep 15 - Nov 25, 1950: approx. 2 months and 10 days)

(1) 유엔군의 신속한 참전 결정[55)]

1950년 6월 28일 유엔은 소련이 불참한 가운데 안전보장이사회를 열고 8시간의 마라톤 회의 끝에, 북한의 무력공격을 평화의 파괴 행위로 규정하고 파병 결의안을 찬성 7표, 반대 1표, 기권 2표(인도, 이집트)로 가결하였습니다.

「미 극동군 사령관 맥아더 장군은 1950년 6월 26일 미 합동참모본부로부터 한국에 투입될 미군의 작전지휘권이 부여되자 6월 29일 한강 방어선을 직접 시찰하였습니다. 이때 맥아더 장군은 진지를 지키고 있던 한 일등중사에게 "자네는 언제까지 그 호 속에 있을 셈인가?"라고 질문하자, "예! 각하께서도 군인이시고 저 또한 대한민국의 군인입니다. 군인이란 모름지기 명령에 따를 뿐입니다. 저의 상관이 철수하라는 명령을 내리지 않으면 제가 죽는 순간까지 이곳을 지킬 것입니다!" "지금 소원은 무엇인가?" "우리는 지금 맨주먹으로 싸우고 있습니다. 무기와 탄약을 도와주십시오. 그것뿐입니다." "알았네, 내가 여기에 온 보람이 있었군!" 감격한 맥아더 원수는 흙 묻은 일등중사의 손을 꼭 쥐고 "내가 동경으로 돌아가는 즉시 지원군을 보내 주겠네"라고 약속하였습니다.」[56)]

맥아더는 국군 장병들이 불굴의 투지로 싸우고 있다는 것을 몸소 확인하였으며, 인천으로 상륙작전을 전개하여 인민군의 후방을 차단, 격멸한다는 구상을 하게 되었습니다.

그는 1950년 6월 30일, 트루먼 미 대통령으로부터 미 지상군의 투입을 허가 받자, 지체 없이 미 8군 사령관에게 한국과 제일 가까운 일본 큐슈에 주둔하던 제 24사단을 파견하도록 명령하였습니다. 한강변에서 만난 일등중사와의 약속을 지켰던 것입니다.

---

55) 「유엔군 지원사」(국방군사연구소, 1999), 12-43.
56) 정일권, 「전쟁과 휴전」(동아일보사, 1986), 33.

선발대인 스미스 특수임무부대가 7월 1일 부산에 도착했고, 이것을 시작으로 이어서 미 24사단 주력 부대들도 속속 부산에 상륙하였습니다.

미국을 제외하고 가장 먼저 무기를 지원한 **영국**은 항공모함 1척, 순양함 2척, 구축함 및 프리깃함 5척을 파견했고, 6월 29일에는 **호주**가 구축함 1척과 프리깃함 1척, 무스탕 전투기 1개 대대, **네델란드**도 구축함 1척 지원을 제의했습니다.

이후 추가 제의가 나오지 않아 유엔사무총장이 요청 서신을 발송하자, 7월 중순 이후 참전 지원 회원국 수가 현저히 증가하기 시작하였습니다. 7월 14일 프랑스가 1척의 초계정을 파견했고, 이어 1개 보병대대를 파견했으며, 7월 20일 **벨기에**와 **네덜란드**가 각각 1개 대대 규모의 독립된 부대를 파견했습니다. **남아프리카공화국**은 전투기 없이 조종사와 지상근무요원 대대를 파견했습니다. 이 밖에 **덴마크**, **스웨덴**, **인도**, **이탈리아** 등은 의료부대를, **노르웨이**는 부대수송용 선박을 파견했습니다.

8월 초에는 **캐나다**가 3개 대대 지원을 제의하였고, 8월 20일 **영국**이 보병 3개 대대(총 7,000명 규모) 중 선발대 2개 대대를 파견하고, 이어서 호주가 1개 보병대대(1천 명), **뉴질랜드**가 1개 포병대대(1천 명)의 파견을 제의하였습니다. 이때 처음으로 영연방국가가 아닌 **터키**(4,500여 명), **태국**(4,000여 명), **필리핀**(5,000여 명), **그리스**(수송기 6대, 3,800여 명)가 부대 파견을 제의했습니다. 특히 태국의 참전은 유엔의 조치가 아시아에 대한 백인의 전쟁이라는 공산주의자들의 비난을 잠재우는 데 효과가 있었습니다.

이와 같이 미국은 8월 23일까지 7개국으로부터 약 25,000명의 지상 전투 병력을 지원받았고, 9월 5일까지는 4개국의 파병도 추가로 승인했습니다.

7월 7일 안전보장이사회는 유엔군사령부를 설치하여, 참전한 유엔회원국들을 미국의 통일된 지휘 아래에 두었으며, 이승만 대통령도 7월 14일 국군의 작전 지휘권을 맥아더 장군에게 이양했습니다.

예상과 달리 북한군에게 연속 패배를 당하여 밀리자, 맥아더 장군은 계속해서 증원을 요청하였고, 그 결과 7월 24일 제 29연대, 7월 31일 제 5연대전투단, 그 다음 주에는 제 1임시해병여단과 제 2사단의 2개 연대가 도착하여 낙동강 방어선으로 급히 투입되었습니다. 8월 29일에는 영국이 홍콩에 주둔 중이던 제 27여단을 파견함으로써, 한국전쟁에 두 번째로 많은 지상군을 파견한 국가로 기록되었습니다.

한국전쟁 시 병력을 지원한 유엔국 16개국과 참전인원은 **미국**(302,483명), **호주**(2,282명), **캐나다**(6,146명), **뉴질랜드**(1,389명), **영국**(14,198명), **필리핀**(7,000명), **터키**(5,455명), **네덜란드**(1,700명), **룩셈부르크**(44명), **콜롬비아**(1,068명), **벨기에**(900명), **에티오피아**(1,271명), **프랑스**(1,119명), **그리스**(1,263명), **남아프리카공화국**(826명), **태국**(1,294명)입니다.

의료지원 국가는 5개국으로 노르웨이, 스웨덴, 인도, 덴마크, 이탈리아이며, **물자를 지원한 국가**는 39개국으로 이스라엘, 멕시코, 라이베리아, 리히텐슈타인, 레바논, 베네수엘라, 아르헨티나, 아이슬란드, 아이티, 에콰도르, 우루과이, 엘살바도르, 칠레, 쿠바, 코스타리카, 파나마, 파라과이, 파키스탄, 페루, 교황청, 과테말라, 도미니카, 서독, 모나코, 미얀마, 베트남, 오스트리아, 온두라스, 이란, 이집트, 인도네시아, 일본, 사우디아라비아, 스위스, 시리아, 자메이카, 헝가리, 캄보디아, 대만 등입니다. 이밖에도 브라질, 니카라과, 볼리비아 등이 물자지원 의사를 표명하였습니다.

"당시 전 세계의 독립국이 93개국, 유엔 회원국은 60개국에 불과한 상태에서 무려 63개국이 우리나라를 지원하거나 그럴 의지가 있었는데, 이는 사실상 온 세계가 6.25전쟁이 공산주의의 침략전쟁으로부터 자유와 민주주의를 수호하려는 전쟁이었음을 공감하고, 공산주의의 불의의 침략에 공분을 느끼고 있음을 보여 주는 것입니다. 북침설 등 근거 없는 주장을 통해 일부에서 6.25전쟁에 대한 잘못된 인식이 퍼져 있는 상황에서 당시 우리나라가 국제적 지지를 받고 있었음을 보여 주는 분명한 근거가 나온 것은, 국민교육 측면에서 의 미가 크다고 평가할 수 있는 것입니다."[57)]

(2) 딘 사단장이 실종된 미 제 24사단의 전투
- 마틴 대령의 전사(7월 7일)와 딘 소장 포로(7월 말)

1950년 7월 1일 오전 8시, 미 제 24사단 21연대 1대대 B중대, C중대 406명의 병사들은 이다스께 비행장에 집결하여, 대대장 스미스 중령 지휘하에 '스미스 특수임무부대'를 편성하였습니다. 이들 은 일본을 출발하여 부산에 도착, 열차편으로 대전을 거쳐 7월 4일 평택에서 북상하여 오산 죽미령 일대에 전개하였습니다.

7월 5일 새벽 4시, 인민군 105전차사단 소속 전차 36대가 수원을 출발하여 인민군 제 4사단 16연대와 18연대 보병의 엄호를 받으며 내려왔습니다. 미군은 각종 포를 발사하여 전차에 명중시켰으나, 인민군 전차는 끄떡도 하지 않았습니다. 포대원들은 3.5인치 로켓트포가 있어야 T-34전차를 파괴할 수 있다는 것을 뒤늦게 알게 되었습니다. 스미스 특수임무부대에는 로켓트포가 한 문도 없었습니다. 결국 스미스 대대장은 철수 명령을 내렸고, 7월 6일 안성에서 인원 점

---

57) 김희상, 한국 안보문제 연구소 이사장, 6.25전쟁 지원국 현황연구 포럼 기조강연

검을 하니 250여 명이 남았고, 실종 및 전사자가 156명이나 되었습니다.

한편 미 24사단장 딘 소장은 34연대가 평택-안성 전투에서 싸우지도 않고 철수하였다 하여 연대장 러브리스 대령을 해임하고, 2차 대전 때 용맹을 떨쳤던 마틴 대령을 제 34연대장에 임명하여 패잔병을 수습하였습니다.

7월 7일 아침 6시, 인민군은 전차를 앞세워 천안을 공격하였습니다. 전차 6대가 나타나 전차포로 공격하자 제 34연대의 3대대 장병들은 철수하였으며, 연대 지휘소가 위협을 받게 되자 마틴 대령은 포위망을 겨우 빠져나왔다가 직접 바주카포를 들고 전차를 공격하였습니다. 이때 마틴 대령은 인민군의 전차포에 맞아 흔적조차 없이 사라졌습니다. 이렇게 마틴 대령은 죽음으로 인민군을 저지하였으나, 천안은 인민군 제 4사단에 의해 점령을 당하였고, 인민군 제 6사단은 온양으로 진출하였습니다.

이후, 미 제 24사단은 1950년 7월 18일부터 20일까지 인민군 제 3, 4사단과 대전에서 격전을 치렀습니다. 최초로 한국 전선에 뛰어들었던 미 제 24사단은, 경부 축선에서 인민군 주력 3개 사단을 성공적으로 지연시켜, 차후 반격에 필요한 귀중한 시간을 확보해 준 고마운 사단이었습니다.[58)]

미 제 24사단은 인민군의 압도적인 전세에 전투병력 30%의 손실을 입고 철수할 수밖에 없었는데, 이때 24사단장 딘 소장이 마지막까지 대전에 남아 있다가 실종되고 말았습니다(당시 52세).

---

58) 「이것이 한국 전쟁이다」, 294-295.

후일 딘 소장은 자신의 회고록 「죽음의 세월 3년」에서 실종된 경위를 밝혔습니다. 그는 철수하는 과정에서 길을 잘못 들었다가 계속 남하하던 중 해가 서산에 넘어갈 무렵 옥천의 낭월리 부근에 이르렀을 때 인민군에게 습격을 받은 차량과 부상병 여럿을 보게 되었습니다. 야간에 부상병들이 갈증을 호소하며 물을 달라고 하여 손수 수통을 들고 어둠 속을 더듬어 물을 구하려고 계곡을 따라 내려가다가 그만 낭떠러지로 떨어져 실신하고 말았습니다. 7월 21일, 정신을 회복한 딘 소장은 산야를 헤매는 신세가 되었으며, 남쪽으로 이동하다가 전북 무주군 적상면 방이리 고방마을에서 촌민 박종구의 도움을 받았습니다. 그리고 대전을 떠난 지 36일 만에(8월 25일) 전라북도 진안에서 한두규를 만나게 되었는데, 그는 '친절하게 모시겠다.'고 속이고는 딘 소장을 인민군에 밀고하여 결국 딘 소장은 체포되고 말았습니다. 당시 딘 소장은 체포되기 전 36일 동안 야간을 이용해 이동하고 물과 풀뿌리만 먹고 연명하였으며 마지막 순간까지 인민군에게 항거하였습니다. 딘 소장은 3년간의 포로생활 끝에 1953년 9월 4일 판문점을 통해 귀환했는데, 포로송환 시 몸무게가 85kg에서 55kg으로 줄 만큼 심한 고생을 하였다고 합니다. 중장으로 진급하여 제 6군단장을 끝으로 예편하였으며, 미 의회는 용감하였던 그에게 미 육군 최고훈장을 수여하였습니다.

7월 7일 충북 음성-동락리 전투(국군 7연대)와 **7월 21일 충북 괴산 화령장 전투**[59](국군 17연대)에서 인민군 제 15사단 48, 49연대를 상대로 거둔 대승은, 전쟁 발발 후 계속적인 패배로 불안감에 싸여 있

---

59) **화령장 전투**(1950.7.17-25.)는 한국군이 소백산맥 일대에서 지연작전 시, 국군 제 17연대와 제 1사단이 화령장 일대의 북한군 제 15사단을 기습하여 이들의 남하를 지연시킨 공세적 방어전투이다.

던 국민들에게 적을 이길 수 있다는 신념을 불어넣고 사기를 드높여 준 소중한 전투였습니다. 그러나 거의 대부분의 북한군은 남진을 계속하여 7월 21일 대전을 점령, 7월 말에는 낙동강을 도하하여 대구와 부산을 잇는 아군의 대동맥을 끊으려고 압박을 가하여 왔습니다. 북한군은 전쟁 개시 35일 만에 낙동강 전선 부근까지 밀고 내려왔던 것입니다.

(3) 낙동강 방어선 전투(stand or die)

- 1950년 8월 4일 새벽 1시를 기해 낙동강 일대에서 전개한 방어 전투

6월 25일 북한의 기습적인 불법남침으로 개전 4일째에 수도 서울을 잃은 국군 주력은, 6월 28일 한강방어선을 형성하여 7월 3일까지 6일 동안 인민군 주공의 진출을 저지한 후 수원으로 철수하였습니다. 그 무렵 중동부전선에 배치되어 있던 국군 2개 사단은, 충주와 제천 일대에서 인민군과 대치하고 있었습니다.

유엔군의 참전 결정으로 7월 4일 이후 미군이 전선에 배치되었고, 이때부터 국군과 유엔군은 전세를 만회하기 위하여 지연작전을 전개하였습니다.

영덕·안동·상주·진주를 잇는 선까지 진출한 인민군과 맞선 국군과 유엔군은, 8월 3일까지 왜관의 낙동강 철교와 인도교를 비롯한 낙동강의 모든 교량을 폭파한 뒤에 8월 4일 새벽 낙동강까지 철수하였습니다. 이에 미 8군 사령관 워커 장군[60]은 낙동강과 그 상류

---

60) 워커(Walton H. Walker, 1889-1950) 장군은 미국 텍사스주 출신으로, 2차 세계대전 시 탁월한 지휘관으로 활약하여 '불독'이라는 별명을 얻었다. 1948년 일본에 주둔한 미 8군 사령관으로 있었던 그는 한국전쟁이 발발하자 1950년 7월 13일, 대구 사령부로 부임했다. 낙동강 방어선에서 정일권 장군이 맥아더 장군에게 낙동강 일대를 융

동북부의 산악 지대를 잇는 천연장애물을 이용한 방어선을 구축하여, 이를 사수하기로 하였습니다.

낙동강 방어선은 부산을 기지로 하여 총반격을 할 수 있는 교두보라는 의미에서 '부산교두보(釜山橋頭堡, Pusan Bridgehead)'라고도 하며, 또 미 제 8군사령관 워커 장군이 설정한 최후 방어선이라는 의미에서 '워커라인(Walker Line)'이라고도 합니다. 이 방어선은 동서 80㎞, 남북 160㎞의 타원형으로, 서북 첨단에 있는 왜관을 기점으로 하여 동해안의 영덕에 이르며, 서쪽은 낙동강 본류를 따라 남강과의 합류 지점인 창녕 남지읍(南旨邑)에 이르고, 다시 함안 진동리(鎭東里)를 거쳐 진해만에 이르고 있었습니다.

이 방어선은 연합군의 보급기지인 부산에서 마산·대구·영천·포항 등의 전방 지역에 이르는 방사형(放射形)의 병참선이 발달되어 보급과 병력 이동에 유리했고, 기동예비대를 적절한 시간과 장소에 자유자재로 투입할 수 있었기 때문에 효과적인 역습을 할 수 있는 곳이었습니다.

단 폭격해 줄 것을 간청했으나 거절당하자, 워커 장군은 맥아더 장군에게 여러 가지 대안을 제시하며 정일권 장군을 도와줄 것을 요청하여 승낙을 받아 냈다.

낙동강 전선의 중요성을 확실히 인식하고 있었던 그는 직접 전선에서 진두지휘하며 국군 장병들에게 "내가 여기서 죽더라도 끝까지 한국을 지키겠다."라고 약속하였고, 미국 장병들에게 "낙동강 방어선은 무조건 지켜야 한다."라며 "지키거나 죽어라"(Stand or die)라는 훈령을 내렸다. 이에 대해, 당시 한국 참전에 회의적이었던 미국 내에서 강한 비난 여론이 일었으나, 맥아더 장군은 "군대에는 민주주의가 있을 수 없다."라는 단호한 한마디로 워커의 손을 들어 주었다. 마침내 그는 이후 낙동강 방어선을 지켜 냄으로써, 맥아더 장군의 인천상륙작전 성공을 보장함으로써 전세를 역전시키는 데 큰 공을 세웠다. 워커 장군은 맥아더 장군과 북진을 계속하여 압록강까지 이르렀으나 중공군의 개입으로 후퇴하면서, 최대한 적을 지연시켜 시간을 벌기 위해 동분서주하던 중 1950년 12월 23일, 불의의 교통사고로 순직하였다.

왜관 북쪽 작오산(303고지) 북단에 협조할 지점을 설치하여, 그 남쪽 진해까지(X선) 낙동강 일대의 방어는 주로 미군 3개 사단(제 24, 25사단, 제 1기병사단)이 담당하고, 왜관에서 포항까지(Y선) 중동부 산악 지대에는 국군 5개 사단(제 1, 3, 6, 8, 수도사단)이 배치되었습니다. 이때 남한은 영토의 90%가 이미 북한군 수중으로 넘어가 있었던 위기의 상황이었기 때문에, 국토의 10%만 남은 상황에서 낙동강 방어선에는 대한민국의 존망과 국민의 생사가 달려 있었습니다.[61]

한편, 인민군은 수안보(水安堡)에 전선사령부를 두고, 1개 전차사단과 9개 보병사단을 낙동강 전선에 투입했으며, 미군 정면에 제 1군단(김웅), 국군 정면에 제 2군단(김무정)을 배치하여, 이른바 **8월 공세**(1950.8.4-8.25)와 **9월 공세**(1950.9.1-9.15)로 두 번에 걸친 대대적인 공격을 감행해 왔습니다. 다부동 전투와 영천 전투 및 포항 전투 등 많은 공방전으로 방어선이 돌파 당할 뻔한 위기도 있었지만, 국군과 유엔군이 긴밀한 협조체제를 유지하면서 목숨을 건 처절한 방어전을 전개하였습니다.

아군은 낙동강을 사이에 둔 1개월 반에 걸친 공방전 끝에, 남한 점령을 기정사실화하려고 전 병력을 집중하였던 인민군의 전력을 크게 약화시켰습니다. 인천상륙작전에 힘입어 아군은 6·25전쟁 발발 이래 처음으로 공격태세로 전환하게 되었으며, 총반격을 가함으로써 전쟁의 주도권을 장악하게 되었습니다.

낙동강 방어선 전투에서 인민군이 패할 수밖에 없었던 이유 중 하나는, 38선에서부터 300㎞ 이상 길게 늘어난 보급로 때문이었습니다. 반면에 아군은, 원조 병력과 장비가 부산으로부터 원활하게 보

61) 「6·25전쟁사(5)」낙동강선 방어작전 (국방부군사편찬연구소, 2008), 91.

급되었으므로 전세가 상승일로에 있었습니다. 북한군은 미군 폭격이 심해 병력손실이 컸고, 겹친 피로와 보급의 결핍으로 전력이 바닥나 있었습니다. 사력을 다해 치열한 전투를 벌였지만, 무더운 여름 날씨에 식량 보급이 제한되고, 탄약과 소총 보급마저 부족하게 되자 인민군의 사기는 급격히 저하되었습니다.

한편, 9월 초부터 2주간 전개된 북한군의 공격은 너무 치열하여, 당시 발생한 인명 손실은 6·25전쟁 전 기간을 통해 단위시간에 발생한 손실 중 최고를 기록할 정도였습니다.

① 다부동 전투

다부동은 대구 북방 22㎞, 상주와 안동에서 대구로 통하는 5번과 25번 도로가 합쳐지고 왜관에 이르는 908번 지방도로의 시발점이 되는 지점입니다. 예부터 이곳 사람들은 가난한 삶이 싫어, 사는 동네 이름을 다부동(多富洞)이라고 불렀으며, 삼국시대부터 이미 격전지로 유명한 곳이었습니다.

국군은 임진강을 넘고 한강을 넘어 이제 마지막으로 낙동강을 넘었습니다. 더 이상 넘을 강은 없었고 대한민국의 마지막 보루인 부산(釜山)만이 남아 있었습니다. 따라서 방어선을 구축하여 대구를 방어하는 것이 곧 부산을 방어하는 것이었습니다. 만일 그곳마저 잃어버렸다면 미군은 전략적 가치가 없는 제주도를 지키려 하지 않았을 것이고, 대한민국은 끝내 사라지고 말았을 것입니다. 이때 1사단장 백선엽 준장은 대구를 방어하는 데 다부동이 지형적으로 가장 적지라고 판단, 반드시 이곳을 지켜야 한다는 사실을 비장한 각오로 부하들에게 알렸습니다. "모든 책임은 내가 지겠으니 귀관들은 모든 힘을 바쳐 마지막까지 싸워 주기 바란다."

1950년 8월 초부터 9월 중순까지는 그야말로 국군과 북한군 양

측이 사활을 건 대규모 격전을 벌였던 시기였는데, 그 이유는 북한이 8월 15일까지 부산을 점령하여 전승을 경축하고자 했고, 유엔군과 국군은 인천상륙작전을 위해 반드시 이 방어선을 지켜 내야 했기 때문입니다.

다부동이 적의 수중에 들어가면, 지형상 아군은 10㎞ 남쪽으로의 철수가 불가피해지고 대구는 북한군 공격의 사정권 내에 들어가게 되므로, 그야말로 다부동 방어선이 전쟁의 승패를 좌우하게 되어 있었습니다. 따라서 북한군은 다부동 일대에 증강된 3개 사단(제 3, 13, 15사단)을 투입, 약 21,500명의 병력과 T-34전차 약 20대(후에 14대 증원) 및 각종 화기 약 670문으로 필사적인 공격을 해 왔습니다.

국군 1사단은 보충 받은 학도병 500여 명을 포함한 7,600여 명의 병력과 172문의 화포가 전부였으니, 군사력에 있어서 절대 열세로 북한군과 비교가 되지 않았습니다. 병력 수에 있어서는 북과 남이 21,500 대 7,600(3:1)으로, 화기(火器) 면에서는 670문 대 172문이었으므로, 국군의 전력은 인민군에 비해 절대 열세했습니다.

「8월 4일 오전 7시, 김점곤 중령이 이끄는 12연대 방어지역인 낙정리 일대에서 다부동 전투의 첫 포성이 울렸습니다. 강 건너에서 북한군이 쏜 45㎜ 대전차포가 연대장의 지프 옆에 떨어져 차가 도랑에 빠지자, 이것을 신호로 북한군의 사격이 집중됐습니다. 한 달여 동안 후퇴만 해 온 국군을 얕잡아 본 인민군들이 강이라는 '하천 장애물'을 무시하고 달려들었으나, 아군 진지 앞의 깊은 수심에 당황하여 전진속도가 느려졌습니다. 이때 예광탄 한 발이 적진의 하늘을 날아왔고, 이것을 신호로 아군의 일제 사격이 개시되어 순식간에 낙동강은 붉은 피로 물들었습니다. 후속 공격을 감행하려던 적은, 아군의 집중포화에 산산이 흩어져 아군의 포화를 피하지 못하고 수장되고 말았습니다.」(월간조선 2002년 10월호)

낙동강 방어선 편성 직후 전체 방어정면이 너무 넓어 부대 간 연결이 힘들다는 어려움 때문에, 8월 11일부로 축소된 방어선인 왜관 북방 303고지(작오산)-다부동-군위-보현산을 잇는 선으로 이동하라는 명령이 각 사단에 전달되었습니다. 이에 따라 국군 1사단은 12일 야간에 다부동 일대의 새로운 방어선으로 이동하여, 다부동 전면의 험준한 유학산 839고지, 좌측의 수암산 518고지와 328고지, 우측의 신주막-대구 간 도로의 방어 임무를 부여받았습니다.

8월 13일 적군 3사단 일부 병력이 328고지를 공격하고, 적군 15사단이 국군 12연대보다 한 발 앞서 유학산을 점령하였으며, 적군 13사단은 도로를 따라 신주막의 11연대 정면으로 접근하면서, 674고지를 먼저 점령하였습니다. 그리하여 국군 1사단이 미처 방어선을 편성하기도 전에 북한군 3, 13, 15사단이 공격해 왔으므로 중앙이 돌파될 위기를 맞았습니다. 국군 15연대가 328고지를 뺏고 빼앗기는 쟁탈전을 전개했고, 국군 12연대와 11연대는 유학산 837고지와 674고지의 탈환을 위해 치열하게 싸웠습니다.

유학산 일대의 싸움은 사격전보다도, 휑한 돌산의 정상을 두고 수류탄이 모자랄 정도로 서로에게 수류탄을 던져대는 근접전투가 계속되어, 양 측은 3천여 명의 사상자를 냈습니다. 12연대 부연대장 김점곤 중령[62]의 증언에 의하면, 신임 소위가 산에 있는 자기 소대를 찾아가다가 포탄에 맞아 그대로 전사하기 일쑤여서 장교가 극도로 부족해졌기 때문에, 결국에는 150명의 연대본부 요원 전부를 소대장 및 분대장으로 임명해서 전선으로 보냈고, 그 빈 자리를 150명의

---

62) 원래 12연대장이었던 김점곤 중령은, 8월 8일 20연대와 합치면서 20연대장이었던 박기병 대령이 12연대장이 되고 그는 부연대장이 되었으며, 9월에 다시 20연대가 분리되면서 12연대장직을 맡았다.

여고생으로 채워야 할 정도였다고 합니다.

이에 대구 정면이 위태롭다고 판단한 미 제 8군 사령부는 낙동강 대안(對岸)의 적의 주력부대를 제압하기 위해 8월 16일 오전 11시 58분, B-29 폭격기 5개 편대 98대가 26분 동안 무려 3,234발, 총 960톤의 폭탄을 쏟아 부었습니다. 미 공군은 북한군의 주력이 몰려 있을 것으로 판단한 낙동강 서쪽의 직사각형 지역(5.6×12㎞)을 대상으로 26분간에 걸쳐 양탄자를 깔듯이 빈틈없이 폭탄을 투하했던 것입니다. 이것이 바로 북한군의 병력과 장비에 큰 피해를 준 B-29 융단폭격(Carpet Bombing)입니다. 그 후로 이 지역에서는 10년 동안 풀이 제대로 자라지 않을 정도였습니다.

그럼에도 불구하고 적의 대구 공격은 신주막-다부동 축선으로 집중되어, 8월 16일 다부동 바로 서측을 공격함으로써 국군이 큰 위기에 놓였습니다. 8월 18일 새벽에는 대구역 부근에 박격포 사격을 가함으로써 대구가 일대 혼란에 빠졌습니다. 이 충격으로 이날 정부는 부산으로 이동하라는 피난령을 하달했습니다. 국군 1사단은 위기 상황 타개를 위해 17일에 지원된 미 27연대와 연합작전을 전개하였습니다.

15연대는 328고지에서 적과 수차례의 수류탄 공방전을 전개하면서 쟁탈전을 거듭했고, 12연대는 결사대를 편성하여 항공과 포병의 지원을 받아 공격을 계속한 결과, 마침내 23일 야간 기습공격을 감행하여 유학산을 탈환했습니다. 북한군이 앞장세운 선두공격제대는 남한에서 강제징집한 '의용군'으로 편성해 이들에게 술을 먹인 채 소총도 없이 수류탄만 주고 공격케 하였습니다. 이들 북한 '의용군'들이 죽을 줄 알면서도 공격하였던 것은 술을 먹은 탓도 있었지만, 따발총으로 무장한 독전대가 뒤에서 총을 겨누며 무자비하게 전선으로 내몰았기 때문이었습니다. 15연대 진지 전방에는 1,000여구가 넘는 북한군 시체가 널려 있었는데, 썩거나 선혈이 낭자한 주검들로 골짜기마다 메워져 있었습니다. 죽은 시체를 검색한 결과, 소지한 수첩에 기록된 주소에 의하면 대부분이 남한에서 강제로 징집된 '의용군'이었습니다.

이 전투가 끝난 뒤 신성모 국방부장관과 정일권 육군총참모장, 방한 중이던 미 육군참모총장 콜린스 대장과 워커 미 8군사령관이 동석동 동명초등학교에 위치한 사단사령부를 찾아와 1사단의 용전을 치하했습니다. 국군 1사단은 장교·부사관·병사들이 일심동체가 되어 투혼을 발휘해 방어전을 승리로 이끌었습니다.

사단에서는 매일 평균 600-700명의 인명손실이 발생해 신병과 학도병을 보충했고, 1개 대대에 평균 50-60명의 노무자들이 배치되어 전투원의 식사를 준비하고 탄약과 기타 보급품을 지게로 최전방까지 운반하고 부상자를 후송했습니다. 당시 대구에 있던 제 1훈련소장이었던 최석(崔錫, 예비역 중장) 장군은 모병에 대해 「민족의 증언」(중앙일보 刊)에서 다음과 같이 말했습니다.

「낙동강 공방전이 전개될 때 가장 시급한 문제가 병력보충이었습니다. 연일 혈전이 벌어지니까 소모가 엄청난데 이를 빨리 보충해야 하니까요. 8월 초에 대구에서 '교육대'라는 명칭으로 내가 책임자가 되어 신병모집훈련소를 차렸어요.

며칠 후 '제 1훈련소'로 이름을 바꾸었는데 여기에는 9개 대대가 있었어요. 1개 대대는 2,000-2,500명 정도지요. 입소 신병은 7일간 교육을 받았어요. 하지만 급할 때는 2-3일간 소총사격 훈련만 시켰고, 더 급할 때에는 사격장으로 가다가 도중에 그대로 일선으로 내보내기도 했습니다. 보통 하루에 제 1훈련소에서 500-600명을 일선에 보충했는데, 많을 때는 2,000-3,000명을 일선에 보낸 적도 있어요. 특히 사단이나 연대를 재편하거나 신편할 때에는 보충해 줄 병력이 달렸어요. 그럴 때는 기간(基幹) 사병들이 길거리를 막고 원주민이나 피난민 할 것 없이 20-35세까지의 청장년을 급모(急募)해 보냈어요. 비상시인만큼 이런 비상수단을 안 쓸 수가 없었지요.

그때 신병을 일선에 보낼 때는 하루 전에 집에 보내 가족과 면회하도록 했어요. 그래도 도망치는 신병은 별로 없었어요. 이 점은 참 감명 깊은 일이었습니다. 또 빼 달라고 이른바 '빽'을 쓰는 사람도 없었고요. 8월 초부터 하순까지 훈련시켜 일선으로 보낸 신병은 약 5만 명 정도 됩니다.」

왜관-다부동 전선은 대구를 점령하려는 북한군의 4개 사단의 주공축선(主攻軸線)이었고 국군도 최종적으로 지켜 내야만 했던 주방어선이었으므로, 6·25전쟁에서 최고의 격전지 중 하나로 수많은 희생자를 냈습니다.[63]

8월 3일부터 12일까지 다부동에서 국군 1사단이 미군(1기병사단)과 더불어 북한군 4개 사단(1, 3, 13, 15사단)과 싸워 거둔 전과는 적 6,867명을 사살하였고, 8월 13일부터 30일까지 5,690명을 사살했으니 8월 한 달 동안에만 사살된 자가 1만 2,000명이 넘었습니다. 이 기간 중 노획한 적의 장비는 소총 2,297정, 기관총 354정이었습니다.

아군의 피해도 적지 않아, 전사자는 국군 2,016명, 미군 1,282명, 경찰 111명 등 총 3,409명으로 기록되었습니다.

② 기계-포항 지구 전투[64]

북한군 2군단은 12사단을 청송-안강-경주로, 그리고 5사단을 계

---

63) 현재 진행되고 있는 국군 유해 수습과정에서 다부동 일대의 야산에서 가장 많은 유골이 나오고 있다. 백선엽 장군은 당시 산길 곳곳에서 나는 시체 썩는 냄새로 숨을 제대로 쉴 수 없었기 때문에 육군본부에서 나온 조사단들조차 고지에 오르지 못했다고 회고했다(「내가 물러서면 나를 쏴라」, 261.).

64) 「안강·포항전투」(국방부 전사편찬위원회, 1986), 19-66.

속 포항 방면으로 투입시켜, 대구의 동부를 위협하고 부산으로 진출할 계획이었으며, 이때 국군 1군단은 수도사단을 기계 일대에 배치하고 3사단을 영덕 일대에 배치하고 있었습니다.

국군 수도사단과 3사단은 8월 5일부터 적의 대규모 공격을 받기 시작하였습니다. 수도사단 1연대, 18연대, 독립기갑연대가 의성 일대로 철수함에 따라 적군 12사단은 8월 9일 기계로 진출하였습니다. 기계는 도로상의 요지이므로 국군은 일대위기를 맞게 되었습니다.

한편, 동해안 축선을 담당한 국군 3사단도 8월 5일 야간부터 인민군 5사단의 대규모 공격을 받아 영덕 남쪽 고지를 놓고 치열한 전투를 계속하였습니다.

사단장 김석원 장군은 "우리가 후퇴하면 갈 곳이 없다. 제주도에는 들어갈 틈이 없고 일본은 받아 주질 않는다. 지금 거리에서 난민들이 국군들만 쳐다보고 수복해 달라고 통곡하고 있다. 우리가 죽더라도 나라를 지켜야 하고 민족을 지켜야 한다."[65]라고 하면서 장병들의 비장한 전투의지를 북돋았습니다.

「김석원 장군은 특유의 카이젤식 콧수염으로 인해 '카이젤 장군'이란 별명이 붙었다. 고집이 셌던 김장군은 항상 미고문단과 마찰이 많았다. 간단히 말해서 미고문관은 불리할 때 철수를 주장했고 김장군은 이에 불응, 항상 사수를 고집해 의견충돌을 빚었으며, 철수를 주장하는 미고문관을 일본군도로 때려, 문제가 되기도 하였다. 일본군 대좌(대령) 출신의 김장군을 가리켜 미군들은 '저패니스 커널'이라고 비아냥댔고 그럴 때마다 김장군은 "아무것도 모르는 놈들"이라고 호통을 쳤다. 능선전투에서도 미고문관들은 엎드려서 고개만 쳐들었으나 김장군은 일본도를 짚고 꼿꼿이 서 있었다.」[66]

---

65) 3사단장 김석원 장군 훈시, 「6.25전쟁 증언록 Ⅱ권」 (대한민국 6.25참전 유공자회, 2008), 522.

66) 정일권, 「전쟁과 휴전」 (동아일보사, 1986), 106.

8월 10일 저녁에는 흥해 남쪽의 냉천동 일대에 적 1개 연대가 출현하여 포항에 접근하므로 3사단은 후퇴로가 차단되는 위기를 맞게 되었습니다.

8월 10일 포항여자중학교(현 포항여자고등학교)에 위치한 국군 3사단사령부에서는 71명의 학도병[67]들이 신품 M1 소총과 실탄 250발씩을 지급받아 무기를 손질하였습니다. 그 무렵 이미 인민군 12사단의 1개 연대 병력이 포항으로 접근 중에 있다는 첩보가 있었는데, 이윽고 8월 11일 03:00시쯤 국군과 북한군 사이에 전투가 벌어졌습니다. 이에 국군 3사단사령부는 학도병 71명으로 사령부를 방어하게 하였고, 학도병들은 학교 운동장 울타리에 의지하면서 학교에서 시 내로 통하는 도로를 경계하였습니다.

04:00시 6발의 예광신호탄이 올라 새벽하늘에 포물선을 그렸고, 얼마 뒤 학교 정문 100m 앞에 정체불명의 병력이 나타났는데, 적의 행렬이었습니다. 그들이 50m 전방에 이르렀을 때 학도병 중대는 일제히 사격을 가했고, 기습사격을 받은 북한군은 약 200여 명이 순식간에 쓰러졌습니다.

날이 밝자 잠시 흩어졌던 북한군의 공격이 재개되어 학도병들은 이에 맞섰으나 실탄이 다하여 맨주먹으로 적이 던진 방망이 수류탄을 다시 집어던지며 혈전을 전개하였습니다. 15:00시까지 학도병들은 온갖 힘을 다해 저항하였으나, 실탄도 없고 더 이상 싸울 수 없게 되어 철수하지 않을 수 없었습니다. 학도병들은 그곳에서 새벽 4

67) 수도 서울이 공산당의 수중으로 들어갔을 때 서울 시내 각급 학교 학도 호국단 간부 200여 명이 수원에서 모여 비상학도대를 조직, 6월 29일부터 국방부 정훈국의 지도 아래 최초 학도의용군이 조직되었다. 7월 1일 학도의용대를 조직하였고, 이를 통해 실전에 참전한 수가 27,700명에 이르고, 20만 명의 대원을 보유해 후방 선무공작 지원이나 기타의 보국에 공헌하였다. 이들 중에는 중학교 2, 3학년의 나이 어린 학도들로부터 대학생들, 또한 여학생까지 상당수 참전하여 종군하였다[김만규, 「학도병아 잘 싸웠다!」(기독신보사, 2010), 64-65.].

시부터 11시간 동안이나 격전을 치르는 동안 47명이 전사하였고, 14명은 부상당하여 적의 포로가 되었습니다. 그 중에서 4명은 탈출하여 반격 작전에 참가하였습니다.

비록 포항은 적의 수중에 들어갔으나, 이들의 분투로 적의 포항 시내 진출이 지연되어 3사단 사령부와 기타 지원부대 및 경찰, 행정기관 등이 무사히 안전지대로 철수할 수 있었고, 특히 군 보급품을 손실 없이 후송할 수 있게 되어 차기 작전에 크게 기여했습니다.

후방이 적에게 차단된 3사단은 장사동에서 쉴 새 없는 전투를 계속하고 있었으나, 흥해 북쪽에서도 적이 출현함으로써 양쪽으로부터 협공 당할 위기에 처하게 되었습니다.

적중에 고립되어 있던 3사단은 육군본부로부터 해상철수 명령을 받아, 8월 17일 아침 6시 30분부터 장사동에서 철수를 개시하였습니다. 3사단은 4척의 LST[68]를 이용하여 사단병력 9,000여 명, 경찰 1,200여 명, 노무자 1,000여 명 등을 데리고 10시 30분까지 구룡포 일대로 철수를 완료하였습니다.

3사단이 철수할 무렵, 포항 남쪽에서는 민부대가 미군 전차소대의 지원을 받아 포항을 탈환하였으며, 작전 중 포로 180명을 생포하고 야포와 박격포 53문 등을 노획하였습니다.

당시 안강, 기계는 '초급장교의 무덤'이라고 불리었는데, 소위, 중위 등 초급장교들은 유서를 써 놓고 싸우러 나섰습니다. 당시 정일권 참모총장은 백골부대인 18연대에 "귀 연대의 역습으로 안강, 기계의 운명이 결정된다. 기필코 성공하라. 전원은 옥쇄[69]를 각오하

---

68) 전차 상륙함(Landing Ship Tank)

69) 玉碎 :옥처럼 아름답게 부숴진다는 뜻으로, 명예나 충절을 위해 깨끗이 죽음.

라!"라고 밀서를 보냈으며, 이에 연대장 임충식 대령은 "우리 백골이 가는 곳에 패배가 있었던가? 가자! 백골이 되기 위해서…"라고 하면서 공산군을 쳐부수러 나갔습니다.

그리하여 기계 부근에서는 8월 18일 새벽부터 총공격이 개시되었습니다. 북쪽에서는 18연대가 적에게 치명적인 타격을 가하면서 오후에 기계로 진입하였으며, 남쪽에서는 17연대 1대대가 시내로 돌입하여 잔적을 소탕하였습니다.

식량과 탄약의 부족으로 적은 전투의욕을 상실한 채 많은 전사자를 남겨 두고 일부 패잔병만이 시급히 후퇴하였으며, 아군은 1,245명의 적을 사살하고 다수의 장비를 노획하였습니다.

③ 낙동강 돌출부(영산 돌출부) 전투

낙동강 전투에서 미군 방어지역 중 가장 치열한 전투가 벌어졌던 영산은 행정구역상 경남 창녕군 영산면으로, 굽이쳐 내려오던 낙동강이 서쪽으로 돌출해, 마치 반도처럼 삼면이 강으로 둘러싸인 곳입니다. 이 때문에 창녕과 영산 부근을 흔히 '**영산 돌출부**' 또는 '**낙동강 돌출부**'라고 부릅니다. 인민군 입장에서는 여러 곳에서 동시 도하할 경우 포위 공격이 가능한 데 비해, 미군 입장에서는 방어정면이 37㎞에 이르는 불리한 지형이었습니다. 그 때문에 현풍에서부터 남지까지 방어정면을 미 24사단이 맡아, 북한군 4사단의 공세를 힘겨운 혈전으로 막아 내었습니다.

방어를 담당한 미 24사단은 34연대를 영산에, 21연대를 창녕에, 배속된 국군 17연대를 현풍에 배치하고, 19연대를 예비대로 창녕에 배치하였습니다.

8월 5일 자정 무렵에는 적 4사단 16연대가 오항 나루터 및 부곡 일대로 강을 건너 공격을 가해 왔습니다. 부곡 일대로 도하한 적군은 21연대가 기관총 및 포병사격으로 물리쳤으나, 오항 나루터로 도하한 적군은 34연대 3대대 진지를 위협하였습니다. 이에 사단장은 19연대를 투입하여 300여 명의 적을 저지하였습니다. 이때 미군들은 전황이 급하고 진지를 구축할 마대가 없어, 전사한 군인들의 시체로 진지를 쌓아서 싸움을 계속하였습니다.

한편 적 4사단은 야간을 이용하여 오항, 박진나루 일대의 강물 속에 수중교 가설작업을 완료하고, 대규모의 병력과 전차 및 포를 도하시켰습니다. 사단장은 힐(Hill)특수임무부대를 편성, 돌출부 지역의 적을 몰아내도록 하였으나, 적의 완강한 저항으로 대부분의 장교가 전사 또는 부상하는 등 전투력을 거의 상실하였고, 오항 고지와 클로버 고지를 적에게 빼앗겼습니다.

이에 워커 장군은 강력한 미 1해병여단을 24사단에 배속하여, 8월 17일 해병대 코르세어 전폭기 18대가 오봉리 능선을 강타하는 가운데 공격을 개시했지만, 2대대는 7시간의 전투에서 병력과 장비의 60%를 상실하고 말았습니다.

그 후 24사단은 폭격기와 퍼싱 전차의 지원 하에, 사단 전체가 클로버 고지와 오봉리 능선을 빼앗고 적을 몰아붙였으며, 기세가 꺾인 적군은 아군의 포격을 받으며 10여 명씩 무리지어 낙동강을 건너 철수하였습니다. 결국 적군 4사단은 낙동강 돌출부에서 입은 타격으로 다시는 낙동강 전투에 참전하지 못하였습니다.

④ 영천 전투(1950년 9월 4-11일)

영천은 대구에서 34km, 경주에서 28km 거리에 위치하여, 영천을 중심으로 대구, 경주, 포항, 안동, 청송에 이르는 교통의 중심지였습니다. 그래서 만약 이 지역을 빼앗긴다면 국군 제 1군단과 2군단은 분리되고, 포항-안강-대구로 연결되는 국군의 유일한 횡적 병참선이 차단됩니다. 영천을 발판으로 북한군이 대구로 진출할 경우 낙동강 방어선이 후방에서 무너지고, 아울러 영천에서부터 경주, 부산으로의 통로가 개방됨으로써 부산이 일거에 무너질 수 있는 매우 중요한 전략적 가치가 있는 지역이었습니다. 따라서 북한군이든 국군이든 영천은 사활을 건 한판 승부의 장소가 아닐 수 없었습니다.

인민군 15사단은 9월 5일 공격을 개시하여, 단숨에 국군 8사단을 붕괴시키고 9월 6일 새벽 3시에는 영천 시내 전체를 점령한 채 경주 방면으로 진격해 왔습니다.

전선 붕괴 직전의 위기에서, 유재흥 국군 2군단장은 즉시 군단 작전회의를 소집, 우선 8사단을 영천 동남쪽 금호강변에 배치해 적 15사단의 움직임을 견제하고, 1사단과 6사단에서 1개 연대씩 병력을 차출해 8사단에 배속시켜, 7사단과 함께 영천을 공격하도록 했습니다.

그러나 문제는 전차였습니다. 정일권 육군총참모장은 전차 1개 소대(5대)만 있다면 적에게 큰 위협이 되고 아군의 사기를 올릴 수 있다는 판단 하에 미 1기병사단장 게이 소장을 만나 요청했으나, 신중히 생각해 보자고만 하였습니다. 다시 미 8군 사령관 워커 중장에게 사정하자, 게이 소장과 협조해 보라고 할 뿐 확답은 없었습니다. 그런데 얼마 후 미군 측에서 "내일 아침부터 미군 전차 1개 소대가 지원할 것"이라고 통보해 왔습니다.

이렇게 영천이 돌파될 위기에 처하자, 워커 장군은 정일권 총장에게 '영천을 탈환하지 못할 경우 미 8군은 일본으로 철수할 수밖에 없다. 국군 2-3개 사단을 포함, 약 10만 명의 요인을 괌이나 하와이로 철수할 것이니 준비하고, 이 일은 극비로 해 달라.'라고 부탁하였

별지 3 낙동강 방어선(1950.8.4–9.15)

[참고문헌] • 「낙동강방어 작전기」 한국전쟁사 시리즈 3 (국방부, 1970) • 전쟁기념사업회, 「한국전쟁사①」(행림출판, 1992), 792.

습니다. 이 말을 들은 이승만 대통령은 "영천이 무너져 공산군이 여기 부산에 오면 내가 먼저 앞에 나서서 싸울 것이오. 미군들이 가고 싶다면 자기들끼리만 떠나라고 하시오!"라고 하면서 당시 부산으로 피난 온 목사들에게 기도를 부탁하였습니다(정일권 회고록, p.87). 한국 교회는 하나가 되어 구덕 운동장에 모든 선교사들, 목사들, 장로들, 성도들이 함께 모였습니다. 또한 많은 목사님들이 부산 서대신동 항성교회에 모여서 금식하며 하나님께 부르짖고 기도하였습니다. 초량교회와 광복교회에서도 회개의 역사가 뜨겁게 일어났습니다.

국군장병들은 밀려오는 북한군 탱크를 맞아, 육탄 특공대를 조직, 수류탄 10여 개씩을 한 다발로 묶어 품에 안고 돌진했습니다. 그러나 적 탱크에 채 접근하기도 전에 총탄에 맞아 품고 가던 수류탄 다발이 폭발, 장렬한 최후를 맞이하기도 했습니다. 밤에는 특공대를 조직, 포위하고 있는 북한군을 기습했는데, 목숨을 건 특공대 공격에 소위, 중위의 초급장교들이 앞 다투어 자원하였으며, 주먹밥이 다 떨어져 3일씩 굶어가며, 내리는 빗물을 철모와 반합에 받아 두어 마시면서 싸웠습니다.

특히 야간 백병전은 적군과 아군을 가릴 수 없이 처절하였는데, 북한군은 머리를 빡빡 깎았기 때문에 우선 머리를 만져 보고 빡빡 깎은 머리면 총을 쏠 겨를도 없이 대검으로 찌르고, 개머리판과 야전삽을 휘두르며 처절한 전투를 펼쳤습니다.

「비는 계속 쏟아지는데 영천시내로 들어가는 금호강 다리에 도착하니 이 다리를 사이에 두고 사격전이 벌어지고 있었다. 다리 입구에는 철모에 대령 계급장을 단 분이 진두지휘를 하는데 강둑에는 헌병들을 배치해 놓고 권총을 빼들고 2명씩 다리 양쪽에서 적진을 향하여 다리를 건너 공격하라는 명령이었다. 앞에 있는 다리를 보니 다리 중간쯤에서 적탄에 맞아 쓰러지는 사람도 있고 다급하니 강물로 뛰어내리는 사람 등 글자 그대로 생지옥이었다. 나는 있는 힘을 다하여 쏜살같이 뛰어서 다리를 건너는데 성공하였다. 후속부대가 속속 도착하고 시가전이 전개되어 시내 중심가를 향해 길 양쪽으로 적을 수색하며 전진하는데 앞에 가던 척후병이 적의 저격수 총에 맞아 쓰러졌다. 조금 후 또다시 한명이 쓰러져서 더 전진할 수가 없었다. 한 고참병이 전방을 한참 살피더니 가지고 있던 총으로 적을 사살한 후에 전진할 수 있었다. 이때 나는 적탄에 맞아 부상당한 병사의 후송을 명받아 피투성이가 된 그 부상병을 업고 후방 수송차까지 가는데 그렇게 무거울 수가 없었다. 부상병의 피는 흘러내리고 내 힘은 모자라고 나이도 어렸지만 군인이기에 할 수 있었다.

다음날 논바닥에 포복을 하며 역을 향하여 기어가는데 벼 포기가 움직이니 적이 이것을 보고 조준 사격을 하였는지 온 들판에 위생병 찾는 소리, 포탄 터지는 소리, 각종 총 소리가 메아리치며 생지옥을 이루었다. 이때 내 옆에 적의 포탄이 날아와 폭발과 동시 온몸에 흙을 뒤집어쓰고 폭발음으로 귀가 멍하니 아무 소리도 들리지 않고 정신이 없었다. 나는 이제 죽었구나 싶었는데 옆에 있는 전우가 "아이고 나 죽네 하나님 살려 주시오"하며 소리를 질러서 보니 등 뒤에 옷이 찢어져 붉은 피가 흐르고 있는 것이 보여 중상인 것 같았다. 위생병을 부르고 그를 구하고자 일어서다가 나도 넘어지고 말았다. 이때 나도 파편 상을 당하였다는 것을 알았다. 다리에 피가 흘러내리고 있어 옆에 있던 전우가 와서 지혈을 해 주고 나를 업고 산을 내려와 후송 트럭에 실어서 경주로 후송하게 해 주었다.」(김인환 증언)[70)]

9월 7일 새벽부터 국군 19, 21연대 등이 수차례 공격과 기습으로 큰 전과를 올리고, 다음날인 8일 오후 2시 45분 영천을 탈환했습니

70) 「6.25 전쟁 증언록 Ⅱ」(대한민국 6.25 참전위원회, 2008), 17.

다. 이날, 영천을 중심으로 적의 진출로를 따라 북쪽 21연대에서 남쪽 5연대까지 낚싯바늘 모양의 방어선을 형성하였습니다.

9월 10일 국군 2군단은 9월 10일부터 총반격 작전을 개시하여 영천 북쪽에서 19·21연대로 적의 후퇴로를 차단하고 남쪽에서는 5연대를 비롯한 총 5개 연대(제 8, 10, 11, 16)가 공격을 개시하였습니다.

이로써 5일 동안 차단됐던 영천-경주간 도로가 완전히 개통되고 영천 북쪽까지 밀고 올라가, **9월 12일** 마침내 9월 공세 이전 8사단의 주저항선을 회복하였습니다. 반면에 북한군 15사단은 전사 3,799명, 포로 309명, 전차 5대 파괴, 장갑차 2대, 차량 85대, 소총 2,327정 상실 등, 사실상 전투력을 완전히 상실한 상태에서 와해되고 말았습니다.

이처럼 낙동강 전선 붕괴라는 최악의 위기 순간을 극적인 승리로 전환시킨 영천 전투는, 이 후 성공률 5,000분의 1이라는 인천상륙작전을 감행할 수 있는 발판이 되었습니다.

⑤ 신녕 전투

1950년 9월 6일 북괴군 15사단이 영천을 점령하게 되자, 북괴군 8사단도 국군 6사단 정면에 주력을 투입하여 신녕으로의 진출을 시도하였습니다.

이 전투에서 국군 6사단은 신녕 북쪽의 조림산과 화산동 일대에 방어진지를 구축하여, 전차 10대로 증강된 북괴군 8사단을 맞아 치열한 공방전 끝에 이를 격퇴하였으며, 사단 특공대는 새로 지급된 3.5인치 로켓트포를 활용, 적 전차 8대를 파괴하였습니다.

한편 북괴군은 주로 유엔 공군의 폭격을 피하기 위해 야간에 공격을 감행하였으나, 6사단의 완강한 저항으로 실패하고 말았습니다.

「전쟁에서 나라를 위해 싸우다가 죽는 것을 조금도 두려워하지 않고 총탄에 맞고 쓰러져 죽어 가도 대한민국 만세라고 외치며 산화하신 전우들을 봤다. '억!' 하고 갈 때도 대한민국 만세를 불렀다. 그런 정신이 있었다. 낮에는 아군 고지, 밤에는 공산군 고지가 되었다. 실제로 육박전이라는 것이 다른 게 아니라 죽기 아니면 살기다. 레슬링 하는 식으로 끙끙 앓으면서 넘어뜨리고 받고 개머리판으로 치고, 수단 방법 가리지 않고 다했다. 캄캄한 밤에 나도 육박전을 했는데, 적군인지 아군인지를 머리카락으로 분간했는데 아군은 철모가 있었고 걔들은 까뭇까뭇한데 그걸로 더듬거려서 구분했다. 날이 밝아서 보면 일개 중대 병력이 반이나, 1/3이 남고 다 전사하거나 후송되었다.

밤에는 이렇게 전투를 하다가 사람이 죽어서 다 처치 못 하면 얕은 도로, 개울 이런 데로 풀로 쓱쓱 덮어버리고 그랬는데, 때로는 밤에 가다가 밟으면 상당히 물컹한 게 징그러웠다. 우리는 그때 강했다. 사람 썩는 냄새가 아주 지독했고 냄새가 나도, 식사를 받으면 정말 꿀맛이었다. 물 안 먹고도 꿀맛이라 잘 넘어갔다.」(김진원 증언)[71]

북괴군 8사단(소장 오백룡)은 신녕 지구에서 큰 타격을 받아 전투력을 거의 상실하고 전진도 하지 못한 채, 남아 있는 병력만으로 현 전선을 겨우 유지하기에만 급급하게 되었습니다.

6사단은 신녕 지구 전투를 통해 대구 외곽선을 끝까지 방어함으로써 대구를 우회공격하려는 적의 야욕을 수포로 돌아가게 하였습니다.

⑥ 낙동강 방어 전투의 성공 요인

낙동강 방어 작전은, 막강한 유엔 해·공군의 지원 아래 미 8군의 과감한 예비대 투입과 역습작전 수행이 가장 큰 성공 요인이었습니다. 7월 중 근접지원 출격 대수는 4,349대였고, 8월 중에는 7,028대

71) 「6.25 전쟁 증언록 Ⅱ」(대한민국 6.25 참전위원회, 2008), 50.

로 증가하여 1개 사단마다 일일 평균 40대의 지원을 받았는데, 이는 지상 최대의 작전이라고 불리던 노르망디 상륙작전 때 브래들리 집단군의 각 사단이 지원받았던 규모를 능가한 것이었습니다. 해군은 함포지원 외에도 증원 병력 수송, 북한군 해상보급로 차단 등 중요한 임무를 수행하였습니다.

또한 미 8군 사령관 워커 장군은 위급한 전선을 현장방문하고, 덜 위급한 부대에서 병력을 차출하여 돌파된 지역에 투입하는 과감한 역습을 통해, 마치 긴급히 출동해 불을 끄는 소방차와 같은 역할을 훌륭히 수행하였던 것입니다.

당시 지상군이 낙동강전선으로 철수했을 무렵, 하와이와 미 본토로부터 증원부대가 한국에 도착하기 시작하여 승리에 큰 기여를 하였습니다. 증원부대는 미 제 5연대 전투단, 미 제 2사단 제 9연대, 미 해병여단, 미 제 555야포대대, 제 89전차대대 등이며 병력도 보충되었습니다. 한미 연합군의 반격작전은 맥아더 장군의 인천상륙작전과 때를 같이하였습니다.

(4) 인천상륙작전(1950년 9월 15일)과 서울 수복(9월 28일)

인천상륙작전은 병력 75,000명과 함정 260척이 인천에 상륙하여 서울을 탈환하고, 북한군의 퇴로와 보급로를 차단하여, 낙동강 전선에서 총반격을 감행하여 적을 섬멸한다는 계획으로, 극심한 조수 간만의 차와 협소한 수로로 인해 병력, 탄약, 보급품의 운송이 어려운 악조건에도 불구하고 성공하여, 서울을 수복하고 한반도의 전세를 역전시킨 작전입니다.

① 맥아더 장군의 최초 구상

맥아더 장군(Douglas A. MacArthur: 1880.1.26.-1964.4.5.)이 인천상륙을 처음으로 머리에 그린 것은 서울이 함락된 직후인 1950년 6월 29일, 그가 전선 상황 파악을 위해 한강 방어선이 바라보이는 언덕에 서 있을 때였습니다. 맥아더는 서울 시가를 바라보면서 북한군의 주력을 수원(水原) 부근에서 막아 세우는 한편, 1개 사단을 인천(仁川)쪽으로 상륙시켜 적의 배후를 강타한다는 소규모 작전을 생각한 것입니다.[72)]

맥아더는 동경사령부로 돌아오자마자 참모장 알몬드 소장(후에 주한 미 10군단장)에게 작전계획수립을 지시했습니다. 이때 작전명은 '블루하트'로 D일(D-day)은 7월 22일이었으며, 출동부대는 미 제 1기병사단을 예정했습니다.[73)] 그러나 유엔군으로서 전선에 최초로 투입됐던 스미스 특수임무부대가 7월 5일 오산 북방에서 허무하게 무너지고 전황이 악화일로여서, 긴급하게 1기병사단의 1진을 일본의 요코하마에서 계획보다 앞서 7월 12-14일 출진시키고, 7월 18일 포항의 영일만에 상륙시켜야 했습니다. 전황이 불리해질수록 맥아더 장군은 북한군 후방을 강타할 수 있는 인천상륙작전의 필요성을 더욱 절감하게 되어, 9월 15일을 상륙 예정일로 하는 '크로마이트' (Chromite)작전 계획을 수립하였습니다. 출동부대는 미 본토에서 증원되어 오는 미 2보병사단과 1해병사단이었고 상륙지점은 인천이었습니다.

이때 미 합참에서는 상륙지점으로 인천 외에 군산이나 주문진을 내세웠으나 맥아더는 인천을 고집했습니다. 정치적, 심리적, 군사적 이익을 한꺼번에 해결할 수 있는 것은 인천뿐이라고 단정했기 때문

---

72) 「한국전쟁사 1권」, 265.

73) 「한국전쟁전투사 인천상륙작전」(국방부전사편찬위원회, 1983), 16.

입니다. 그러나 이번에도 낙동강 전선의 악화로 2사단을 부산에 먼저 보내야만 했습니다. 두 번째 차질이 발생했음에도 불구하고 맥아더는 신념을 굽히지 않고, 8월 12일 '**크로마이트 작전**'을 확정하였습니다. 이어 8월 16일 인천상륙부대로 **미 제 10군단**을 일본에서 창설했습니다. 군단장은 맥아더 동경 사령부의 **알몬드** 소장, 예하 부대는 **미 제 1해병사단, 미 제 7보병사단**, 그리고 **한국해병대**와 **한국육군 제 17연대**였습니다.

② 상륙 불가능한 인천 해안의 천연조건들

맥아더의 구상은 미 합참과 미 극동 해군의 심한 반발로 진통을 겪었습니다. 당시 논란의 핵심은 인천 해안의 천연 여건들이 모두 상륙하기에 적절하지 않다는 것이었습니다.

첫째, 구불구불하고 협소한 수로 때문입니다.

항구에 이르는 접근로가 협소하고 굴곡이 심할 경우 함대의 기동은 큰 제한을 받게 됩니다. 더구나 3-5노트(knot)의 해류가 흘러 최악의 조건이었습니다. 또 서해로부터 인천으로 접어드는 해상접근로에는 크고 작은 섬들과 암초 그리고 해저(海底)의 모래톱(사주, 砂洲)이나 갯벌이 많습니다. 그래서 인천으로 들어가려면 덕적도(德積島)와 영흥도(永興島) 사이에 있는 굴곡이 심하고 좁은 2개의 수로, 즉 서수도(西水道)와 동수도(東水道)라 일컫는 수로만 허용되었습니다. 그나마도 조류의 영향으로 중첩된 위험 때문에, 인천을 오가는 모든 선박들은 서수도보다 동수도를 주로 이용하게 됩니다.

둘째, 한정된 진입로 때문입니다.

인천항으로 향하는 서수도(西水道)와 동수도(東水道)는 인천으로의 길목을 확인시켜 주는 팔미도(八美島) 전방에서 합류합니다. 결국 거기서부터 넓은 갯벌 사이로 뻗은 인천항에 이르기까지의 약 15㎞(약 8마일) 사이에는 단 하나의 수로가 있을 뿐입니다. 수만 톤급 해군 대형 함정들이 이러한 좁은 진입로를 이용하는 것은 위험부담이 크기 마련입니다. 더구나 간만(干滿)에 따라 3-5노트(knot)의 조류가 가속 또는 감속하는 이 좁은 수로에서, 만약에 한두 척의 함선이라 도 좌초하거나 또는 침몰 당한다면 그 앞뒤의 함정들은 회전도 못 하고 기동 공간에 제한을 받아 꼼짝할 수 없는 상황에 빠지고 말 것입니다. 이러한 수로를 통해 함정들이 야간 운항을 한다는 것은, 지상 전투에서 흔히 말하는 '죽음의 계곡'을 통과하는 경우와 다를 바가 없는 것입니다.

셋째, 세계에서 두 번째 큰 인천의 조석차(潮汐差) 때문입니다.

상륙 함선들이 해안에 접안(接岸)하려면, LCVP·LCM 등의 상륙주정은 최소 7m, LST(전차상륙함)는 8.8m의 수심을 필요로 하는데, 조수 간만의 차가 세계에서 두 번째로 심하다(10.3m)는 인천의 경우에는 상륙 가능한 기간이 월 1회 정도로 길어야 3-4일, 그것도 만조 때뿐이었습니다. 바닷물의 높이가 상륙하기에 충분할 만큼 밀물이 꽉 들어차는 날은, 1950년 9월에는 단 한 번, 15일부터 18일 사이였습니다. 이 단 한 번의 때를 놓치고 나면 다시 10월 11일까지 기다려야만 했습니다. 9월 15일 만조 시간은 일출(日出) 45분 뒤인 06:59, 그리고 일몰(日沒) 37분 뒤인 19:19이었습니다. 실제로 상륙을 하는 데 쓸 수 있는 시간은 아침 3시간과 저녁 3시간뿐이었는데, 그나마도 오전의 만조 때로 상륙 시간을 잡고 작전을 준비하려면, 좁고 험난한 수로를 해군 함정들이 야간 기동으로 통과해야 한다는 어려움에 부딪혔습니다. 인천 해안은 세부적으로 검토하면 할수록 여러 가지가 걸림돌이 되었습니다.

넷째, 상륙 해안의 악조건 때문입니다.

인천에는 대형 함정들이 상륙하기에 적합한, 해안다운 곳이 없습니다. 인천 외항(外港)은 화력지원을 위한 대규모 함대가 정박하기 협소하고 대부대 병참지원에 필요한 하역 능력이 미흡했습니다. 그나마 정박할 수 있는 해안이라고 하면, 세 곳을 들 수가 있었는데, 실제 작전에서 적색·청색·녹색 해안으로 각각 지정되었습니다. 월미도 양편으로 멀리 분리되어 있는 적색과 청색 해안은 거리로도 약 4㎞가 되며, 그 사이에 있는 내항(內港)에는 내외의 두 갑거(閘渠)[74]에서 이어지는 수몰(水沒) 방파제와 월미도 사이의 좁은 관문을 통해서만 출입할 수 있었습니다. 적색 해안에서는 돌격상륙부대가 LCVP(상륙주정)로부터 높은 암벽을 기어오르기 위해 미리 준비했던 사다리를 사용해야만 했습니다. 청색 해안은 만조 때에도 그 수심이 낮기 때문에 상륙주정 운용상 제한을 받아 LVT(수륙 양용차)를 사용해야만 했는데, 염전 남쪽으로 이어지는 벌거숭이의 작은 야산과 암벽으로 이루어진 이 해안 역시 내륙 쪽으로 공장 지대가 가로놓여 있어서 출구가 제한되었습니다.

다섯째, 요새화된 월미도 때문입니다.

좁은 수로를 통과하여 가까스로 인천항에 접근하면 눈앞을 가로막는 월미도가 나타납니다. 인천 본토와 방파제로 연결된 이 월미도는 남쪽의 소(小)월미도와 이어져, 그 배후에 소규모의 내항(內港)을 형성합니다. 월미도는 당시 동굴화(洞窟化)된 무수한 포진지와 참호

---

74) 조수 간만의 차가 심한 항만에서 선거 내 수심을 일정하게 유지하고 선박이 입·출항할 수 있도록 수위를 조절하는 갑문과 갑실, 구동장치 등의 시설 총칭

들로 요새화되어 있었습니다. 만일 적의 포진지를 사전에 제압하지 못한다면 그 손실이 엄청날 것으로 예상되었습니다. 그러나 요새화된 적의 포진지들을 제압한다는 것이 쉽지 않은 데다, 사전 포격을 할 경우에는 적에게 쉽게 노출되어 상륙작전의 기습효과를 떨어뜨릴 수 있었습니다.

이렇게 너무나 까다로운 인천항의 악조건 때문에 "이왕이면 안전도가 높은 군산이나 아산만이 어떤가"라고 하며 맥아더의 재고를 촉구했던 것입니다. 8월 23일 오후 5시 30분, 동경에서 긴급회의가 소집됐을 때, 미 합참의장 오마 브래들리 장군이 급파한 콜린스 미 육군참모총장과 셔먼 미 해군참모총장, 미 해병대의 대표는 상륙지역을 인천으로 결정한 것은 절대 반대한다며 맥아더의 재고를 다시 촉구하였습니다. 맥아더는 끝까지 자신의 뜻을 굽히지 않고 장장 45분에 걸친 즉석연설로 대신했습니다.

"나는 우리 인류의 정의와 자유가 아직도 확고하다는 것을 믿습니다. 그리고 이 신념을 한국의 수도 서울에서 입증해 보이기 위해 이 모험을 단행하려는 것입니다. 북한군은 병참선이 과도하게 신장하여 서울에서 신속히 차단할 수 있으며, 모든 전투부대는 낙동강 일대에 투입되어 있어 서울 방어에 전력할 수 없어서 신속한 인천상륙작전으로 미 제 8군은 망치가, 제 10군단은 모루(철침)가 될 것입니다. 또한 북한군이 인천을 지리적 곤란성 때문에 상륙 불가능 지역으로 생각하고 있다는 점을 역이용하여 기습을 달성할 수 있습니다. 우리는 인천에 상륙해야만 합니다. 나는 적을 분쇄하고야 말겠습니다. 우리 장병 10만 명의 목숨을 살릴 수 있는 이 계획을 어찌 바꿀 수 있겠습니까."

회의 참석자들은 모두 숙연히 경청하였고, 마침내 8월 28일 미 합동참모본부가 이 계획을 승인하여 8월 30일 맥아더가 명령을 하달했으며, 상륙날짜(D일)를 9월 15일로 확정하였습니다. 그러나 대통령에게 완전히 승인되기까지는 또 다른 진통의 과정이 있었으며, 9월 9일 미 합참은 마침내 맥아더에게 손을 들어 주었습니다.[75] 맥아더는 명백히 상륙에 적합하지 않은 인천항의 천연조건들을 누구보다 잘 알고 있었으나, 그것이 오히려 기습의 성공을 약속해 주는 유리 한 조건이 된다고 하는 굳건한 확신에 초지일관 변함이 없었습니다.

그러나 인천상륙작전은 참으로 쉽지 않은 작전이었습니다. 미 제 1상륙전대의 함포 지원 장교 캡스 소령은 "우리는 생각해 낼만한 일체의 천연적·지리적 장애물 일람표를 작성했는데, 인천은 바로 그 모든 장애물들을 고루 갖추고 있었습니다."라는 말을 남겨, 인천상륙작전에 참가한 미 해군·해병 장교들의 고충을 극적으로 대변해 주 었습니다.

③ 기동부대 작전계획

인천상륙작전의 성공적인 수행을 위해 제 7합동상륙기동부대를 구성하고 제 7함대사령관 스트러블 중장을 사령관에 임명했습니다. 이 합동기동상륙부대는 90공격기동부대, 92공격기동부대를 포함해 임무별로 모두 7개 기동부대로 편성됐습니다.

• 제 90 기동부대	미 해군소장 **도일**
• 제 92 기동부대	제 10군단 미 육군소장 **알몬드**
• 제 91 봉쇄, 엄호부대	영 해군소장 **앤드류스**
• 제 99 초계, 정찰부대	미 해군소장 **핸더슨**
• 제 77 고속항모부대	미 해군소장 **어윈**

• 제 79 군수지원부대	미 해군대령 **오스틴**
• 제 70.1 기동부대	미 해군대령 **우드야드**

이 제 7합동상륙기동부대는 미 해군 함정을 비롯해 영국·캐나다·

75) 「한국전쟁사 제 1권」, 271.

호주·뉴질랜드·프랑스·네덜란드 등 총 260여 척의 함정으로 편성되었으며, 한국해군에서도 초계정(PC) 4척과 소해정(YMS) 7척 등이 참전했습니다. 제 7합동상륙기동부대의 작전명령은 9월 3일 하달됐는데, 이 계획의 골자는 다음과 같습니다.

"제 7합동상륙기동부대 기함(로체스터 호)의 통제 하에 해병사단 항공기, 미 공군기, 영국 공군기가 항공모함에서 최대의 항공지원을 제공한다. 상륙장소로부터 48㎞의 지역을 합동기동부대의 목표지역으로 한다. 해상작전단계에서 제 7합동상륙기동부대의 지휘소는 로체스터 호(USS Rochester), 도일 제독(Rear Adm. James H. Doyle; 90공격기동부대장)의 지휘소는 마운트 맥킨리(Mt. McKinley) 호에 둔다. 상륙해안은 월미도 북단, 인천북단 해안벽 지역, 인천남단 갯벌지역 등 3곳을 선정하고 이를 순서대로 **녹색해안, 적색해안, 청색해안**으로 명명한다. 상륙시간은 9월 15일 아침 만조시간 오전 6시 30분을 L시, 오후 만조시간 오후 5시 30분을 H시[76]로 한다."

공격개시 열흘 전부터 일 주일 동안 미 극동공군, 해군항공대, 해병항공대는 서울-인천 지역의 상공에서 제공권을 확보하고 적을 고립시켰습니다. 상륙공격 개시 사흘 전부터는 미 10군단 전술항공대가 모든 항공작전에 대한 지휘통제권을 이어받아, 목표지역에 대한 적의 통신연락 및 보급지원을 차단하는 동시에 상륙작전부대에 대한 근접화력지원을 실시했습니다.

그리고 미 해병대 1사단을 상륙돌격부대로 하여 인천항에 상륙, 인천항만과 해안두보(海岸頭堡)를 확보하고, 김포비행장 확보, 그리

76) H시(H-hour)란 일반적으로 D일(D-day)의 공격개시 시간을 나타내는데 쓰인다. 그리고 이 H시는 계획수립 단계에서 일단 정해지지만, 상륙작전 부대들이 목표지역에 도착한 뒤 공격부대 사령관에 의해 확정되기까지는 '잠정H시'로 간주된다(「한국전쟁 전투사 인천상륙작전」, 79.).

고 한강 도하 및 서울 탈환에 대한 계획을 세웠습니다.

④ 덕적도·영흥도 상륙작전(1950년 8월 18일-9월 14일)

인천상륙작전의 전초전으로 도서(島嶼: 크고 작은 온갖 섬) 거점을 확보하고 유엔 상륙기동함대의 인천수로 안전항해를 보장하기 위하여, 한국 해군함정(701, 702, 704, 513, 301, 307, 309, 310, 313)의 함포지원 아래 이들 함정 승조원으로 편성된 육전중대(중위 장근섭)가 단독 상륙작전을 감행하여, 1950년 8월 18일 **덕적도**, 8월 20일 **영흥도**를 탈환하였습니다.

그리고 8월 23일에는 함정요원으로 편성된 육전중대 요원들이 인천상륙작전에 참가하기 위해 함정으로 복귀함에 따라, 해군 어청도 이동기지 육전대(병조장 한봉규)가 영흥도에 상륙하여 청년 의용대를 조직하고 도내 치안을 확보하던 중, 9월 14일 저녁 선재도로부터 기습 상륙한 북한군 1개 대대병력과 치열한 공방전 끝에 이를 격퇴시키고 영흥도를 사수하였습니다.

이처럼 해병대가 아닌 해군함정 요원들이 단독상륙작전을 통해 북한군 치하의 영흥도를 확보함으로써, 8월 24일 상륙한 **한국 해군 첩보팀**(소령 함명수)과 9월 1일 상륙한 **미 극동군 첩보팀**(클라크 해군 대위)의 상호 유기적인 협조 하에 영흥도를 거점으로, 인천 접근 수로정보와 경인지역의 적정 등 첩보를 수집 제공함으로써, 인천상륙작전이 성공하는 데 공헌하였습니다.

또한 KLO 부대의 최규봉 부대장 등에 의해서 밝혀진 **팔미도 등댓불**은 제 7합동상륙기동부대 함정들이 인천해역에 진입하는 데 중요한 역할을 하였습니다.

⑤ 9월 14일까지 인천으로 집결

상륙일자가 다가오자 제 7합동상륙기동부대는 **부산**, 일본의 **사세보**, **고베**, **요코하마**에서 상륙군을 승선시키기 시작하여 9월 11일부터 인천을 향해 출항하였습니다.

제 7합동상륙기동부대 사령관 스트러블 중장이 승선한 기함 **로체스터 호**는 9월 12일 사세보에서 출항하였고, 맥아더 장군은 10군단장 알몬드 소장과 그의 작전참모 라이트 준장, 태평양함대 해병사령관 세퍼드 중장 등과 같이, 90공격기동부대 사령관 도일 해군소장의 기함인 **마운트 맥킨리 호**에 승선하여 이날 밤 사세보항을 출항하였습니다. **미 1해병사단**은 고베에서 9월 11일에, **미 육군 7사단**은 요코하마에서 9월 11일에, **미 5해병연대**와 **한국해병대**는 9월 12일에 부산항을 출발하여, 모든 함정들이 9월 14일까지 서해 중부 해상의 약정된 집결지인 덕적도 근해(Point California)에 집결하였습니다.

한편, 인천상륙작전은 작전을 시행하기 전에 여러 가지 기만전술을 사용함으로써 기습에 필요한 여건을 조성했습니다. 미국 매스컴에서도 10월 이후에 반격이 개시되고 그와 동시에 인천으로 상륙작전을 할 것 같다고 보도했습니다. 이렇게 10월 이후에 한다는 것을 강조함으로써 9월 15일이라는 상륙일을 기밀로 하고, "인천이 아니다."라는 인상을 주어, 북한으로 하여금 "인천은 양동작전이고 주상륙은 군산으로 할 것이다."라는 오판을 하게 만들었습니다. 또한 미 해병 5연대가 부산에 집결해 상륙작전을 준비하는 동안 군산을 모델로 예행연습을 함으로써, 아군에게까지도 "상륙지점은 군산이다."라는 인상을 심어 주었으며, 9월 14일 군산 해안 주변의 주민들을 철수토록 종용하는 전단을 살포하고 군산 주위 50㎞ 이내 지역에 항공 폭격을 가했습니다.

⑥ 제 1단계: 월미도 상륙작전(녹색해안)

인천의 관문 월미도(月尾島)는 해발 105m, 넓이 0.6㎢의 작은 섬으로 인천부두와는 약 600m의 둑으로 이어져 인천의 울타리와 같은 역할을 하고 있었습니다. 따라서 이 섬의 확보는 인천상륙작전의 성패를 좌우하는 중요 사항이었습니다. 월미도에 대한 공격준비 사격은 9월 10일 해병대의 전투기 공격으로 시작되어 기동함대의 해군기가 공격을 계속하였고, 13일부터는 각종 함포의 사격으로 북한군의 방어력을 약화시켰습니다.

9월 15일 자정, 미 해병 5연대 3대대는 상륙명령이 떨어지자 17척의 상륙주정에 분승하여 10대의 전차와 함께 새벽 02:30에 수로를 따라 진격하였습니다. 뒤이어 함포지원부대 19척이 월미도 가까이 진격하였습니다.

새벽 05:45 항공모함에서 출격한 해군기가 목표를 강타하고 이어서 순양함과 구축함들이 공격준비를 위한 함포 사격을 집중하는 동안, 3대대 1파가 06:33 녹색해안에 전차 10대와 같이 상륙하였습니다. 월미도 일대의 북한군은 소련제 76㎜포로 장비된 제 918해안포연대의 2대대 및 제 226연대의 예하부대였습니다. 이들은 이미 아군의 항공·함포 사격으로 거의 궤멸하여, 상륙부대의 상륙 시에는 일부만 남아 저항했을 뿐입니다. 3대대는 새벽 06:55 월미도 정상에 성조기를 꽂았고, 오전 08:00에 월미도를 완전히 장악하고 오전 11:15에는 G중대가 소(小)월미도까지 탈환하였습니다.

즉시 미 공병대가 부교를 가설하고 장비와 병력이 신속하게 상륙하였으나, 1시간도 못 되어 바닷물이 빠져나가 함대도 바닷물과 함께 밀려나가고 말았습니다. 오후 해질 무렵 다시 물이 차기까지 월미도에 상륙한 해병 3대대는, 북한군이 공격해 올까봐 숨이 멎을 것 같은 긴장 속에서 속수무책으로 기다려야 했습니다. 다행히도 오후

4시 물이 들어올 때까지 총알 한 발 쏘는 북한군이 없었습니다.

월미도 상륙작전 시 총 피해는 부상자 17명뿐이었고, 적군은 사살 108명, 포로 136명이었으며, 150여 명이 매몰된 것으로 추정됩니다. 136명의 포로는 3일간에 걸친 유엔군의 포격 소리를 견디다 못해 벙커 속에서 대부분 정신착란증에 걸려 있었습니다.

⑦ 제 2단계: 인천항 상륙작전(적색해안, 청색해안)

9월 15일 16:45 미 5해병연대와 1해병연대의 6개 대대가 만조가 시작되면서, 적색해안과 청색해안에 접근하기 시작했습니다.

· 적색해안(red beach) 상륙

한국 해병대 3대대를 배속 받은 미 5해병연대 1, 2대대는 상륙주정(LCVP)에 탑승하여 상륙돌격을 개시, 1파(LCVP 8척)가 17:33에 적색해안에 상륙을 시작하여 20:00까지 주어진 목표를 확보하였습니다. 상륙하는 동안 밀물이 점점 불어 가고 있었으나 해안 벽이 상륙주정(LCVP) 램프보다는 1m 이상 높아 사다리를 놓고 해안 벽을 넘었습니다. 당시 해병대의 용감무쌍한 모습에 대하여 「한국전쟁 제 6권」, (일본 육전사 연구보급회편, 1986), 145쪽에 실린 감동적인 실화 한 편을 소개해 봅니다.

「제 5해병연대 1대대 A중대 3소대가 상륙한 곳은 북괴군의 암벽진지 한가운데였다. 소대가 암벽으로 뛰어 올라가자 백병전이 전개되었다. 돌담에서 얼굴을 내민 해병대원은 저격을 당했으며 소대장 로페스 소위가 수류탄을 투척하려던 순간 적의 기관총탄이 어깨와 오른쪽 가슴을 관통했다. 옆으로 넘어진 소위의 손으로부터 수류탄이 굴러 떨어졌다. 참호 내에는 부하들이 가득 있었다. 소위는 '수류탄이다!'라고 외치면서 대피

별지 4 인천상륙작전(1950년 9월 15일)

맥아더 장군(Douglas A. MacArthur: 1880.1.26－1964.4.5)이 서울이 북한군에 함락된 직후인 1950년 6월 29일에 처음 구상한, 병력 75,000명과 함정 260척이 인천에 상륙하여 서울을 탈환하고, 북한군의 퇴로와 보급로를 차단, 낙동강 전선에서 총 반격을 감행하여 적을 섬멸한다는 계획으로, 극심한 조수 간만의 차와 협소한 수로로 인하여 병력, 탄약, 보급품의 운송이 어려운 악조건에도 불구하고 기적적으로 성공하여 서울을 수복하고 한반도의 전세를 역전시킨 작전이다.

1950년 9월 15일 **새벽 6시 30분(만조 시간)**, 선두공격단 미 해병 5연대 3대대 월미도 상륙
오후 5시 30분, 미 해병 1연대, 5연대 인천 상륙
오후 6시, 한국해병대 미 해병 5연대와 인천 상륙
9월 16일 오후 9시, 병력 약 15,000명, 차량 1,500대, 군수물자 1,200톤 양륙
9월 18일, 미 제 7사단 32연대 인천 상륙, 병력 53,883명, 차량 6,623대, 군수물자 25,512톤 양륙
9월 19일, 미 제 7사단 31연대 인천 상륙
9월 21일, 미 제 7해병대 인천 상륙
9월 24일, 한국군 제 17연대 인천 상륙
9월 28일, 서울 수복

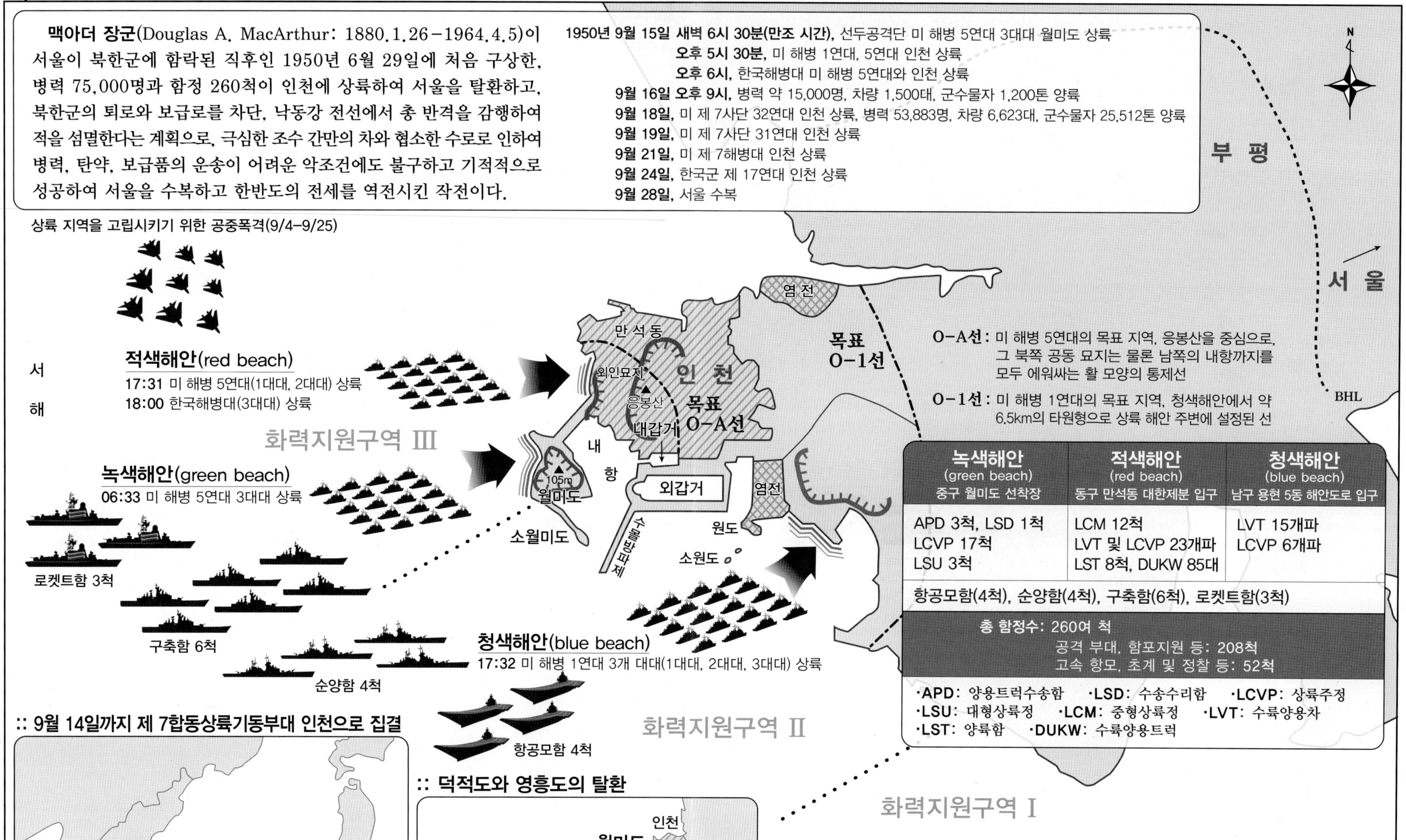

녹색해안 (green beach) 중구 월미도 선착장	적색해안 (red beach) 동구 만석동 대한제분 입구	청색해안 (blue beach) 남구 용현 5동 해안도로 입구
APD 3척, LSD 1척 LCVP 17척 LSU 3척	LCM 12척 LVT 및 LCVP 23개파 LST 8척, DUKW 85대	LVT 15개파 LCVP 6개파
항공모함(4척), 순양함(4척), 구축함(6척), 로켓트함(3척)		
총 함정수: 260여 척 공격 부대, 함포지원 등: 208척 고속 항모, 초계 및 정찰 등: 52척		

·APD: 양용트럭수송함 ·LSD: 수송수리함 ·LCVP: 상륙주정
·LSU: 대형상륙정 ·LCM: 중형상륙정 ·LVT: 수륙양용차
·LST: 양륙함 ·DUKW: 수륙양용트럭

:: 9월 14일까지 제 7합동상륙기동부대 인천으로 집결

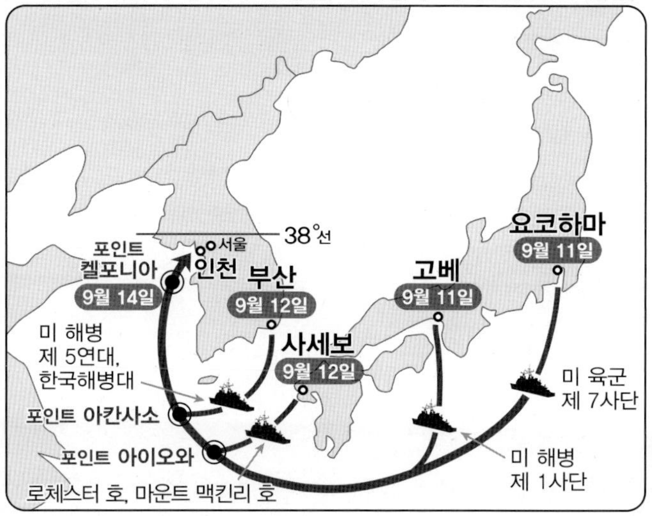

:: 덕적도와 영흥도의 탈환

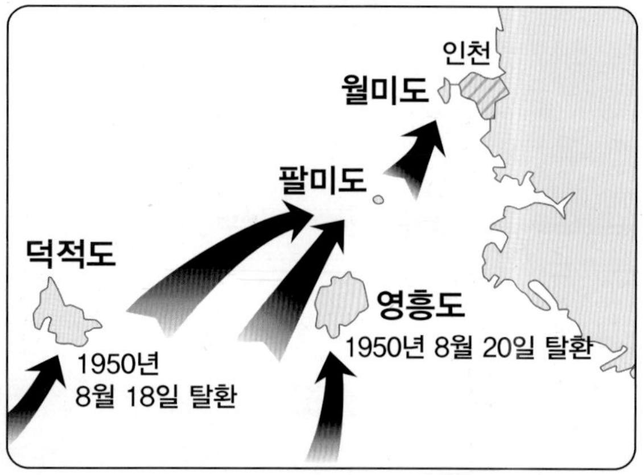

:: 범 례 ::

- - - - - - : 해두보(BHL) 선
— · — · — : 공격 목표선
· · · · · · : 화력지원구역 구획선
(부호) : 인민군 인천경비여단
(부호) : 미 해병 . 한국해병 상륙지점
(부호) : 공격방향
(부호) : 인천시
(부호) : 염전
▲ : 주요 고지

[참고문헌] •국방부 군사편찬연구소,「한국전쟁전투사 인천상륙작전」(1983) •국방부 군사편찬연구소,「6·25전쟁사 1 전쟁의 배경과 원인」(2004)

할 것을 지시했으나 참호위로는 적의 기관총탄이 날아와서 피하려고 해도 피할 수 없었다. 로페스 소위는 다시 수류탄을 잡고 던지려 했으나 손이 말을 듣지 않았다. 결심한 소위는 수류탄 쪽으로 기어가서 팔뚝으로 수류탄을 끌어 당겼다. 그 순간 수류탄은 폭발하고 소위는 풍비 박산이 되어 버렸다. 그러나 부하들은 무사했다. 소대장의 영웅적이고도 극적인 행동에 감동한 소대는 많은 피해를 입으면서도 목전의 적을 격파했다.」

· 청색해안(blue beach) 상륙

미 1해병연대의 상륙장갑차에 탑승하여 상륙돌격을 개시, 제 1파(LVT 9척)가 17:32에 청색해안에 상륙을 시작으로 16일 01:30까지 주어진 목표를 확보하였습니다. 이 작전에서 상륙돌격부대의 피해는 전사 21명, 부상 174명이었고, 인민군 포로 300여 명을 생포하였습니다.

9월 16일 한국 해병대 3대대는 15일 저녁 8시 적색해안에 후속 상륙하여 인천 시가지에 가로놓인 경인철도를 경계로 그 남쪽의 응봉산 일대와 도심지역의 적을 소탕하였고, 그 외곽 즉 경인철도 북쪽의 공장지대를 1대대가 담당하였습니다. 16일 밤까지 상륙부대들은 해안두보선(BHL)에 진출했습니다.

9월 17일 작전지역 소탕작전을 병행하면서 미 1해병사단은 북방과 동방으로 분진(奮進)하고 있었습니다. 미 5해병연대는 **김포비행장** 전방에서 인민군과의 치열한 교전 끝에 김포비행장을 19:00에 점령하여 한강 서남안에 도착하였고, 동진(東進)부대는 소사에 돌입하였습니다. 인천을 방어하던 북한군의 주력은 서울 방면으로 도주하였습니다.

9월 18일 북한군의 치열한 저항을 물리치고 21:40 북한군 200여

명을 사살하면서 행주산성을 점령하였습니다. 인민군 18사단 22연대가 뒤늦게 왜관에서 북상하여 구로와 영등포에서 저항하였으나 300여 명의 사상자를 남기고 도망쳤으며, 인민군 9사단 87연대가 영등포 방어를 위해 김천에서 9월 20일 도착하였으나 미 1해병연대의 공격에 도망치기 시작하였습니다.

김포비행장이 사용되기 시작하여 매일 400톤의 군수물자가 착륙하였고, 미 10군단의 후속부대 미 7사단 32연대는 인천에 상륙하고 나서 동·남방으로 전진을 계속하여 영등포 우측을 공격, 안양과 수원 사이의 국도를 장악하였습니다.

9월 18일 미 해병대가 김포비행장과 구로를 점령하고 영등포에 육박하자, 김일성은 만일 미군이 영등포역을 점령하면 북한군의 모든 보급이 중단되어 낙동강 전선에서 싸울 수 없다고 판단, 김책 전선 사령관에게 '부대를 금강과 소백산까지 후퇴시키라'고 명령하였습니다.

⑧ 서울 수복작전

9월 19일 인천에 대규모 상륙이 성공적으로 이루어져 해두보 확보를 마친 미 10군단은, 미 해병1사단에 서울 공격을 명령하였습니다. 인천에서 불과 32㎞밖에 떨어지지 않은 수도 서울을 되찾는 것은 시간 문제였습니다. 김포지구의 미 5해병연대는 즉시 적절한 도하지점을 선정하여 한강도하를 준비하고, 1해병연대는 영등포이남 지역에 대한 작전책임을 미 7사단에 인계한 후 한강선으로 진출하여 도하준비를 서두르도록 명령하였고, 북한군은 낙동강 전체 전선에서 흔들 리기 시작하였습니다.

급기야 9월 23일, 인민군 13개 사단이 완전히 붕괴되기 시작하여, 인민군 총사령부에서 '북한군은 총퇴각하라'는 명령이 내려졌고, 인민군 병사들은 미군이 인천에 상륙하여 영등포까지 왔다는 소문을 듣고 싸울 의욕을 잃었습니다.

9월 27일 새벽 6시 10분 중앙청에 북한 인공기가 내려지고, 우리 해병대 2대대 6중대 1소대장 박정모 소위, 양병수 일등병, 최국방 견습 해병 등 세 용사가 감격의 태극기를 게양하였습니다.

9월 28일 아침, 미 제7해병연대 2대대는 인왕산의 북쪽 능선 일대를 비롯한 최종 목표점을 완전히 확보하였고, 수원 남쪽 오산에서 인천에 상륙한 10군단과 낙동강에서 추격 북상한 미 8군과의 연결이 이루어지자, 북한군의 조직적 저항이 끝나 서울을 완전히 수복하였습니다. 총격전이 한 차례씩 스쳐 간 거리에는 어느 사이엔가 시민들이 뛰어나왔습니다. 서울 수복의 소식은 전파를 타고 방방곡곡으로 퍼져, 부산 거리에는 특호 활자로 인쇄된 호외가 뿌려지고, 역전 광장에서는 수도 탈환을 축하하는 시민대회가 열렸습니다. 그리고 만세의 함성이 우렁차게 울려 퍼졌습니다. 그러나 서울 거리에는 부모, 형제, 가재(家財)를 잃고 통곡하거나 탄식의 눈물을 흘리는 시민들도 많이 있었습니다.

9월 26일 영등포에 임시로 사무소를 마련했던 이기붕 서울시장은, 9월 28일 시청으로 자리를 옮겨 구호 및 복구사업을 본격적으로 시작하였습니다.

※ 이상 인천상륙작전 관련 내용은 국방부 군사편찬연구소에서 발간한 「한국전쟁전투사 인천상륙작전」(1983년)을 참고로 정리한 것입니다.

⑨ 인천상륙작전 결과

인천상륙작전 시 아군의 손실은, 인천으로부터 서울에 이르는 동안 가장 격렬한 전투를 치렀던 미 1해병사단이 전사 415명, 부상 2,029명, 실종 6명으로 가장 컸고, 그 다음으로 한국 해병대가 전사 97명, 부상 300여 명, 그리고 실종 16명이었으며, 미 7사단 32연대는 전사 66명, 부상 272명, 실종 47명이었습니다. 따라서 국군과 유엔군의 총 손실은 약 4,000여 명 정도였고, 이에 비해 북한군이 직접적으로 입은 손실은 사살이 14,000여 명, 포로 7,000여 명, 전차 손실 50여 대였습니다. 만약 인천에 상륙작전을 실시하지 않고 지상으로 반격작전을 수행하였다면 양 군 합쳐 약 10만 명의 피해가 있었을 것입니다.

성공률 5천 분의 1이라고 모두가 반대했던 맥아더 장군의 인천상륙작전이 성공리에 끝나고 서울이 수복되던 당시, 국군과 서울 시민, 그리고 낙동강 방어선에 있던 국군과 유엔군은 그저 놀라운 감격과 흥분 그 자체였습니다. 인천상륙작전의 시작과 진행, 그리고 작전의 성공은 사람의 지혜와 노력으로는 도저히 해낼 수 없는 것이었습니다. 위기의 순간마다 하나님의 크신 도움의 손길이 함께하였습니다. 큰 위기의 순간을 넘길 수 있게 된 결정적인 사건들은 다음과 같습니다.

첫째, 9월 12일(인천상륙작전 3일 전) 영천을 탈환하였습니다.

국군 2군단은 상륙작전 3일 전 9월 12일, 빼앗겼던 영천을 탈환하여 한국을 위기에서 지켜 냈습니다. 영천을 빼앗기면 곧바로 경주와 오천 비행장을 자동적으로 내어주게 되고, 그렇게 되면 미 전폭기가 뜨지 못하고 군수품도 보급되지 못하여 미군의 작전수행이 불가능해집니다. 뿐만 아니라 현풍, 영산, 마산, 안강, 포항이 동시에 붕괴되어 부산으로 후퇴할 수밖에 없으므로, 마지막 보루와 같은 곳이 바로 영천이었습니다.

맥아더 장군은 국군이 영천을 탈환하지 못하면 인천상륙에 성공해도 북진하기가 어렵다고 판단하여 고민하고 있었습니다. 그러나 9월 12일 워커 장군으로부터 영천 탈환의 소식을 듣고 자신감을 가졌습니다. 그래서 영천을 탈환한 그 즉시 인천상륙작전은 예정된 일정대로 빠짐없이 추진되었습니다.

둘째, 9월 13일(인천상륙작전 2일 전), 김일성은 인천방어 인민군 제 18사단을 낙동강 전선의 왜관으로 이동 투입하였습니다.

인천상륙작전의 구상은, 북한 인민군의 모든 전투역량이 낙동강 전선에 집중되어 인천에 대한 적의 방어 능력이 극히 미약해지거나 적의 증원이 없을 것이라는 가정을 전제로 한 것이었으나 실제로 이러한 모든 가정이 적중하리라는 보장은 없었습니다.

그런데 다행스럽게도 당시 인민군은 인천의 지형이 상륙 불가능하다는 생각에서 방어시설을 마련하지 않고 있었습니다. 1950년 9월 초 군사 원조를 얻기 위해 김일성이 모택동을 만났을 때 모택동이 "맥아더의 전략 성향상 필히 인민군의 보급로를 차단할 구상을 할 것이며, 이를 위해 9월경에 인천에 상륙할 가능성이 많다. 인천방어를 튼튼히 하는 것이 좋다."라고 조언해 주었습니다. 그러나 김일성은 모택동의 조언을 소홀히 여겼습니다. 그래서 유엔군 군함 260척이 인천상륙작전을 위해 일본 항구를 떠나 남해 앞바다 물결을 거세게 가르며 한참 통과하고 있을 때, 김일성은 후방 쪽 방어를 소홀히 하고 인민군 18사단, 9사단 87연대, 독립 849전차연대를 왜관과 낙동강 전선으로 투입한 것입니다. 그는 9월 5일 5차 작전을 명령하면서 낙동강 전선(포항, 안강, 영천, 다부동, 왜관, 현풍, 영산, 마산) 중 어떤 지역이든지 한 곳이라도 돌파구가 생기면 곧바로 포항 및 오천비행장, 그리고 경주와 부산으로 돌진하여 대한민국을 단숨에 삼킬 수 있다는 자신감에 넘쳐 있었습니다.

그러나 김일성의 예상과 달리 미 해병과 국군 해병이 월미도에 상륙하였고, 인천에는 유엔군의 인천상륙부대를 저지할 인민군 부대가 없어 인천상륙작전이 성공하고 인민군은 참패하고 말았습니다. 뒤늦게 달려와 방어했으나 미 해·공군의 철의 탄막에 막혀 낮에는 꼼짝할 수 없었습니다.

실로 한국전쟁의 흐름을 한순간에 뒤집어 놓았던 인천상륙작전은, 유엔 총사령관 맥아더 장군의 역작(力作)이라고 아니할 수 없습니다. 하나의 작전이, 그 구상과 계획과 준비와 실행의 모든 과정에서 지휘관 한 사람의 역할과 지도력에 이처럼 결정적으로 의존했던 경우를 근현대 전쟁사 속에서 두 번 다시 찾아보기가 어렵습니다. 만일 당시 우리나라에 미국과 같은 우방이 없었다면, 그리고 맥아더와 같이 지략 있고 대담한 전쟁영웅을 만나지 못했다면, 당시 낙동강 전선의 아슬아슬한 위기 속에서 우리나라는 북한 인민군 앞에 무릎을 꿇을 수밖에 없었을 것이고, 지금의 대한민국도 존재할 수 없었을 것입니다.

한편 부산 점령만을 목표로 맹공격을 실시했던 북한은 유엔군의 인천상륙작전과 반격으로 **'구름이 흩어지고 안개가 사라지는 것'**(아사히 신문)같이 사방으로 후퇴를 거듭하였습니다. 인천상륙작전 이후 유엔군이 38도선에 이르렀을 당시 북한군은 급격히 붕괴되고 말았습니다. 38도선 이북으로 철수한 사람이 2만 5천-3만 명, 게릴라가 1-2만 명, 포로가 12,777명, 부대이탈 및 귀향(의용군)이 4만-4만 3천 명이었습니다.[77]

⑩ 중앙청의 서울 수복 기념 환도식

9월 29일 정각 12시, 서울 수복을 기념하는 환도식이 중앙청(中央廳) 내부 국회의사당에서 거행되었습니다. 환도 소식이 전해지자 서울의 시민들은 손에 태극기를 들고 거리로 나왔습니다. 그러나 이날도 서울의 북동쪽 전선에서는 새벽부터 역습하며 공격하는 적과 미 해병들 사이에 전투가 벌어졌습니다. 또한 다른 미 해병들은, 이날의 역사적인 행사가 거행될 중앙청 일대와 한강-중앙청 사이의 도로 연변 경비도 담당해야만 했습니다.

홀 중앙의 단상에 나와 선 맥아더 장군은 식 진행을 위한 별도의 사회자 없이 손수 식을 이끌어 나갔습니다.

"대통령 각하, 자비로우신 하나님의 가호 아래 인간 규범에 합당한, 위대한 희망과 영감(靈感)을 안고 싸운 우리 유엔군 부대들은 마침내 이 유서 깊은 한국의 수도를 해방시켰습니다."

수도 서울의 기능과 권한을 한국 정부에 돌려준다는 요지를 담은 맥아더 장군의 연설은 간결하면서도 감격적이었습니다. 순간의 고요가 흐른 뒤 하나님께 감사하는 마음으로 맥아더 장군이 주기도문을 암송하기 시작하자, 좌중의 인사들도 모두 맥아더 장군과 한마음이 되었습니다. 누구보다 감동이 남달랐을 이승만 대통령은 단상에 나와 한동안 말을 제대로 잇지 못하였습니다. 대통령은 맥아더 장군과 다른 제복의 참석자들을 둘러보면서 UN군의 노고에 대한 사의(謝意)를 표명하고, 맥아더 장군에게 태극무공훈장을 수여하였습니다.[78)]

---

77) 육군대학전사연구실, 「6·25전쟁 다 하지 못한 이야기들」 (2011, 육군본부), 110.
78) 「한국전쟁전투사 인천상륙작전」, 334-335.

⑪ 후퇴하는 인민군들의 양민 학살과 납치 만행

서울 유지가 곤란하다고 생각한 북한 공산당은 이북으로 후퇴하기 전 남한 내의 반공투사를 숙청하고(사상자 약 20,500명), 약 83,000명의 유능한 인재들(선생, 기술자, 예술인 등)을 강제로 끌고 갔으며, 시설, 물자 등을 완전히 파괴하는 등 서울을 초토화하였습니다. 북으로 올라갈 때는 북측이 특정 인물을 지목해서 의도적으로 납치하여 갔습니다. 대한민국 통계연감 자료에 의하면, 9·28서울수복 당시 강제로 납치된 양민이 약 83,000명입니다.

당시 서울에서 북한으로 넘어가려면 미아리 고개를(현재 서울 미아리) 넘어야 했습니다. 그때 미아리 고개에서 많은 양민들이 학살을 당하고, 서울 사수를 위한 치열한 전투로 수많은 국군이 희생당했습니다. 특히 9·28수복 당시에는 가족들끼리 생이별하는 한 많은 장소가 되었는데, 그때의 처절한 시대 상황을 담아 노래한 것이 「단장(斷腸)의 미아리 고개」(작사: 반야월, 작곡: 이재호)입니다.

1절) 미아리 눈물 고개 님이 떠난 이별 고개
화약 연기 앞을 가려 눈 못 뜨고 헤매일 때
당신은 철사줄로 두 손 꼭꼭 묶인 채로
뒤돌아보고 또 돌아보고 맨발로 절며 절며
끌려가신 이 고개여 한 많은 미아리 고개

[대사]
여보! 당신은 지금 어디에서 무엇을 하고 계십니까?
잊으려야 잊을 수 없었던 그때 그날
나는 당신이 떠나시는 모습을 뒤로한 채
어린 것을 등에 업고 폐허가 된 거리를 헤매면서
한없이 흐르는 눈물로 어린 것의 두 뺨을 적시곤 했답니다.
여보! 우리는 왜 한 핏줄이요 한 형제이거늘

왜 서로가 서로를 미워하고 서로를 증오해야만 한단 말입니까?
우리들의 젊은 날들은 아픔과 고통으로 얼룩진 채
이젠 백발이 되었어요.
여보! 제발 백발이 되었더래도 좋으니 꼭 살아만 계세요.
머지않아 우리 민족이 서로 만나 한 자리에 모이는 날
우리는 서로를 얼싸안고 마음껏 자유를 외치면서
행복하게 살 날을 다짐하면서
다시는 이 땅 위에 우리와 같은 비극이 없기를
하늘을 우러러 간절히 빌겠어요. 여보!

2절) 아빠를 그리다가 어린 것은 잠이 들고
동지 섣달 기나긴 밤 북풍한설 몰아칠 때
당신은 감옥살이 그 얼마나 고생을 하오
십 년이 가도 백 년이 가도 살아만 돌아오소
울고 넘던 이 고개여 한 많은 미아리 고개

구구절절 전쟁으로 인한 처절한 아픔과 통곡이 서려 있습니다. 미아리 고개는 창자가 끊어질 듯 심한 슬픔과 괴로움으로 탄식하는 피눈물의 고개였습니다. 가사 그대로 이별 고개요, 한 많은 고개였습니다. 납북자 중 남자가 98.2%이고, 연령대는 85%가 10대 후반부터 35세 사이인 것을 볼 때 '남편과 아내의 생이별' 혹은 '부모와 자식 간의 생이별'이 얼마나 많았던가를 짐작하게 됩니다. 화약 연기 속에 미아리 고개를 넘으면서 노랫말 그대로 '철사 줄로 두 손 꼭 꼭 묶인 채로 뒤돌아보고 또 돌아보고' 끌려가는 남편, 자식과 생이별을 해야 했습니다. 제목에 있는 '단장(斷腸)'이라는 말만 보아도, 비참했던 전쟁으로 인한 생이별이 창자가 다 찢어지고 끊어지도록 너무도 고통스럽고 너무도 서러웠음을 느낄 수 있습니다.

한편 이 노래는 가수이자 작사가인 반야월 씨가 피난길에서 돌아와 쓴 곡이라고 합니다. 반야월 씨는 6·25전쟁의 북새통에 헤어졌던 아내와 9·28서울 수복 때 극적으로 다시 만나게 되는데, 4살짜리 딸 수라는 오랜 굶주림을 더 이상 버티지 못하고 미아리 고개를 넘어오다 애처롭게 죽었다는 소식을 접한 것입니다. 전쟁 통에 죽 한 그릇 제대로 먹지 못하고 비명에 간 딸, 수라의 마지막 모습을 그려 보며 비통한 마음을 함께 담은 것입니다. '단장의 미아리 고개'는 들을 때마다, 6·25라는 전쟁의 비극 속에 우리 아들과 딸, 부모, 부부, 형제와의 생이별의 아픔이 느껴져 숙연해집니다.

당시 이북으로 끌려간 '전시 납북자들'은 지금까지 단 한 명도 공식적으로 송환된 적이 없습니다. 살아 돌아오기만을 밤마다 눈물짓고 어린 자식과 함께 기다린 아내와 부모의 애달픈 마음은 아랑곳없이 영영히 돌아오지 않았습니다.

(5) 38선 넘어 북진(10월 1일), 압록강 초산 도착(10월 26일)

맥아더의 인천상륙작전으로 경북 영천과 신녕에서 국군 8사단과 6사단이, 경북 칠곡의 다부동에서는 국군 1사단이 반격하는 등, 한국전은 모든 전선에서 역전하여 활기를 띠기 시작했습니다. 국군 3사단은 9월 23일 동해안 홍해 북쪽을 탈환하였고, 9월 24일 강구에 도착, 9월 26일 평해 탈환, 9월 27일 울진, 9월 28일 삼척, 9월 30일 오후 8시 국군 3사단 23연대는 주문진 38선까지 진격하였습니다. 10월 1일 38선을 넘어 양양 앞 고지를 점령함으로, 15일 만에 포항에서 38선까지 도착하였습니다.

퇴로를 차단당한 북한군은 산악 지대의 38도선을 넘었고(약 3만 명 추정), 미처 38도선을 넘지 못한 대다수의 북한군 패잔병은 지리산, 태백산 일대로 잠입하여 게릴라(일명 빨치산)로 남아, 1951년 초 백선엽이 이끄는 부대에 의해 진압될 때까지 비정규전을 수행하게 됩니다. 이때 장병들은 38선을 넘자고 아우성이었고, 이승만 대통령도 정일권 총참모장에게 38선을 넘어 북진하라고 명령하였습니다. 이 대통령은 이번 기회에 기필코 통일을 달성해야 한다는 국민의 여망에 따라, 이것은 주권국가의 합법적 권한이라며 지체 없이 북진을 독려했던 것입니다. 38선 돌파 시에 일어날 전쟁 확대 등의 위험성을 우려하는 목소리가 컸으나 "여기는 그들 한국군의 나라요. 내가 명령을 내리지 않아도 우리 한국군은 북진할 것입니다"라며, 대통령의 의지는 조금도 꺾이지 않았습니다. 마침내 1950년 10월 1일, 국군 3사단(사단장 이종찬 장군) 23연대 3대대장 허형순 소령은 38선을 넘어 양양 앞 고지를 점령하였습니다. 그래서 10월 1일은 남침한 북한을 국군이 반격한 끝에 38선을 돌파한 날로서, 우리나라 '국군의 날'로 제정되었습니다.

국군 1사단은 공격을 멈추지 않고 놀라운 속도로(1일 평균 25㎞) 북진하여 1950년 10월 19일 14시, 드디어 평양을 점령하였습니다. 그리고 10월 30일, 평양 시가지에 남아 있던 적군의 소탕작전까지 완료되었습니다. 국군이 북한의 수도 평양을 점령하자 적들에게 정치적·심리적으로 깊은 패배감을 주어 저항의지를 한 번에 꺾을 수 있었습니다.

한편 북한군이 평양에서 후퇴하던 10월 18일 밤, 그들은 평양형무소에서 조만식 등 수감 중이던 반공인사 500여 명을 총살하고 도주하였습니다. 이 중 조만식 등 일부 시체는 대동강변에 웅덩이를 파 가매장하고 나머지는 그대로 방치해 둔 채 후퇴하였습니다.[79)]

당시 이승만 대통령이 평양 시청 앞에 도착하자, 평양 시민 35만

79) 중앙일보 특별취재반, 「조선민주주의 인민공화국」(중앙일보사, 1992), 333.

중 10만여 명이 모여 성대한 환영식을 거행하였습니다.

"나의 사랑하는 동포 여러분, 만고풍상을 다 겪고 39년 만에 처음으로 대동강을 건너 평양성을 들어와서 사모하는 동포 여러분을 만날 적에 나의 마음속에 있는 감상을 목이 막혀서 말하기 어렵습니다. 40년 동안 왜정 밑에서 어떻게 지옥생활을 했던가를 생각하면 눈물이 가득합니다. ... 우리는 싸워서 피를 흘리고 자유 독립국을 세운 것이니... 통일된 백성의 기상과 의도를 잊지 말고 또 남이니 북이니 하는 파당심을 다 버리고 오직 생사를 공동하겠다는 결심을 가지고 공산당을 발붙일 곳 없이 해서 우리의 자유를 침해치 못하도록 해야 할 것입니다. ... 이북 동포 여러분! 나와 같이 결심합시다. 공산당이 어디서 들어오든지 그것이 소련이건 중공이건 들어오려면 들어오너라, 우리는 죽기로 싸워서 물리치며 이 땅에서는 발붙이고 살지 못할 것을 세계에 선언합니다. ... 공산 치하에서 얼마나 고생이 많으셨습니까? 이제 남과 북의 동포가 함께 자유스럽게 살아갑시다. 이제 한 동포가 되었으니 살아도 같이 살고 죽어도 같이 죽어 뭉칩시다."

이승만 대통령의 연설을 듣고 그들은 정말 마음속에서 우러나오는 뜨거운 환영을 했습니다. 이때 공산당원 60만 명 중 45만 명이 당원증을 버리고 자수하여 새로운 질서가 형성되려 하였습니다. 북한 주민들은 이렇게 해서 국군이 완전히 북한을 점령하여 통일시켜 주기를 간절히 바랐습니다. 이때 모였던 평양 시민들은 대부분 이듬해 1·4후퇴 때 파괴된 대동강교를 넘어서 남쪽으로 월남하였습니다.

한편, 맥아더 장군은 전 부대에 대하여 일제히 북으로의 진격을 명령하였습니다. 그러나 원산 지역으로 상륙한 미 10군단과 서부 전선의 미 8군이 북으로 올라갈수록 양부대간의 간격은 50마일(약

80.5㎞) 이상으로 벌어졌고, 통신연락이 곤란해지고 협조가 어려워졌습니다. 만약 인민군이 이 간격을 통하여 공격해 온다면 유엔군은 후방이 위험한 상황이었습니다. 이러한 전략적인 불리함과 위험을 안고 국군과 유엔군은 압록강을 향한 전진을 계속하였습니다.

국군 2군단 예하 6사단장 김종오 준장은 군단 명령을 수령한 후 초산-벽동 간의 국경선으로 진출하기 위하여 7연대는 초산을, 2연대는 온정리를 경유하여 벽동을 탈환할 것을 명령하였습니다.

국군 6사단 7연대는 10월 26일 고장을 출발하여 초산으로 향하던 중 초산천 연변에서 저항하던 인민군 연대 규모의 혼성병력을 두 시간 동안의 교전 끝에 격퇴시킨 후 초산으로 돌입하였습니다. 10월 26일 오후 2시 15분, 7연대 1대대의 선두 1중대(중대장 이대용 대위)가 압록강의 한·만 국경선에 도착하였고, 곧 이어서 제 1대대 전 병력이 압록강에 도착하였습니다. 이는 낙동강 전선에서 반격을 개시한 지 41일 만의 일입니다.

7연대 1대대장 김용배 중령은 오달희(吳達熙) 하사를 보내어 압록강 물을 담아 보관하도록 지시했습니다(당시 1중대장 이대용 대위 증언). 압록강 물을 담고 "압록수, 1950년 10월 26일 국군 6사단 7연대 초산돌입 기념"이라고 적었습니다. 여기서 이대용 1중대장의 회고록 "국경선에 밤이 오다" 중 한 구절을 소개하겠습니다.

「북서쪽으로 커브를 꺾어 조금 나가니 거대한 막이 확 열리듯 장엄한 신비의 대호수가 화면처럼 떠올랐다. 산과 산 사이를 감색의 물로 가득 채운 장강의 모습이 나타났다.

압록강이었다. 1950년 10월 26일 오후 2시 15분.

아! 이 나라 남아로 태어나서 자유의 종을 울리며 남북을 통일하고 나니 지금 죽어도 무슨 한이 있으리오!

모두들 벅찬 가슴에는 흥분과 감회가 교차했다. 이때 강 위에 떠 있는 뗏목 위에는 피난민들이 꽉 차 있었고... (중략)

국경선 초가집 굴뚝의 연기가 하늘하늘 거리며 하늘로 실바람을 타고 타오른다. 해가 진다. 황혼이 국경선에 서려 왔다. (중략)

가슴은 흥분에 터질 것 같았다. 나는 덮었던 모포를 젖히고 일어났다. 적막이 가득한 어둠 속을 헤치며 강으로 내려갔다. 군화가 물에 젖었다. 만주 쪽을 바라보았다. 이국의 검은 산들이 어둠 속에 우뚝 서 있고 또 아득히 만주의 개 짖는 소리가 들려왔다. 저 개 짖는 남만주 땅은 옛날 우리 조상인 고구려 땅이었는데... 라는 생각과 함께 억센 조상들의 달리는 말발굽 소리와 울리는 북소리가 천 년 넋의 시차를 넘어 후손인 나의 고막에 장엄하게 들려오는 것같이 느껴졌다.」[80)]

두 번째로 한·만 국경선에 도착한 부대는 **미 7사단 17연대**였습니다. 미 7사단은 11월 12일, 미 10군단장으로부터 계속 북진 명령을 받아, 17연대가 갑산을 거쳐 마침내 11월 21일 아침, 국경 도시 혜산진을 점령함으로써 국군 6사단 7연대에 이어 두 번째로 한·만 국경선에 도달한 부대가 되었습니다.

---

80) 임부택, 「낙동강에서 초산까지」(그루터기, 1996), 312.

6. 중공군 침공 및 유엔군 재반격
(1950.10.25 - 1951.6.23: 약 8개월)

The Chinese communist army's invasion
and the UN forces' second counterattack
(Oct 25, 1950 - Jun 23, 1951: approx. 8 months)

(1) 중공군의 대대적인 기습공격(1950년 10월 25일 이후)

북·중 상호 방위협정은 1949년 3월 18일 소련의 중재 아래 이루어졌습니다. 협정의 주요 내용은 공동방위에 대한 공동행동을 약속하고 만주에서 병력과 무기를 북한에 제공하며, 북한은 만주에 있는 일본인 기술자 및 고용원, 그리고 일본 군수품을 중국이 우선적으로 사용할 수 있도록 양해하는 것이었습니다. 여기에서 중요한 사실은 중공군 소속 한인부대 약 2만-2만 5천 명을 북한에 출병시키기로 했다는 점과, 북·중 공동방위 약속은 타국이 북한을 공격해 왔을 때 중국이 개입하겠다는 의지를 밝힌 것입니다. 김일성은, 북한이 남한을 공격하면 중공군이 참전하겠다는 점을 사전에 미리 약속을 받아 놓았던 것입니다.[81] 이 대목 역시 북한이 사전에 6·25를 철저하게 준비하였음을 보여 주는 것입니다. 이 방위협정대로 마침내 중공군이 전쟁에 개입하기 시작하였습니다.

중화인민공화국 건국 제 1주년이 되던 1950년 10월 1일, 국군과 유엔군이 38도선을 돌파하고 맥아더가 북한에 최후통첩을 하자, 모택동은 미국을 격렬하게 비난했습니다. 또한 군사 지원을 요청하는 김일성(수상)과 박헌영(부수상 겸 외상) 명의의 공동 서한을 전달받았습니다. 이에 참전을 결정한 중공군은 10월 19일 압록강을 건너 대규모 병력이 북한 지역으로 이동하기 시작했습니다.

10월 24일, 15연대장 조재미 대령이 중공군 포로 1명을 잡았는데, 직접 심문한 결과로 중국 남부에 주둔하던 부대가 한반도에 진입했으며, 산중에 이미 수만 명의 중공군이 들어와 숨어 있다는 사실을 확인하였습니다.

북한 지역에 잠입하기 시작한 중공군은 4야전군 제 13병단 예하

81) 권영걸 외 13인, 「꼭 알아야 할 통일·북한 110가지」 (평화문제연구소, 2011), 99-100.

별지 5 유엔군의 북한지역 최대진출선(1950.10.25-11.30)

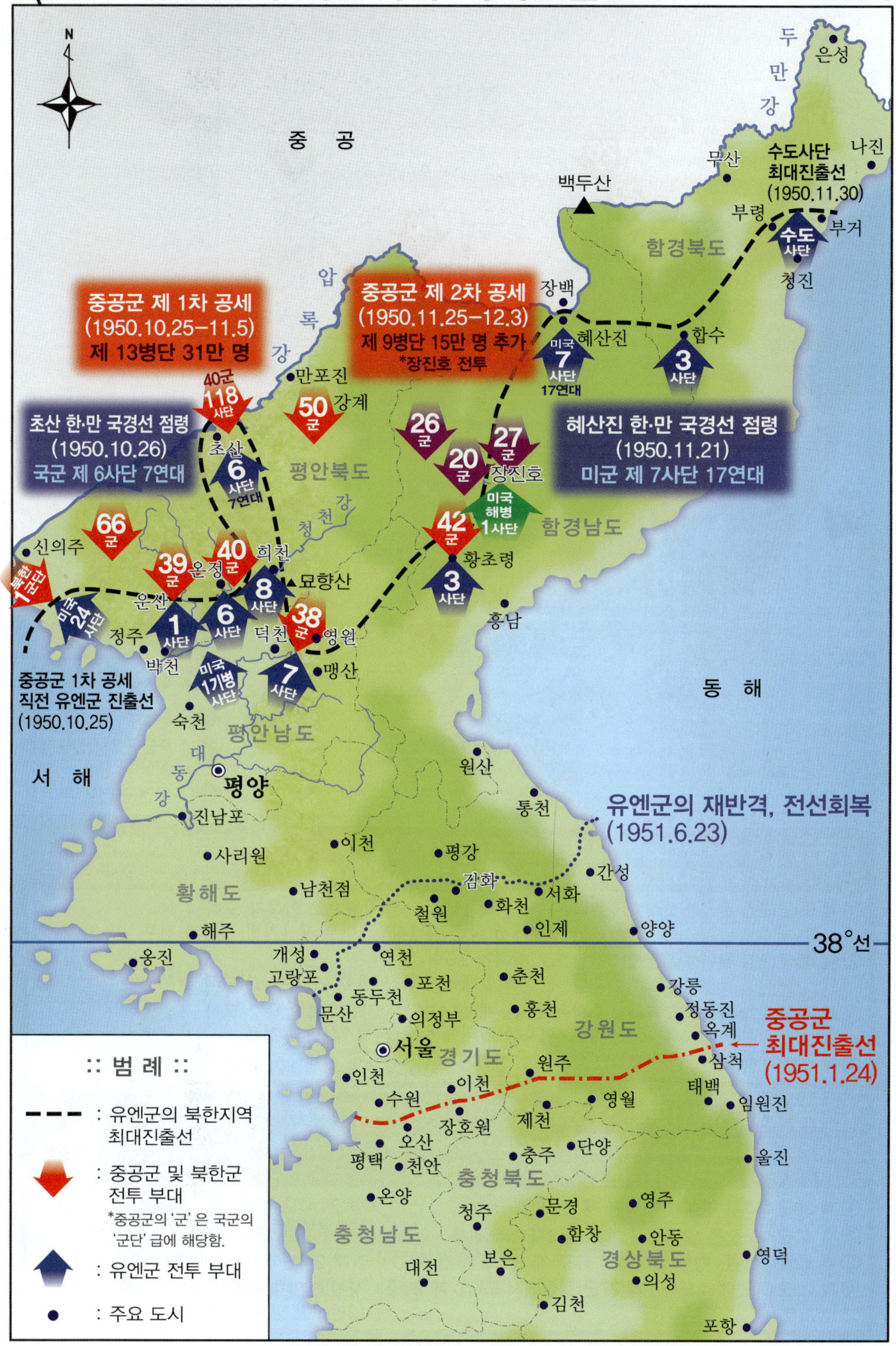

[참고문헌] 「중공군 참전과 유엔군의 철수」, 6·25전쟁사 시리즈 7 (국방부 군사편찬연구소, 2010)

별지 6 중공군의 침투 경로 및 1,2차 공세(1950.10.25-12.3)

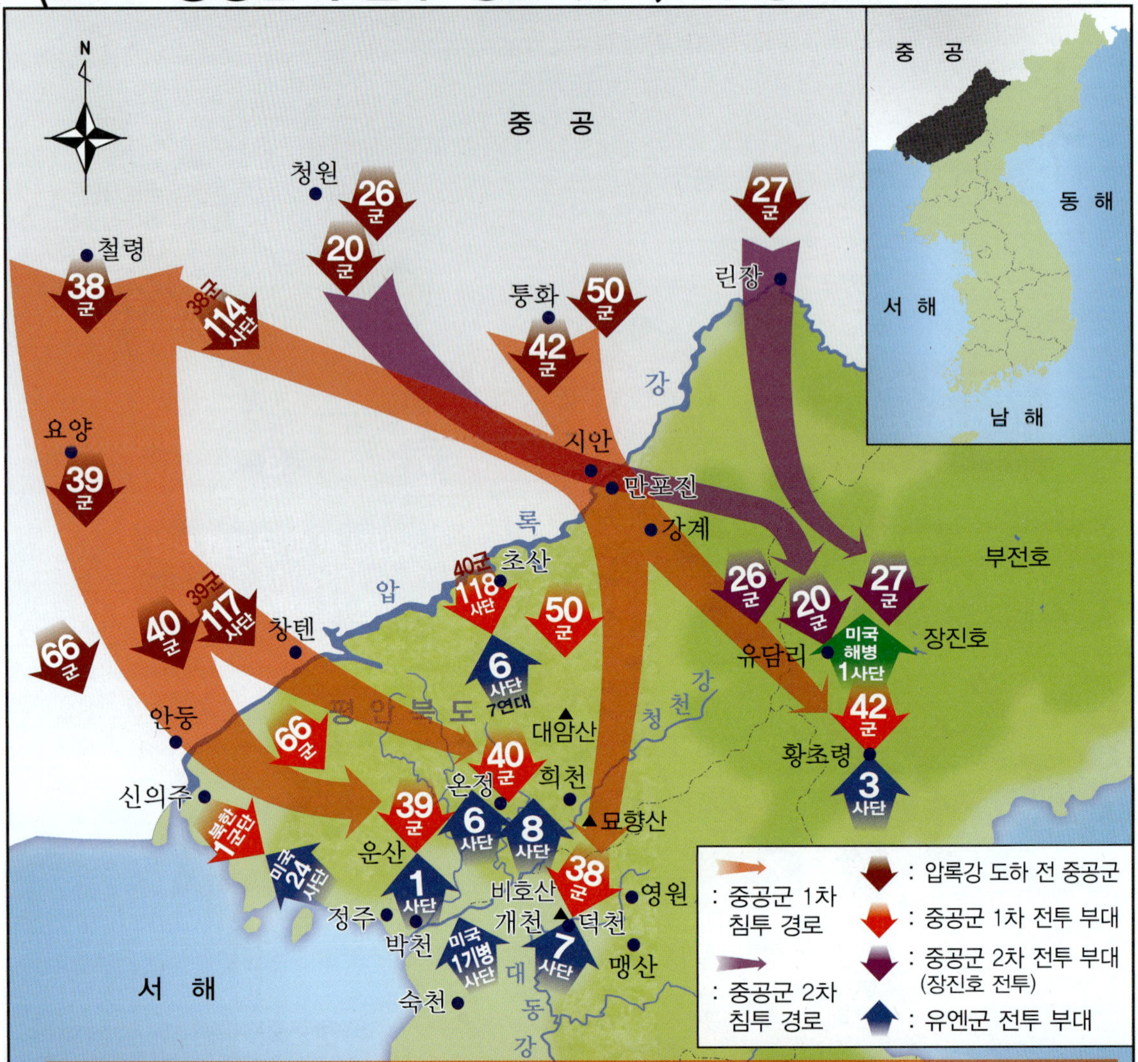

중공군 1차 공세(1950.10.25-11.5)

– 제 13병단 6개 군(38, 39, 40, 42, 50, 66군) 18개 사단(31만 명)

총사령관 – 팽덕회 彭德懷
제 50군(군장 쩡쩌성 曾澤生)
제 66군(군장 샤오신화이 蕭新槐)

① **제 39군**(군장 **우신찬** 吳信泉) : 주력은 안둥, 제 117사단은 창텐으로 압록강 도하
운산 일대에서 국군 제 1사단, 미국 제 1기병 사단과 전투

② **제 40군**(군장 **원위청** 溫玉成) : 안둥으로 압록강 도하
초산, 온정리 일대에서 국군 제 6사단, 제 8사단과 전투

③ **제 38군**(군장 **량싱추** 梁興初) : 주력은 안둥, 제 114사단은 지안으로 압록강 도하
개천, 비호산 일대에서 국군 제 7사단과 전투

④ **제 42군**(군장 **우루이린** 吳瑞林) : 지안으로 압록강 도하, 황초령 일대에서 국군 제 3사단과 전투

중공군 2차 공세(1950.11.24-12.3) *장진호 전투

– 제 9병단 3개 군(제 20, 26, 27군) 12개 사단(15만 명)이 추가 증원, 제 13병단과 합하여 총 9개 군 30개 사단(46만 명)

사령관 – 송스룬 宋時輪
제 20군(군장 장이샹 張翼翔)
제 26군(군장 장런추 張仁初)
제 27군(군장 펑더칭 彭德清)

① **제 39군** : 덕천 일대에서 국군 제 7사단과 전투

② **제 40군** : 구장동 일대에서 미국 제 2사단과 전투

③ **제 42군** : 영원, 맹산 일대에서 국군 제 8사단과 전투 *미국 제 2사단과 '태형의 계곡'에서 전투

④ **제 20군**(지안에서 도하), **제 27군**(린장에서 도하), **제 26군** : 장진호 일대에서 미국 해병 제 1사단 (2만 6천 명)과 전투

*제 39군, 40군, 42군의 제 2차 공세는 제 1차 공세 지역과 중복되어 별도의 전투 표시를 생략함.

[참고문헌] 「중공군 참전과 유엔군의 철수」, 6·25전쟁사 시리즈 7 (국방부 군사편찬연구소, 2010)

6개 군으로서, 그 병력은 **31만 명**에 이르렀습니다. 그리고 11월의 2차 공세 때에는 제 13병단을 증원하기 위하여 산동반도에서 만주로 이동한 3야전군 9병단 예하 3개 군의 **15만 명**이 한·만 국경선을 넘어 장진호 부근으로 진출하였습니다. 중공군 편제상의 1개 군은 국군의 군단급과 동격으로서 대개 1개 군에 3-4개 사단이 배속되었으며, 병단은 야전군급에 해당되는 부대였습니다.

한국에 침입한 중공군은 주로 **안둥, 창텐, 지안, 린장**의 4개 지점에서 압록강을 도하하였습니다(별지5 참조). 이들은 일단 한국 땅에 발을 들여놓은 다음부터는 양호한 교통망을 회피하고, 산악지대를 이용해 야간행군으로 목표 지역까지 진출하였으므로 유엔군의 항공관측에 전혀 발견되지 않았습니다.

이들은 매일 오후 7시에 행동을 개시하여 다음날 새벽 3시경까지 하루 평균 29㎞씩 행군하였으며, 새벽 5시까지 참호를 파고 모든 흔적을 없애 버린 후 낮에는 참호 속에서 잠을 잤던 것입니다.

① 중공군의 첫 나팔 소리와 피리 소리, 꽹과리 소리(10월 25일 밤)

국군의 전진 경로와 목적지는 미국 라디오 방송, 한국 및 타이완의 각종 언론매체들을 통해 실시간으로 보도되고 있었으므로 중공군 지휘부는 국군의 움직임을 정확하게 파악하고 있었습니다. 이에 중공군은 즉각 가장 돌출된 국군 6사단을 섬멸하고 6사단을 증원하러 올 부대를 섬멸할 기회를 노려, 국군을 깊은 산중으로 유인하기 위해 자루 모양의 대형을 만들어 매복하고 있었습니다.

이런 과정에서 중공군 사령관 팽덕회는 39군을 운산 북쪽에 배치하여 국군 1사단의 북진을 막게 하고, 40군을 초산, 온정리 일대로 진출시켜 국군 6사단의 북진을 저지하게 하였습니다.

10월 25일 밤, 서부전선의 국군 1사단이 막 수복한 운산(雲山)에서, 중공군의 첫 나팔소리와 피리소리, 꽹과리 소리가 들려오기 시작했습니다. 31만 명으로 추산되는 중공군이 인해전술(人海戰術)로 물밀듯이 내려와, 크게 위협을 주고 사기를 떨어뜨려 유엔군의 북진은 좌절될 수밖에 없었습니다.

중공군은 공포심을 없애고 무아지경 속에서 전투하기 위해 술을 먹은 상태에서 총은 없이, 방망이 수류탄만 허리와 어깨에 메고 공격해 왔습니다. 여러 고지마다 중공군의 악기 부대가 고지를 점령하여 이 고지에서는 나팔을 불고 저 고지에서는 꽹과리를 치고 또 다른 고지에서는 피리를 불어 댔는데, 악기 중에서도 피리소리가 더욱 구슬퍼 아군의 공포심을 유발하고 사기를 떨어뜨렸습니다.

국군과 중공군 사이에 벌어진 최초의 전투로 국군은 중공군의 포위망에 완전히 갇히고 말았습니다. 이들은 쓰러뜨리면 또 밀려오고 계속 밀고 내려와 전쟁이라기보다는 마치 울창한 삼림에서 벌목하는 것과 같았습니다.

같은 날 6사단의 2연대 3대대도, 온정리 부근에서 중공군 40군 118사단이 은밀하게 숨어 있다가 공격하는 매복에 걸려 집중 공격을 받았고, 뒤따르던 2연대 주력도 공격을 받아 5시간 동안 격전을 치렀습니다. 이때 국군 1,000여 명이 전사, 부상, 포로가 되었습니다. 26일에는 19연대가 증원 차 진격하였으나, 이들마저도 중공군에 포위되고 말았습니다.

한편 희천, 고장, 초산의 길은 첩첩산중이며 도로가 좁고 고개가 많으며 꼬불꼬불한 데다, 눈이 많이 와서 육로로는 도저히 군수품을 운반할 수 없었고, 날씨 관계로 항공 공수도 어려운 상황이었습니다.

② 중공군의 대규모 포위망과 국군 6사단 7연대의 철수

압록강변의 뱃사공 노인이나 북한 공산군 포로들의 말에 의하면, 이미 중공군이 10월 17일부터 사흘 동안, 야음을 이용하여 중국 쪽에서 압록강 뗏목다리를 건너 만포진으로 들어왔다는 첩보가 있었습니다. 10월 26일부터 이러한 첩보를 입수한 상태였으나, 임부택 연대장은 중공군의 수가 5-6만에 이를 것이라고는 전혀 생각지 못했습니다. 엄청난 병력의 중공군이 풍장 남쪽 2㎞까지 내려와 자루 모양의 대형을 이루면서 포위하고 있었는데도, 이러한 사실을 전혀 예상치 못했던 것입니다.

소문으로만 떠돌던 중공군은 실제 눈앞에 출현하기 시작했고, 그들의 완벽하고도 강력한 힘에 떠밀려 국군은 포위 섬멸될 위기에 처하게 되었습니다. 이에 송석하 부사단장은 7연대를 빠른 시간 내에 희천까지 철수시키고자 하였습니다.

10월 28일 오후 4시쯤, 7연대장 임부택 대령으로부터 1대대장 김용배 중령에게 초산읍을 출발하여 남하, 7연대 본부와 2대대 및 3대대가 있는 고장(古場)에 도착하라는 작전명령이 하달되었습니다. 6사단 2연대가 북진하다가 온정리에서 중공군과 고전하고 있다는 소식이었습니다. 이에 7연대는 압록강에 도착하여 26-27일 이틀 밤을 지내고 **28일 오후 6시 45분**, 눈물을 머금고 서둘러 그 자리를 떠나야 했습니다. 압록강에 도착한 지 약 53시간 만이었습니다.

이후 7연대는 중공군 38군 예하 3개 사단과 40군 예하 3개 사단이 에워싸고 있는 한가운데 완전히 고립되고 말았습니다. **10월 29일 아침부터** 7연대는 고장 남쪽 풍장에서 아군 후퇴로를 차단하고 있는 중공군과 교전에 들어갔습니다. **29일 낮 동안**은 7연대가 중공군을 돌파하면서 약 30리를 남진했으나 밤이 되면서 전세는 역전되었으며, 밤 12시에 중공군은 야간 총반격을 감행하였습니다. 이로부터 약 3시간 30분간의 치열한 공방전 끝에 7연대는 어둠 속에 흩어져서 사분오열 상태가 되었습니다. 7연대의 지휘계통이 비로소 마비되었고 무전병들도 전사 또는 포로가 되어 연락은 두절되고, 중대장들의 독립지휘 하에 중대별로 뭉쳐서 중공군 포위망을 뚫고 나가지 않으면 안 될 상황에 이르렀습니다.

7연대 장병들이 중공군의 대규모 포위망을 돌파하고 아군이 있는 곳까지 나가려면, 개천-맹산 선까지 걸어서 나가야 했습니다. 그 거리는 직선거리로 약 100㎞이고, 도로거리로 따지면 150㎞쯤 될 것이나 그나마도 도로에는 중공군과 북한 내무서원들의 왕래가 심하여 이용이 불가능했습니다. 할 수 없이 험준한 산세를 따라 돌파해 나가야 했는데, 산속에서 중공군을 만나면 교전하여 이를 뚫든가, 아니면 이를 피해서 멀리 돌아가야만 했습니다. 결국 7연대 장병들의 행군거리는 300-500㎞나 되었습니다.

산 속에서 먹을 것도 없고 실탄 보급마저 끊긴 상태로, 위험천만한 악조건만 끝없이 닥치는 가운데 7연대 장병들의 희생은 엄청났습니다. 3,552명(수색 중대, 대전차포 중대 포함) 중 878명만 남고 2,674명이 희생되었으며, 예하 소총 및 중화기 중대장 12명 중 6명만이 청천강 남쪽의 개천(价川)으로 살아 돌아왔습니다. 특히 1중대원 180명 가운데 사단으로 복귀한 중대 인원은 단지 21명에 지나지 않았습니다.

「공포와 긴박감 속에서 오직 '탈출'이라는 신념으로 절망을 이겨 낸 적진돌파 25일. 일기마저 불순하여 밤마다 세찬 폭풍과 눈보라가 휘몰아쳐 추위를 견디기가 힘겨웠다. 그러나 어떤 일이 있어도, 무슨 수단을 써

서라도 이 난관을 극복하여 적진을 돌파, 조국의 품으로 돌아가겠다는 굳은 신념 하나로 고통을 이겨 내야만 했다. 바위틈이나 나무숲을 지붕으로 눈보라를 피하면서 서로 껴안고 추위를 달래며 하루가 천추와 같은 나날을 지새야했다. 추위와 굶주림과도 싸워야 했다. 식량은 힘이 세고 용감한 병사들로 특공조를 편성하여 부락에 침투하여 옥수수와 감자들을 시가의 몇 갑절의 돈을 주고 사정해서 구입해 왔다. 그리고 병약자를 위주로 분배하여 허기를 채우면서 연명했다. 음료수는 반합에 눈을 녹여서 갈증을 면하는 정도였다. 이렇게 옥수수와 눈 녹인 물로 연명하다 보니 사병들은 배탈이 나서 설사를 하기 마련이었다.

묘향산의 한 산맥에서 탄광촌을 습격하여 부근에 쌓여 있던 중공군의 보급품을 탈취하여 우리 병사들은 모두 중공군의 방한복으로 갈아입었다. 이리하여 사병들의 복장은 중공군과 똑같이 되어 행동도 필요하면 중공군으로 오인토록 할 수도 있었다. 그러나 700여 명이나 되는 큰 부대가 집단행동을 하자면 노출되기 쉬워 적의 공격목표가 되어 몇 차례의 격전을 치루었다. 이에 나는 연대장으로 불가피하게 병력을 분산시키기로 결심하였다. 1개 중대를 100여명으로 7개 중대로 개편한 다음 한 중대에 장교 3명씩을 나누어 편성하여 그들이 상호 협의해서 지휘하도록 했다. 사병들은 죽어도 같이 죽자면서 부둥켜안고 울면서 분산하기를 한사코 반대하였다. 실로 이 정경을 바라보고 있는 연대장의 심경을 누구라 알리요. 나는 이들에게 병력의 분산 합리성을 설득시키려 했지만 나 또한 그들과 헤어지기가 싫었다. 이제 헤어져서 적진을 뚫고 나가야 하는 상황, 언제 다시 만나게 될지 아니면 영영 헤어져 다시 만날 수 없게 될지도 모르는 상황이었다. 눈시울이 뜨거워졌다.

얼마 후 각 중대는 시간 간격을 두고 떠나면서 건투와 재회를 다짐하며 목표지역을 향해서 험준한 산맥을 오르기 시작하였다. 나는 병사들에게 "하나님께서 우리들을 보호해 주시고 있다. 우리는 반드시 이 포위망을 돌파하여 우리의 조국의 품으로 돌아갈 수 있다."라고 말하면서 믿음과 용기를 잃지 말라고 격려했다. 이처럼 고된 산악 지대에서의 돌파작전을 치른 지 2주간, 직선거리 50㎞의 험준한 산길을 오르내리는 사이에 우리는 심신이 지칠 대로 지쳐 버렸다.

우리가 중공군의 이동을 기다리면서 소백산 속에 잠복하고 있던 차에 아군의 포탄이 우리가 있는 산꼭대기에 떨어졌다. 우리는 우군이 가까워졌음을 감지할 수 있었고 희망에 부풀었다. 이제는 이 선만을 돌파하면 적의 포위망을 벗어날 수 있다는 기쁨에 부풀어 있었다. 그리고 결사대의 각오로 적진을 향해 전진했다. 22:00시경 포복으로 전진, 적진 30m 지점에 이르렀을 때 수류탄을 뽑아 돌격을 하려는 찰나, "누구냐" 하는 수하소리에 기겁을 했다. 우리는 이들이 중공군인 줄 알고 있었는데 한국말의 수하였다. 순간 중공군과 인민군의 혼합조일까 하는 생각이 번개처럼 스 치는 순간, 소대장인 듯한 장교가 기관총 사격을 명령하면서 "오랑캐 출연!" 하며 소리를 질렀다. 이때 선두에 나가 있던 박용득 중위가 "쏘지 마라! 우리는 국군이다. 7연대의 낙오 장병들이다."하고 소리쳤다. 이 소리 를 들은 상대방은 1명만 손을 들고 나오라고 고함을 쳤다. 이때 박 중위가 벌떡 일어나서 "나는 7연대 박 중위다. 연대장 임부택 대령님도 함께 계신다"하며 뛰어나갔다. 그들은 아군 8사단 장병들이었다. 우리는 안도의 숨을 몰아쉬면서 와아! 소리치면서 뛰어 나갔다. 그리고 서로 얼싸안고 기쁨에 넘쳐서 어쩔 줄을 몰랐다.」 (임부택, 「낙동강에서 초산까지」)

※ 10월 26일 압록강변에 도착한 이후 초산군 일대에서 실행된 국군의 중공군 포위망 돌파 상황은 국방부 군사편찬연구소 「6·25전쟁사」 제 7권(2010년)과 당시 7연대 1중대장 이대용 대위[82](예비역 준장)의 증언, 이대용 著「6·25와 베트남전 두 死線을 넘다」를 참고하였습니다.

---

82) 1925년 11월 20일 황해도 금천 출생, 육사 7기, 2005년 호국 인물 선정(6·25전쟁 때 122번 전투 공적), 월남 사이공 함락 당시 주월 한국공사, 1975년부터 1980년까지 약 5년간 치화형무소에 억류되어 있으면서 순국을 각오한 충정을 담아 박정희 대통령께 올린 편지(1977년 7월 15일)는 대통령과 간부들이 읽고 눈물의 홍수를 이루었다는 일화로 유명하다(문화일보 2012년 8월 10일자).

③ 미 1기병사단 8기병연대와 국군 1사단, 중공군과 전투

10월 31일 오전 6시, 1사단 11연대, 12연대, 15연대는 미 기병사단 8연대와 함께 계속 전진하였습니다. 중공군 39군은 미 공군과 포병대가 관측하며 사격을 하지 못하게 하기 위해 산에 불을 놓는 등 미 기병사단과 국군 1사단을 포위하기 위해 바쁘게 움직였습니다. 국군 1사단의 진격이 부진하자 워커는 미 1기병사단을 투입하여 압록강까지 진격하도록 명령하였었는데, 미국으로 개선할 준비에 들떠 있다가 갑자기 출동명령을 받은 1기병사단 장병들은 어리둥절하였습니다.

운산 북쪽은 첩첩산중으로 좁고 꼬불꼬불한 도로여서 중공군이 공격하기에는 아주 좋았으나, 국군이 진격하기에는 매우 힘든 곳이었습니다. 전차나 차량이 고장 나면 전진과 후퇴를 못하는 좁은 도로였고, 도로 양쪽은 가파른 산이어서 포위되면 전멸 위기에 처할 수 있는 지형이었습니다.

10월 말 당시 북한 운산 근방의 산악 지역은 몹시도 추웠습니다. 더구나 장병들은 낙동강에서 운산까지 하루도 쉬지 않고 밤낮으로 걸어와서 지칠 대로 지친 상태였습니다. 그리고 부산이나 인천에서의 보급로가 너무 길어져 수송도 원활하지 못하여 추위에 떨어야 했습니다.

11월 1일, 조양동의 국군 15연대와 11연대, 미 5기병연대, 8기병연대가 중공군 39군에게 포위되어 위기에 봉착하였고, 모든 지원부대들은 운산에 집결하여 철수를 준비하였습니다.

설상가상으로 동쪽의 국군 2군단이 무너지면서 중공군 38군과 39군이 청천강 계곡을 통해 물밀 듯이 쇄도해 들어오자, 미 1군단장 밀번 소장은 '11월 1일 저녁 8시 각 부대는 방어태세로 전환할 것과 국군 15연대와 미 8기병연대는 용산동-영변 선으로 철수할 것'을 명령했습니다.

그러나 미 8기병연대의 철수를 엄호하던 국군 15연대가 중공군 116사단의 공격을 받아 무너지고, 미 8기병연대는 후퇴로가 차단되어 포위된 가운데 철수하다가, 3대대를 비롯한 연대 병력 중 1,500명 이상이 전사하거나 실종되었습니다.

「한국전쟁(제5권)」(일본 육전사연구 보급회편, 1986) 297쪽에 실린 그 당시의 비참한 상황을 대변하는 실화 한 편을 소개합니다.

「지옥과 같았던 11월 2일 날이 밝자 남면천 부근의 두 곳에 장병들이 무리를 이루고 있었다. 그곳에는 밀러상사가 지휘하는 전차 3대 및 약 200명의 장병들과, 중상을 입어 빈사 상태에 있는 (제1기병사단 제8기병연대 제3대대) 알몬드 대대장 이하 170명의 부상자들이 있었다. 중공군의 박격포 사격은 계속되고 아군의 전폭기가 날아와 중공군에 대하여 기관총 사격을 해 주는 가운데, 부상을 입지 않은 장병들은 중공군의 저격과 사격을 피해 가면서 대대장 이하 170명의 부상자들을 진지를 중심으로 200미터 반경의 밭에다 수용하고 헬리콥터 후송을 기다렸다. 이런 와중에서 몸의 여러 곳에 중상을 당한 알몬드 대대장은 병사들의 치료가 끝날 때까지 자기의 치료를 거부하였다. 마침내 연락기가 날아와 의약품을 투하했고 헬리콥터가 내려앉으려고 했으나 중공군의 맹렬한 기관총 사격을 받아 착륙하지 못한 채 그대로 돌아가야만 했다.

밤이 되자 중공군은 포위망을 좁혀 오고 박격포의 집중사격에 이어 수류탄을 던지며 돌격해왔다. 이에 미군장병들은 아군의 트럭에다 불을 질러 이 빛을 조명삼아 공격해 들어오는 약 400명의 중공군에게 사격을 가해 막아내었으며, 중공군은 이날 밤 2-3개 대대가 교대하여 6번이나 돌격을 해왔는데, 남면천까지 가는 주변에는 천여 구의 아군과 중공군 시체가 널려 있었다.

3일 아침이 밝으면서 다시 중공군의 정확한 조준사격과 박격포의 집중사격이 실시되었다. 이곳저곳에서 부상자들의 비통한 소리가 들려오고, 호 속에는 몸을 움직일 수 없는 35-40여 명의 중상자들이 간호해 주는 사람도 없이 신음하고 있었는데 할 수 있는 일이라곤 중상자 한 사람 한 사람에게 레이숀(전투용 식량)을 건네주면서 제발 살아만 있어 달라고 비는 것 외에는 방법이 없었다.

11월 4일이 되자 우군기도 더 이상 날아오지 않고 포성은 어제보다 더 먼 곳에 들려와 구출의 가능성은 없어졌고, 실탄도 식량도 물도 의약품도 바닥이 난 상태였으며, 2-3명의 병사들은 정신착란으로 발광상태에 있었다. 마침내 14시 30분, 200여 명의 장병들은 환자들의 간호를 위해 남기를 자원한 앤더슨 군의관과 250명의 환자를 남겨 놓은 채 탈출을 시작했다. 진지를 떠날 때 어느 장교가 "절대로 적에게 눈물을 보이지 말라. 곧 구출부대가 와서 필연코 구출해 줄 것이다!"라는 말을 남겼지만 환자들은 눈물어린 눈으로 탈출하는 전우들의 뒷모습을 지켜보고 있었다.

탈출한 장병들은 11월 6일 중공군에게 다시 포위되어 집단적인 탈출을 포기하고 적은 인원수로 나누어 철수하였는데, 이들 대부분은 영변 부근으로 추정되는 산중에서 포로가 되거나 전사하고 말았다. 탈출하지 못하고 호 속에 남아있던 알몬드 대대장도 포로가 된 직후 장렬한 최후를 마쳤으며, 남은 250명의 부상 장병들도 그대로 전사하는 등, 대대장 이하 600명 가까운 인원이 운산 주변에서 이슬과 같이 생명을 잃었다. 」

우리나라를 지키기 위해 국군과 미군, 유엔군이 이토록 험준한 곳, 열악한 환경에서 목숨 바쳐 혼신의 힘을 다해 싸웠고, 수많은 목숨들이 숨져 간 이 참혹한 전쟁의 역사를 우리 후손들은 똑똑히 기억해야 할 것입니다.

④ 맥아더 장군의 총진격 명령(1950년 11월 24일)

중공군은 1차 공세 후에 식량과 탄약이 떨어져 11월 6일부터 24일까지 자취를 감추었습니다.

당시 맥아더 장군은 중공군의 1차 공세 시 수많은 장병들을 잃었고, 미 합동참모본부로부터 "북괴군의 완전 격멸"이라는 작전목표를 재검토하고 방어태세로 전환해야 한다는 훈령을 받은 상태였습니다. 그럼에도 불구하고 맥아더는 "공산주의자들에 대한 유화정책은 궁극적으로 유엔의 파멸을 자초하게 되며, 한국에 있는 적대적인 군대의 격멸을 중도에서 포기한다는 것은 한국을 통일된 자유국가로 만들겠다는 유엔의 기본정책을 약화시키는 치명적인 처사"라고 지적하면서, 11월 24일 한국전쟁을 종전시키고 한·만 국경선까지 진격하기 위한 총진격 명령(크리스마스 공세)을 내렸습니다. 맥아더는 유엔 장병들에게 "승리는 눈앞에 있으며 여러분은 크리스마스 이전에 집으로 돌아가게 될 것을 확신한다."라고 하여 곧 전쟁이 끝날 것처럼 성명을 발표하였습니다. 이에 전 병사들은 싸울 의지는 적었지만 집으로 갈 생각으로 흥분하여 전진하였습니다. 마침 11월 24일은 추수감사절이어서 뜨끈뜨끈한 칠면조 고기로 식사를 하고, 병사들은 휘파람을 불면서 너무 좋아하였습니다. 이는 46만으로 무장한 중공군의 대대적인 2차 공세 하루 전이었습니다.

크리스마스 공세 직후 마침내 11월 25일, 중공군 제 13병단 예하 38, 39, 40, 42, 50, 66 합 6개 군 18개 사단(31만 명)이 서부 전선에서 대대적인 2차 공세를 퍼부었습니다. 그리고 동부 전선에서는 제 9병단 예하 20, 26, 27 합 3개 군 12개 사단(15만 명)이 장진호를 중심으로 미 1해병사단(2만 6천 명)을 포위하기 위해 이동을 마친 상태였습니다.

이들은 포위를 끝내고 호 속에서 나뭇잎과 담요 등으로 추위를 이기며 국군과 미군이 공격해 오기를 기다리고 있었습니다. 맥아더 장군은 이것을 모르고 죽음의 자루 속을 향해 종전을 위한 진격 명령을 내렸던 것입니다.

⑤ 영원에서 국군 8사단과 중공군의 전투(1950년 11월 26일)

11월 25일, 8사단이 첩첩산중으로 진격을 계속하는데 적이 계속 증강되고 저항이 점점 거세지자, 8사단장 이성가 준장은 심상치 않아 각 연대에 "전진을 중단하고 현 전선에서 진지를 튼튼하게 구축하고 현 진지를 사수하라!"라고 명령하였습니다. 그러나 이때 7사단과 8사단 간의 인접한 전투지경선 간격을 통해 남하한 사단 규모의 중공군 부대가 영원 지역으로 침투하여, 주변의 모든 통로를 차단하고 10연대와 21연대를 포위, 공격하므로 이 양 연대는 물론 50포병대대까지도 혼전 속에 말려들어, 주요 장비와 차량을 거의 다 파괴 또는 유기한 채 소집단으로 분산되어 탈출할 수밖에 없었습니다.

후에 이성가 8사단장은 패전의 책임을 물어 군 법정에 섰습니다. 판사가 패전의 책임을 져야 한다고 할 때 이성가 사단장도 어떻게 2일 만에 사단이 붕괴되었는지 알 수 없어 입을 꾹 다물고 아무 말도 하지 않았으며, 사형이 선고되었습니다. 그때 그는 하도 어이가 없어 말을 하지 않은 것으로 알려져 있습니다. 그는 8사단이 이토록 참패한 이유를, 40년이 지난 후 중공군 부사령관 홍학지가 쓴 「항미원조[83] 전쟁 회억(回憶)」에서 알게 되었습니다.[84]

83) 항미원조(抗美援朝): 6·25전쟁 때 미국을 반대하고 북한을 지원하던 중국의 외교정책이다. 중국은 6·25전쟁을 '항미원조전쟁'이라고 명명 하면서, 1950년 7월 15일 동북변방군을 편성하면서 중국 국민들이 순수하게 자발적으로 북한을 돕기 위해 지원한 지원군이라고 위장하였다. 동북변방군은 북한을 돕기 위해 내륙에서 이동해 온 중국의 정규군이었다. 처음부터 중국 정부는 전쟁이 세계대전으로 확대되는 것을 우려하여 전쟁의 공식 개입을 철저하게 비밀로 하였다.

84) 「6·25전쟁 막을 수 있었다」, 193.

⑥ 장진호 지구 전투

동부전선의 미 10군단 예하 1해병사단은 북한의 임시수도인 강계를 점령하기 위해 장진호 북쪽으로 진격하던 중 중공군의 대규모 포위망에 막혀 진출이 막히게 되었습니다. 장진호에 배치되었던 미 1해병사단은 '죽음의 계곡'으로 이름 붙여진 유담리-덕동령-하갈우리-고토리 통로를 따라, 2중 3중으로 형성된 중공군의 포위망을 돌파하였습니다.

이때 투입된 중공군은 9병단 예하 20, 26, 27군 등 12개 사단으로, 미 1해병사단을 11월 27일 저녁부터 포위, 공격하였습니다. 장병들은 영하 30도를 오르내리는 살인적인 추위와 폭설 속에서 강인한 정신력으로 무장하여, 전투기 공격 등 우세한 화력으로 완강하게 저항하였습니다.

12월 5일 미군 지휘부는 1해병사단에 항공 철수할 것을 제안하였으나, 사단장 스미스 소장은 이를 거부하였습니다.

사단 본대가 항공기로 철수해 버리면 이륙 항공기의 엄호를 위해 마지막까지 남게 될 2개 대대의 운명은 전사냐 혹은 포로냐 하는 선택만이 있을 뿐이었습니다. 당시 해병부대 장병들은 전사자나 부상자가 생기면, 그들을 적지에 남겨 두지 않고 전부 데리고 오는 전통을 가지고 있었습니다. 더 큰 희생이 있더라도 미 해병대는 명예로운 방식의 작전을 선택하여, 스미스 사단장은 '철수가 아니라 새로운 방향을 향한 공격'이라고 명명하였으며, 철수 작전을 성공적으로 진행하였습니다(국방일보 2011년 1월 10일자).

당시 중공군도 혹한 속에서 식량과 탄약이 부족한 가운데 동상자가 속출하였으며, 하갈우리에서는 미군의 식량, 연료, 탄약이 비행기에서 공중 보급되자, 중공군은 공격을 포기하고 아군이 거두지 못한 보급품을 수거하는 데 주력할 뿐이었습니다.

미 1해병사단은 겹겹이 둘러싼 중공군의 포위망을 뚫고, 11월 27일부터 2주간에 걸쳐 유담리에서 신흥리를 거쳐 40㎞가 넘는 협곡지대를 빠져나왔으며, 12월 11일 밤 11시 30분, 흥남으로 철수를 완료하였습니다.

이 전투에서 전사 561명, 실종 182명, 부상 2,872명의 손실을 입고, 대부분이 동상환자인 전투 이외의 손실도 3,659명이 발생하였습니다. 중공군은 25,000-47,500명이 사살되고 12,500여 명이 부상당하였으며, 미 1해병사단은 중공군의 주력을 장진호 부근에 묶어 둠으로써, 동북부전선에서 다른 부대의 철수와 흥남철수작전을 보장하는 데 크게 기여했습니다.

⑦ 공격 6일 만에 총 후퇴 명령(1950년 11월 29일) - 12월 4일 평양, 12월 15일 38선 이남으로 철수

맥아더 장군은 "현 정세는 전혀 새로운 상황에서 새로운 전쟁을 한다는 기초적인 백지상태로 돌아가 판단할 필요가 있다."라고 합참본부에 보고하였습니다. 이후로 계속해서 중공군이 밤낮으로 쉬지 않고 공격해 오자, 공격 6일 만인 11월 29일 후퇴 명령을 내렸습니다. 이에 11월 29일부터 12월 1일까지 미 2사단은 군우리에서 순천을 잇는 협곡지대인 일명 '태형의 계곡'[85]을 통해 철수 작전을 전개양, 12월 15일 38선 이남으로 철수하였습니다.

85) 태형(笞刑, gauntlet): 인디언들이 포로나 범죄인을 두 줄로 늘어선 전사(戰士)들 사이로 지나가게 하면서 두들겨 패는 형벌

(2) 흥남철수작전(메러디스 빅토리호의 기적: 1950.12.15-24)

흥남철수작전은 세계 전쟁 사상 가장 큰 규모로 진행된 해상 철수 작전입니다. 흥남철수작전은 중공군의 예기치 못한 참전으로 전세가 불리해진 상황에서, 1950년 12월 15일에서 24일까지 열흘 동안 미 10군단(군단장: 알몬드 장군)과 국군 1군단(군단장: 김백일 장군)을 흥남항에서 피난민과 함께 선박 편으로 철수시킨 작전입니다.

국군과 유엔군은 많은 사상자를 내고 철수작전을 감행하였습니다. 미 해병 1사단 장병들은 11월 27일부터 12월 11일까지 약 보름 동안 후퇴를 거듭하면서, 장진호에서 흥남항까지 128㎞에 이르는 죽음과 공포의 길을 걸어 고전하면서 도착하였습니다. 작전 총지휘관을 알몬드 장군으로 임명하여 철수작전이 조직적으로 이루어질 수 있도록 도일 제독이 지휘하는 90기동함대의 각종 전투함정과 함포 지원전단, 수송선단, 7함대, 한국 해군, 민간 어선까지 참여한 가운데, 퇴조항-함흥-동천리를 연결하는 반경 10㎞의 교두보를 확보하여 중공군의 공격을 차단하도록 했습니다.

알몬드 장군은 피난민 3천 명만 데리고 갈 수 있다고 했으나, 김백일 장군을 비롯한 한국인들은 피난민들을 어떤 방법으로든지 데리고 가야 한다고 강력하게 주장하였습니다. 이에 미 해군은 미국 군함과 비행기로 중공군에 폭격을 가하였고, 군함과 민간 목선 등 약 195여 척을 흥남철수작전에 동원하였습니다. 10군단 전체 병력 105,000명, 차량 17,500대, 각종 전투물자 350,000톤, 북한 피난민 91,000여 명(일부 기록에는 98,000명) 등 어마어마한 규모의 철수전투를 치르면서, 겹겹이 중공군으로 꽉 막혔던 포위망이 겨우 뚫려, 마침내 흥남철수작전까지 성공할 수 있었던 것은 기적 중의 기적이었습니다. 당시 중공군은 한반도 동북부에 12개 사단을 투입하여 미 10군단과 국군 1군단을 격멸시키고도 남았을 것이나, 오히려 유엔

별지 7 흥남철수작전 일정과 철수 방향(1950.12.15-24)

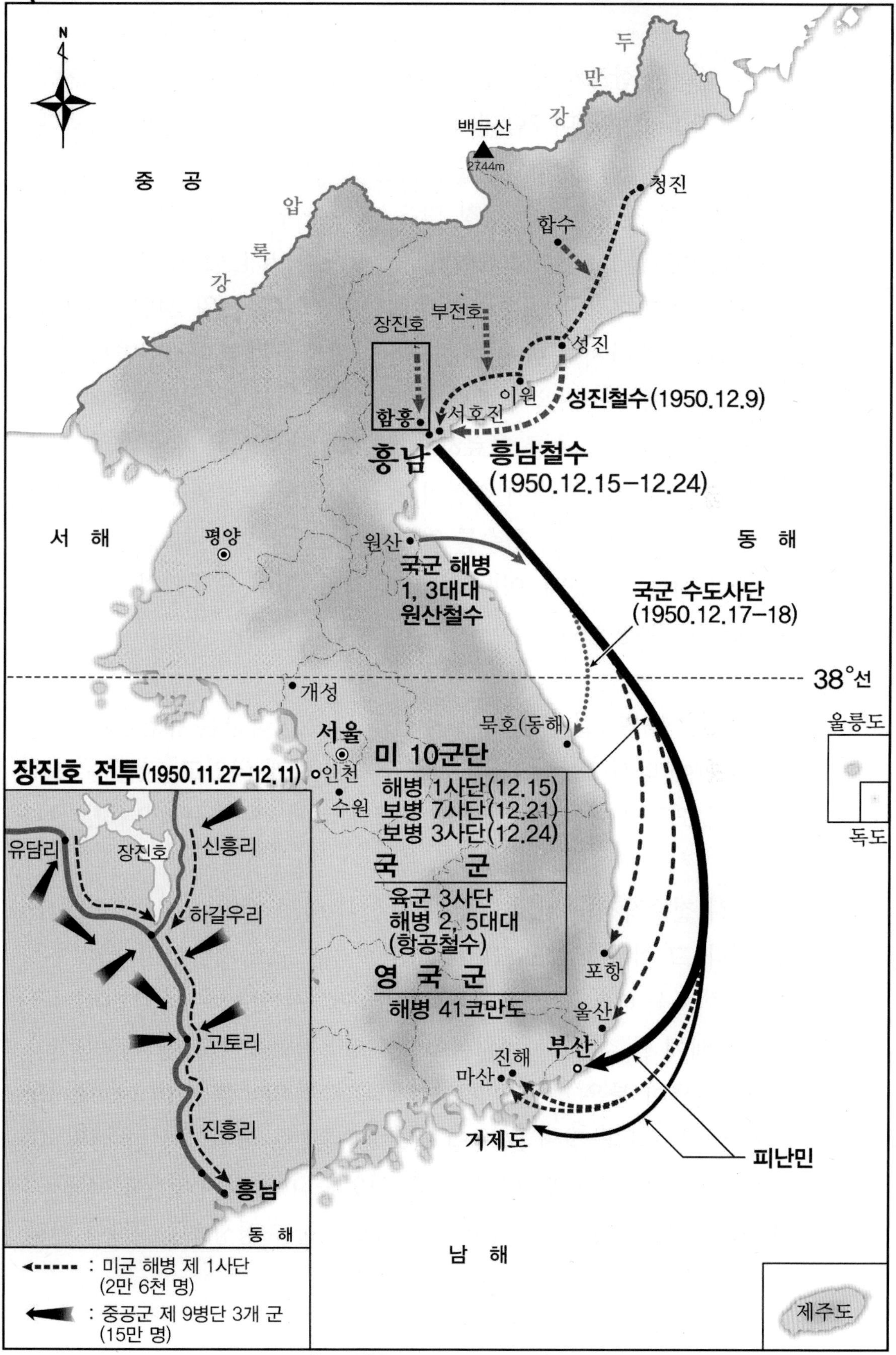

[참고문헌] 「중공군 참전과 유엔군의 철수」, 6·25전쟁사 시리즈 7 (국방부 군사편찬연구소, 2010)

군의 강력한 함포사격과 공중공격의 불벼락으로 점점 허물어지고 말았습니다. 이때 미 7함대에서 발사한 함포는 68,787발이었는데, 이는 인천상륙작전 때보다 훨씬 많은 양이었습니다.

열흘간의 철수작전은 가장 많은 피해를 입은 미 1해병사단부터 시작하여(12월 15일), 12월 17일 국군 수도사단, 12월 21일 미 7사단, 12월 24일 미 3사단의 순으로 진행하였습니다. 12월 24일 14시 30분, 미처 철수하지 못한 전투물자와 항반시설을 폭파시키면서 흥남항 전체는 엄청난 굉음과 함께 화염에 휩싸였고, 마지막 엄호부대와 폭파요원들까지 철수를 완료하게 됩니다. 당시 살을 에는 혹한 속에 40㎞가 넘는 협곡지대에 겹겹이 에워싸인 여러 포위망을 벗어나는 동안 그리고 흥남에서 철수를 완료하기까지 적의 탄환에 수많은 사상자가 발생하였는데, 이때 미군 약 7,200명이 희생되었습니다(사망 3,637명, 부상 3,657명).

1950년 10월 1일 흥분 속에 38선을 넘었던 국군은 유엔군과 함께 85일 만에 다시 38선 이남으로 모두 철수하게 되었고, 전쟁은 언제 끝날지 모르게 되었으며 통일의 꿈도 사라져 가는 듯했습니다.

당시 철수작전의 마지막 남은 상선이 바로 메러디스 빅토리호였습니다. 그 이름(SS MEREDITH VICTORY)은 노스 캐롤라이나의 작은 대학 이름을 따서 지어졌으며, 길이 455피트(약 138.7m), 7,600톤급으로, 배에 탈 수 있는 정원은 고작 60명이었습니다. 당시 '빅토리'라는 이름이 붙은 배들은 2차 세계대전 때 장비를 실어 나르는 화물선이었습니다. 정원 60명의 작은 배이므로 이미 승선한 선원 47명을 제외하면 13명만 더 태울 수 있었습니다. 당시 알몬드 장군의 민사고문으로 있던 한국인 의사 현봉학(함흥 영생고녀 교목인 현원국 목사와 한국 장로교 여전도회장을 지낸 신애균 여사의 아들)씨가 피난민들을 모두 태워 달라고 간곡하게 요청했습니다. 이에 라루 선장(Leonard P. Larue)을 포함한 47명의 선원은 인도주의적 뜨거운 사랑을 베풀어, 배에 실려 있던 무기와 짐을 모두 바다에 버리고 피난민을 한 명이라도 더 태우려고 혼신의 힘을 다했습니다. 메러디스 빅토리호는 28시간을 항해하여 부산항에 도착했으나, 이미 피난민으로 가득 차 있는 부산에서 수용이 불가능하여 입항하지 못하고 다시 50마일을 더 항해하여 크리스마스인 25일, 거제도 장승포항에 도착하게 됩니다. 극도로 위험한 이틀간의 항해 속에서도 배 안에서는 희생자가 단 한 명도 없었으며, 오히려 그 곳에서 모두 다섯 명의 아기가 태어났습니다. 1만 4천 명을 태우고 흥남에서 거제도까지 항해한 메러디스 빅토리호는 전 세계 인의 가슴을 울리며, '크리스마스의 기적'을 이뤄 내고 말았습니다.

빅토리호의 라루 선장은 당시의 사건을 회고하면서 "나는 쌍안경으로 비참한 광경을 봤다. 피난민들은 이거나 지거나 끌 수 있는 모든 것을 가지고 항구로 몰려들었고, 그들 옆에 닭과 겁에 질린 아이들이 있었다."라고 했습니다. 또 당시의 항해를 "때때로 그 항해에 대해 생각한다. 어떻게 그렇게 작은 배가 그렇게 많은 사람들을 태울 수 있었는지, 그리고 어떻게 한 사람도 잃지 않고 그 끝없는 위험들을 극복할 수 있었는지... 그 해 크리스마스에 황량하고 차가운 한국의 바다 위에 하나님의 손길이 우리 배의 키를 잡고 계셨다는 명확하고 틀림없는 메시지가 내게 와 있었다."라고 증언했습니다.

국방홍보원(www.dema.mil.kr)에서 제작한 「60년 전 사선에서」(6·25전쟁 실록 다큐멘터리, 2010) 영상에 나온 참전용사들의 증언에는 당시의 처참함이 그대로 묻어납니다.

"보통 인원이 얼마나 타냐면 말이지, 2-300명밖에 못 타요. 그런데 흥남 철수할 때 말이죠. 거기에 몇 명 탄 줄 아십니까? 만 명 가까이 탔습니다. 발 디딜 틈이 없어. 움직일 틈이 없다고... "

- 최영섭(당시 해군소위, 1928년생)

"춥기는 엄청 추워 가지고 그때 영하 30도, 28도 그렇게 오르내리는 기온이었어요. 파도 물결이 쳐도 어는 그런 정도였으니까. 울부짖으면서 모두 배에 오르다가 힘이 없어 가지고 물에 떨어지는 사람, 철수하려니까 LST 같으면 앞에 문이 열리는 거 아닙니까? 이게 서서히 철문이 닫히는데 철문에 끼는 사람들... 거 참, 이루 볼 수가 없는 그런 상황이죠. 그렇게 해서 흥남철수작전은 끝난 겁니다."

- 한영섭(당시 종군기자, 1928년생)

12월 24일 오후 2시 45분, 마지막 수송선이 부두를 떠날 때 남은 피난민들은 울부짖으며 가는 배를 향해 몸부림쳤고, 일부는 바다에 몸을 던지기도 하였습니다. 배에 탄 사람과 거의 같은 수의 피난민이 선박 부족으로 그대로 뒤에 남겨져야 했습니다. 이들은 흥남항이 폭파될 때 목숨을 잃거나 대부분 중공군에게 잡혀 모두 학살당했습니다. 살을 에는 영하 28-30도의 엄동설한 속에서 기적적으로 배를 타기는 하였으나 인원수가 너무 많아 몸을 움직일 수가 없었습니다. 배 안에는 음식과 물, 이불, 의약품이 절대적으로 부족하여, 한때는 젊은이들 중에 음식을 달라며 폭동을 일으키기 직전까지 가기도 했습니다. 한편 목선을 빌어 탄 사람들은 너무 많은 사람이 타는 바람에 얼마 가지 못하고 그대로 가라앉는 경우도 있었습니다.

당시 북한 주민들이 왜 이토록 유엔군을 따라 자유의 세계 남으로 가고자 했는지는 많은 설명이 필요치 않을 것입니다. 참으로 북한 주민의 흥남철수의 그 비참상은 말로 글로 표현할 길이 없습니다. 사정없이 마구 퍼붓는 폭설이 무릎까지 쌓여 발을 떼어 놓기에도 힘이 듭니다. 등에 짊어지고, 머리에 이고, 어린아이까지 잡아끌어야 하는 피난길은 너무도 먼데다가 굶주림까지 겹쳐 몰려옵니다. 가는 곳마다 부모 잃은 어린이가 헤매고 있고 가깝게 들려오는 포성이 마음을 불안하게 합니다. 이런 일을 피부로 겪은 세대들은 몸서리치던 그때의 참상을 영원히 절대로 잊지 못할 것입니다.

흥남부두의 이별을 노래한 대중가요 '굳세어라 금순아'는 전쟁 때문에 가족, 연인과 생이별을 하고 피난지에서 장사치로 일하면서, 흥남부두에서 헤어진 '금순이'에게 자신의 안부를 전하고, 다시 만날 때까지 굳세게 잘 지내기를 바라는 내용으로, 실향민의 기원과 그들의 아픔을 토로한 절절한 사연을 담고 있습니다.

(3) 다시 찾은 서울, 중공군의 신정 공세

1950년 12월 20일경, 국군과 유엔군은 북한 지역에서 철수하여 임진강 하구-연천-춘천 북방-양양을 잇는 선상에 방어진지를 편성하기 시작했는데, 사흘 만인 12월 23일 **미 8군 사령관 워커 중장**이 전방시찰을 위해 가던 중 의정부(현재 도봉동)에서 차량 충돌사고로 전사하였습니다.[86)]

워커 장군은 6·25전쟁 초기, 북괴군의 공격에 밀려 낙동강까지 후퇴

86) 워커 장군은 전선을 시찰하고 중공군의 공세를 방어하는 데 수훈을 세운 자신의 아들 워커 대위에게 은성무공훈장을 전달하기 위해 의정부로 이동하던 중, 현재의 도봉동 부근에서 국군의 트럭과 충돌하여 사망하였다. 당시 이승만 대통령은 교통사고를 일으킨 운전병을 사형시키라고 하였으나, 처벌을 원치 않는 유가족들의 탄원으로 감형되었다. 워커 장군은 사후에 대장으로 추서되었다.
그의 외아들 샘 S. 워커 역시 대위로 한국전쟁에 참전하여 최전방에서 전과를 올렸고, 미군 역사상 가장 젊은 나이에 대장으로 진급하여, 미국 역사상 최초로 부자(父子)가 같이 대장 계급을 받는 영예를 얻었다. 이 후 샘 워커 대장은 1970년대 후반, 차기 육군참모총장으로 유력한 위치에 있었으나, 미국 카터 대통령의 주한 미군 철수 입장에 반대하다 예편되었다.

하는 풍전등화의 위기 속에서 낙동강 방어선을 성공적으로 지켜내고, 북진작전을 지휘하여 압록강까지 진격했던 용감하고 유능한 지휘관이었습니다. 후에 한국정부에서는 미군 휴양시설과 호텔을 건립하면서, 그의 공적을 기리며 그의 이름을 따서 '워커힐'(Walkerhill)이라고 이름하였습니다(1963년 4월). 미 8군 사령관 후임으로는 **리지웨이 중장**이 임명되었습니다.

① 중공군의 신정 공세

중공군은 **1951년 1월 1일 새벽, '신정 공세'**를 개시하여, 주공격부대인 13병단이 철원-의정부-서울에 이르는 축선상에서 맹렬한 기세로 남하하기 시작하였습니다. 이에 맞선 국군과 유엔군은 중공군으로부터 받은 충격과 패배의 여파로 사기가 극도로 저하되어, 전군에 후퇴 분위기가 만연되어 있었기 때문에 전투 초기부터 고전을 치르며 밀리게 되었습니다.

이러한 가운데 1월 3일 중공군이 수도권에 대한 공격을 강화하자, 미 8군 사령관은 수도 서울의 포기를 한국정부에 통보한 후, 1월 4일부터 소위 '**1·4 후퇴**'를 개시하여 1월 7일에는 서울 남쪽 60㎞ 지점의 평택-삼척을 잇는 북위 37도선에서 새로운 방어선을 형성하게 되었습니다.

1·4후퇴 시 서울을 비롯한 지역에서 남쪽으로 내려간 피난민은 **약 220만 명**에 이르렀고, 전국적으로 764만 명이 피난길에 올라 엄동설한 속에서 방황하게 되었습니다.

중공군은 국군과 유엔군이 쉽게 방어선을 포기하고 일찌감치 주력을 남쪽으로 후퇴시킨 것이 자신들을 유인하기 위한 작전이라 오판하고, 1월 8일을 기해 전군에 추격정지 명령을 내렸습니다. 중공군의 공세가 멈추자 국군과 유엔군은 1월 25일 일제히 'Thunderbolt(벼락)작전'이라 명명된 작전을 감행하여 중공군과 북괴군을 38도선 이북으로 격퇴하고, 2월 초순에는 김포-안양-양수리-지평리-횡성-하진부리까지 진출하였습니다.

② 중공군의 2월 공세

한편 중공군은 21개 사단이 추가 증원되어 전투력이 대폭 증강되었으며, 이에 힘을 얻어 2월 11일 밤에는 중동부전선의 횡성·홍천간의 삼마치 고개와 지평리 일대에 9개 사단을 집중 투입, 2월 공세를 실시하였습니다.

이로 인해 중요 지역인 지평리와 횡성, 원주 지구에서는 일대 격전이 벌어지게 되었습니다. 이때 미 2사단 23연대는 지평리 일대에서 중공군 39군 예하 3개 사단의 포위 공격을 받았으나, 예하 4개 대대로 동서남북 사면을 에워싼 사주 방어진지를 구축하여 성공적인 전투를 치러 냈습니다.

중공군은 미군을 사방에서 포위한 후 특유의 피리소리에 맞춰 일제히 횃불을 쳐들고 돌격해 왔는데, 죽이고 또 죽여도 쉴 새 없이 밀려왔습니다. 연대장 프리먼 대령은 미 23연대 지휘소에 날아든 330여 발의 포격에 부상을 당했음에도 부대 지휘를 계속하여 부하들의 사기를 북돋았으며, 예비역 중장인데도 대대급 부대를 지휘하기 위해 중령 계급으로 참전한 몽클라르 프랑스군 대대장도 부하들과 함께 소총에 대검(칼)을 꽂고 백병전으로 중공군에 맞서 싸웠습니다.

마침내 2월 15일 크롬베즈 대령이 지휘하는 미 5기병연대가 전차 23대에 병력 160명을 탑승시켜, 중공군의 박격포와 로켓트포 사격을 뚫고 미 23연대의 진지에 도착하여 지원하자 기세가 꺾인 중공군은 철수하였습니다(국방일보 2011년 2월 7일자). 이 전투로 중공군은 5,446여 명이 살상되었으며, 미군은 353명이 전사 및 부상을 당하였습니다.

이후 국군과 유엔군은 2월 21일을 기하여 공격작전을 재개, 3월 15-16일에는 서울을 탈환하고 3월 말에는 38도선 부근까지 신출하였습니다. 이 공세를 통해 중공군은 우마차와 인력에 의존하는 보급지원체제의 취약성 때문에 공격작전을 통상 5-6일밖에 지속하지 못한다는 사실이 밝혀져, 국군과 유엔군은 중공군을 능히 이길 수 있다는 확신을 갖게 되었습니다.

1951년 3월 중공군이 38도선 이북으로 격퇴되자, 미국의 트루먼 대통령은 중국에 대한 협상 제의를 준비하고, 맥아더 원수에게도 유엔군의 38도선 이북으로의 진출을 자제하도록 권고하였습니다. 그러나 맥아더 원수가 3월 24일 아무런 사전 통고도 없이 독단적으로 중공과의 전쟁을 계속하겠다는 성명을 발표하였습니다. 이에 트루먼 대통령은 4월 11일 맥아더 원수를 유엔군 사령관 직위에서 해임하였습니다. 그의 후임으로는 리지웨이 대장이 임명되었으며, 미 8군 사령관으로는 벤플리트 중장이 임명되었습니다.

(4) 중공군의 재반격(4월 공세)[87)]

1951년 4월 22일, 중공군은 서울을 다시 점령해 모택동에게 노동절(5월 1일) 선물로 바치겠다는 명분하에 국군 및 유엔군과 대치한 중공군은 서부전선에 주공(주공격 부대)으로 약 30개 사단을, 중부전선에 조공(보조공격 부대)으로 15개 사단을 투입하여 일제히 공

87) 「한국전쟁사」, 136.

격을 개시했습니다. 중공군은 서울을 포위하기 위해 문산과 춘천 북방을 집중 공격하여 양평의 용문산까지 밀고 내려와, 춘천 북방 사창리 일대를 방어하던 6사단은 중공군에게 밀려 분산 철수하게 되어 춘천, 가평을 한꺼번에 빼앗기게 되었습니다. 한편, 동부전선에서 인제를 점령한 북괴군은 국군과 유엔군의 완강한 저항에 부딪혀 더 이상 진출할 수 없게 되었습니다.

이러한 일련의 전투가 계속되는 동안, 경기도 적성 부근 설마리에 배치되었던 **영국군 29여단**[88]이 적중에 고립된 가운데 용감히 싸워 중공군의 진출을 막음으로써, 미 1군단이 수도 서울을 지켜 내는 데 크게 기여하였습니다.

영국군 29여단이 최악의 상황으로 빠져들고 있을 무렵인 **4월 25일 새벽 5시** 상급부대인 **미 1군단장 밀번**(F. W. Milburn) **중장**은 중공군의 집요한 공격으로 주저항선이 돌파되자 예하부대에 철수명령을 하달하였습니다. 이때 설마리 고지의 남쪽으로 철수하던 글로스터 대대의 주 병력은 중공군의 포로가 되었고, 남아서 주 병력을 엄호한 후 가장 나중에 철수한 D중대는 반대 방향인 북쪽으로 철수하여 국군 1사단 지역으로 무사히 탈출하였습니다.

---

88) **영국군 참전경위**: 영국정부는 1950년 7월 26일 영국 본토 내에 예비대로 있던 29보병여단을 파견할 것을 결정하였으나, 출동을 준비하는 과정에서 한국의 전황은 계속 악화되어 갔고 낙동강선까지 밀려 일대 고전을 겪는 가운데, 우군의 증원부대만을 고대하고 있는 형편이 되었습니다. 이에 영국은 긴급조치로 홍콩 일원에 주둔 중인 영국군 40보병사단에서 **27여단 본부**와 **그 예하의 2개 대대**를 급파하여, 8월 28일 부산에 도착하였습니다. 영국 27여단은 이 후 낙동강 방어선, 평양 탈환작전, 박천 지구전투, 가평전투 등에 참전하였으며, 1951년 4월 25일에는 **28여단**으로 명칭이 변경되었습니다.

한편 **29보병여단**은 영국 본토에서 출발하여 11월 3일부터 18일 사이에 부산항에 도착하였으며, 설마리 전투에서 중공군을 3일간이나 저지하였습니다.

결과적으로 영국군 제 29여단은, D중대를 제외한 글로스터 대대가 전원 포로가 된 것을 포함하여 전체 병력의 3분의 1을 잃었습니다. 그러나 이들의 희생으로, 적성-설마리-동두천으로 돌파하려는 중공군을 3일간이나 저지하여, 미 1군단의 주력부대들이 안전하게 철수할 수 있었고, 서울을 무사히 방어하는 시간을 확보하는 데도 결정적인 기여를 하였습니다.

이 후 4월 30일 국군과 유엔군은 김포-서울 북방-경기도 금곡리-사방우리-속초의 대포리를 연하는 선에서 방어선을 형성하고, 5월 4일에는 반격을 개시하여 봉일천-의정부-가평-춘천-인제-속초 북방까지 진출, 차후 작전을 준비하였습니다.

「그날 밤 중공군의 공격은 거셌다. 중공군 병력은 후방 257고지를 맡고 있던 Z중대와 152고지를 담당했던 X중대를 공격했다. 격렬한 전투가 80시간 가까이 계속됐다. 이들 고지가 중공군에 점령당하자 우리 Y중대에도 퇴각 명령이 떨어졌다. 나는 쏟아지는 적 포탄을 피하면서 달리기 시작했다. 결국 의정부로 가는 길목에서 중공군에게 생포됐다.

수용소 생활은 끔찍했다. 중공군들은 내 태도가 거만하다며 마구 때리고 수갑을 채운 채 천장에 매달았다. 총검으로 찌르고 벨트를 휘두르고 발로 차기도 했다. 반중(反中) 감정을 가진 포로를 밀고하라고 심문을 하다 내가 입을 열지 않자 24시간 올가미를 씌워놓기도 했다. 조금이라도 자세가 흐트러지면 온몸을 순식간에 조이는 고문 기구였다.

1952년 7월 27일 두 번째 탈출했다가 붙잡혔을 때는 81일 동안 나무상자에 감금돼 있었다. 몸 하나 겨우 들어가는 상자였으며 실오라기 하나 걸치지 않은 채 쥐들이 들끓는 동굴에서 한 달 동안 갇혀 있었다.

포로교환으로 풀려난 직후 일본에 가서 탈장 수술을 받았다. 제때 치료받지 못한 후유증 때문에 여러 번 재발해 10년 동안 6번이나 수술을 받아야 했다.」[89]

(5) 중공군의 5월 공세와 유엔군의 3차 반격

중공군은 4월 공세 때 서부전선에 주공을 투입해 서울 점령을 시도하다가 상당한 피해를 입은 후 실패로 끝이 나자, 다시 중동부 전선에 중공군 21개 사단과 북괴군 9개 사단을 집중 투입하여 1951년 5월 15일 밤에 국군 3군단 및 미 10군단 정면에서 공격을 개시하였습니다.

① 현리 전투

중공군은 미 10군단의 방어선 일부분을 돌파함으로써 그 오른쪽 현리 일대에 배치되었던 국군 3군단의 후퇴로를 차단하였습니다. 이로 인해 3군단은 부대가 분산된 가운데 강원도의 속사리-대관령 선으로 철수하면서 50㎞나 남하하여 전 전선이 무너질 위기가 조성되었습니다.

기회를 포착한 적군은 북, 서, 남쪽에서 현리 일대의 포위망을 압축, 공격하면서 일부 부대는 방태산으로 철수하는 아군을 추격하였습니다. 장병, 노무자, 위문공연단이 뒤섞인 군단은, 무기나 장비를 파괴하거나 버리고 방태산 남쪽의 광원리로 집결한다는 것을 입에서 입으로 전파하면서 퇴각하였습니다. 각 부대는 지휘통제 능력을 상실하였고, 보급도 없이 1,436m나 되는 방태산을 오르면서 체력과 정신력이 모두 소진되었습니다. 설상가상으로 산을 내려오자마자 중공군의 습격을 받아 부대가 또 흩어져서 철모 등 장구류와 군복까지 벗어 던지고 맨몸으로 철수하였습니다.

「지도 하나, 판쵸우의, 철모 쓰고 콤파스 하나 들고 중공군과 접전해가면서 걷고 또 걸었다. 비는 계속 오고 끼니는 굶은 채 걷다 보니 이제 철

89) 데릭 키니, 「나와 6.25」(기파랑, 2010), 170.

모도 무겁고 우의도 무거웠다. 중간에 오다가 연대고문관 미군소령이 총을 맞아 피를 흘리며 살려 달라는데 어찌할 방법이 없어 그냥 버리고 오는데 너무도 안타깝고 가슴이 아팠다.

계속 식사를 굶고 산천을 헤매다 보니 체력의 한계에 이르렀다. 체력이 약한 부상자는 바위에 누운 채 그냥 죽어갔다. 다시 생각하기 싫은 너무도 비참한 전투였다. 꼬박 10끼를 굶고 하진부리로 철수해서 7사단과 만나서 주먹밥 한 개와 고추장 한 점을 먹었다.」(손덕균 증언)[90]

3군단은 5월 21일, 하진부리에서 최종 철수하여 3사단은 송계리로, 9사단은 대화로, 군단 사령부는 영월로 이동하였습니다. 이 작전의 책임을 물어 5월 22일 3군단은 해체되고, 9사단은 국군 1군단으로, 3사단은 미 10군단으로 소속이 변경되었습니다.

② 용문산지구 전투 및 화천 추격전

1951년 5월, 6사단은 양평 북방의 용문산 일대에서 중공군 63군 예하 187, 188, 189 3개 사단의 대대적인 공격을 받았습니다. 이때 6사단장 장도영 준장은 용문산에서 중공군을 섬멸함으로써 4월 공세 때 사창리에서 당한 패배를 만회하기 위해 사단 장병들에게 "사단의 명예를 회복하기 전에는 살아서 돌아올 생각을 마라. 나도 너희와 같이 죽겠다!"라고 훈시함은 물론, 사단 전 장병들은 죽기를 각오하고 싸워 이기겠다며 철모에 '결사(決死)'라는 머리띠를 두르고 전투에 임했는데, 참전용사들의 증언에 의하면, 고등학생티도 채 벗지 못한 어린 소대장들이 국가와 민족을 위해 깨끗이 죽자며 단합하는 모습을 보여 감격함을 금치 못했다고 합니다.

---

90) 「6.25 전쟁 증언록 II권」, 319.

중공군은 중부전선의 요충지인 용문산을 탈취하기 위하여 3배가 넘는 전투력을 투입하였으나, 공중 및 포병화력에 치명적인 손실을 입고 철수하게 되었습니다. 6사단장이었던 장도영 준장은 "후퇴하면서 길가에 늘어진 중공군을 쓰레기 줍듯이 트럭에 실어 담았으며, 아군 소대 병력이 적 대대 병력을 무더기로 생포하는 진풍경이 연출되었다."라고 증언하였습니다. 이 전투를 통해 6사단은 중공군 21,550명을 사살하고 2,617명을 포로로 잡았으며 3,136점의 각종 장비와 물자를 노획하였습니다.

용문산지구 전투는 한국전쟁 사상 최고의 전과를 올린 기록적인 작전이었으며, 전쟁이 끝난 후 1955년 11월 18일에는 이승만 대통령의 임석하에 전승 기념비를 건립하고, 화천저수지를 '오랑캐를 대파한 호수'라는 뜻에서 '파로호(破虜湖)'로 명명하게 되었습니다.

중공군은 4월과 5월 두 번의 공세 기간에 약 183,000여 명의 병력이 사상 및 실종되었으며, 야포 120문을 비롯하여 박격포 310문과 각종 소화기 12,000여 정 및 막대한 양의 탄약과 군수물자의 피해를 입었습니다. 중공군은 5월 공세 때 입은 결정적인 타격으로, 1951년 6월 23일 공산 측인 말리크 유엔 소련 대사가 휴전회담을 제의하기에 이르렀으며, 이때부터 전선은 제한전쟁의 성격을 띠고 정치적인 협상이 진행되는 가운데 고착되어 갔습니다.

7. 전선 교착 및 휴전 협상기
(1951.6.23 - 1953.7.27: 약 2년 1개월)

A period of stalemate and the armistice negotiation
(Jun 23, 1951 - Jul 27, 1953: approx. 2 years and 1 month)

(1) 휴전협상의 시작과 고지쟁탈전

① 휴전협상의 시작

한국전쟁을 주도해 온 미국은 중공이 한국전쟁에 개입하자 중공 및 소련과의 전면전쟁을 회피한다는 입장에서 군사적인 승리를 단념하고 있었습니다. 그러한 가운데 미국은 유엔군이 1951년 6월 재반격작전에 성공하여 38도선 일대까지 진격하자, 유엔군의 북진을 제한한 가운데 협상을 통한 휴전을 추구하게 되었습니다.

1951년 5월 17일, 미국 안보회의 결과 확정된 대 한국 정책은 "한국전쟁의 목적을 한국의 통일, 독립, 민주정부를 수립한다는 정치 목표와, 공산군의 침략을 격퇴하고 휴전협상을 통하여 쌍방의 적대행위를 종식시킨다는 군사목표로 분리하여, 먼저 군사목표의 달성부터 추구한다."라는 것이었습니다.

이는 한국의 통일, 독립, 민주 정부를 수립하는 것은 세계의 긴장이 완화되었을 때에야 달성할 수 있는 문제이기 때문에 당장 시급한 한국전쟁을 종식시키기 위해서는 협상으로 휴전협정을 성립시킬 수밖에 없다는 뜻이었습니다.

이에 따라 6월 1일, 유엔 사무총장이 "38도선 부근에서 휴전한다는 것은 한국에 대한 침략을 격퇴한다는 유엔군의 참전 목적을 달성하는 것"이라는 성명을 발표함으로써, 휴전협상안은 사실상 유엔 회원 국가들의 동의를 얻은 셈이 되었습니다.

그래서 미국은 유엔군이 중공군의 춘계 공세를 물리친 직후부터 중공군에게 휴전협상에 응하도록 정치적인 압력을 가하기 시작하였습니다. 이런 가운데 6월 23일, 소련은 주 유엔 소련대사 말리크를 통해 유엔 방송국의 '평화의 대가'라는 프로그램 시간을 이용하여 휴전협상을 제의해 왔습니다.

미국은 이승만 대통령의 완강한 반대를 외면한 채 자유우방국가들과 마침내 소련의 협상제의를 수락하여, 유엔군 사령관은 6월 30일 중공군에게 휴전회담 제의를 받아들인다는 성명을 발표하였으며, 7월 2일 중공이 동의한 가운데 7월 10일 첫 휴전회담이 개최되었습니다.

회담장은 공산군 측이 고집하던 개성의 판문점으로 결정되었습니다. 따라서 전쟁이 끝난 후에도 우리의 수도 서울이 휴전선에 지나치게 근접하여 저들의 위협 하에 놓이게 되었습니다. 문산에서 개성으로 향하는 유엔군 차량들은 합의된 대로 백기를 달고 들어가야 했으며, 판문점에서는 적군 보초의 통제를 받아 출입하고, 회담장으로 이동 시에도 적 무장 감시병의 감시 하에 움직여야 했습니다. 회담장 내에서도 공산군 대표들은 승자처럼 남쪽을 향해 높은 의자에 앉고, 유엔군 대표단은 북쪽을 향해 낮은 의자에 앉도록 좌석 배열을 하였으며, 유엔군 측이 회의 탁자에 유엔기를 설치하자 공산군 측은 이보다 더 높은 곳에 인공기를 설치하였습니다. 동양의 전통에 의하면, 정복한 나라가 남쪽을 향하여 앉고, 패배한 나라가 북쪽을 향해서 앉도록 되어 있었기 때문에, 공산군 측은 이러한 광경을 촬영, 보도하여 마치 자신들이 '승자'인 것처럼 선전하였습니다.

이 같은 과정을 거쳐 7월 26일에는 다음과 같이 휴전협상의 의제와 토의 순서에 합의를 보게 되었습니다.

1항. 협상 의제의 채택
2항. 군사분계선의 설정
3항. 휴전 감시 방법 및 그 기구의 설치
4항. 포로교환에 관한 협정
5항. 쌍방의 당사국 정부에 대한 건의

그러나 '현 접촉선'을 군사분계선으로 하자는 유엔군 측의 주장과 '38도선'을 군사분계선으로 설정해야 한다는 공산군 측의 의견이 팽팽하게 맞서면서 8월 23일부터 두 달 동안 회담이 중단되기에 이르렀습니다.

한국전쟁의 조속한 종결을 기대하고 있던 미국은 군사분계선에 대한 조항에만 합의하면 조기에 휴전이 성립될 것이라 전망하고, 유엔군 사령부에 '공격작전을 일체 중지하라'는 명령을 내렸습니다. 이로 인해 국군과 유엔군이 1개 대대 이상의 공격작전을 전개하려면 유엔군 사령부의 사전승인을 받아야 했습니다. 따라서 1952년 4월까지는 소규모의 작전이 전개되었을 뿐 소강상태가 유지되었습니다. 그러는 동안 판문점의 휴전회담은 휴회와 회담 재개가 되풀이되는 가운데, 간신히 포로처리에 관한 문제를 제외한 그 밖의 조항은 타결하였습니다.

1952년 5월 12일에는 유엔군 사령관 리지웨이 대장이 북대서양조약기구 군 사령관으로 임명됨에 따라 클라크 대장이 그 후임으로 임명되었습니다.

이 후 지상군 작전은 휴전회담의 조기 타결을 위해 소강상태가 유지되었으나, 포로의 '자유송환'을 주장하는 유엔군 측과 '강제송환'을 주장하는 공산군 측의 주장이 일보의 양보도 없이 대립하기 시작했습니다. 이에 따라 유엔 공군은 공산측에게 포로처리협상의 조기타결을 유도하기 위한 이른바 '항공압박 전략'을 세우게 됩니다. 그리하여 평양, 수풍, 부전, 장진, 허천 수력발전소 등 주요 표적을 폭격하여 심대한 타격을 가하였습니다.

1952년 6월에 접어들자 공산군 측의 포병사격 발수가 일일 평균 7,000여 발로 2개월 전에 비해 3배로 증가하였으며, 중공군의 병력 또한 57만여 명에서 86만 6천여 명(72개 사단)으로 대폭 증강되었습니다. 이처럼 휴전협상이 진행되는 동안 공산군 측의 군사력이 증강된 것은, 그들은 휴전협상의 목적이 조기타결이 아니라 휴전협상 기간 동안 전력을 증강시켜 군사적 우위를 획득하고 협상을 유리하게 이끌려는 계략이었으며, 한편으로는 유엔군의 항공압박 전략에 대한 보복의 일환이기도 하였습니다.

② 고지쟁탈전

유엔군도 보다 유리한 지형을 확보하기 위하여 전 전선에서 유리한 지형 쟁탈전을 벌였는데, **불모고지, 고양대, 백마고지, 피의 능선, 저격능선, 수도고지, 351고지 일대**에서는 고지의 주인이 수없이 뒤바뀌는 격전이 쉴 새 없이 전개되었습니다. 그 중에서 1951년 8-9월 사이의 피의 능선 전투[91]와 1952년 10월 백마고지 전투가 유명합니다. 이렇게 전쟁 후반기의 전투는 휴전을 추진하는 상황에서, 현 전선 유지와 방어를 목적으로 하는 고지전으로 일관하였고, 이름조차 없던 산봉우리가 격전의 현장으로 바뀌기도 하고, 하나의 고지를 점령하기 위해 무수한 사상자가 발생하게 되었습니다.

국군 9사단은 **1952년 10월 6일부터 15일**까지 전개된 6·25전쟁 사상 가장 치열한 진지전이었던 철원 북방의 백마고지 전투에서 중공군 38군의 3개 사단을 궤멸시켰습니다.

당시 아군은 적이 **백마고지(395고지)**를 탈취함으로써 철원을 중심으로 한 중부전선에서 전략적 이점을 확보하려는 것으로 판단, 방어태세를 강화하고 있었습니다. 그러던 중 **10월 3일** 중공군 340

91) 1951년 8월 17일부터 9월 3일까지 강원도 양구 북방에서 벌인 진지공격 전투로, 너무 많은 사상자가 발생해 능선이 피로 흘러 넘쳤다 하여 종군기자들이 피의 능선(Bloody Ridge)이라고 보도하면서 그 이름이 생겨 났다.

연대 군관 '곽중교'가 귀순하여 "적의 공격이 임박"하였다는 것과 "395고지를 고립시키기 위하여 봉래호 수문을 개방, 역곡천을 범람케 할 것"이라는 첩보를 제공하였습니다. 이에 따라 9사단에서는 '봉래호' 수문을 사전에 개방하여 물을 빼 버림으로써, 중공군의 공격계획을 미리 차단하였습니다.[92]

제 9사단은 중공군 3개 사단의 공격을 맞아 10일간 24번이나 주인이 바뀌는 혈전을 거듭한 끝에, 10월 15일 최종적으로 적을 격퇴하고 고지를 사수하였습니다.

「"이 일전의 승패는 오로지 의지력과 인내력으로 좌우된다. 이 백마고지의 일전이야말로 우리 한국군 전체의 명예와 전투능력에 대한 평가가 달려있다. 나를 비롯하여 우리 사단 장병 전원의 뼈를 저 백마의 산정에 묻기로 하자" (1952년 10월 3일, 백마고지 전투를 앞둔 사단장 김종오 장군의 훈시 중에서)

술에 취한 중공군은 맨몸에 수류탄만 들고서 10열종대로 개활지에 새까맣게 몰려들었다. 뒤에서는 꽹과리를 치고, 북을 울리고, 피리를 불며 취한 병사들의 흥을 돋우었다. 중마산에 위치한 아군 53, 73 양 전차중대가 제 값을 발휘한 것은 이때였다. 정확한 조준을 하여 탱크포를 쏘아 날려 벌판 위에 밀집된 적의 대열을 시체더미로 만들었다. 그러나 적은 무수한 시체를 방패삼아 끈질기게 전진해 왔다. 9사단 장병들은 대피호를 파고 1미터 전진하여 또 대피호를 파면서 고지 정상에 접근해 나가야 했다. 피아간의 포격으로 온 산은 수목이 불에 타고 바위도 깨져서 무릎까지 빠지는 모래밭으로 변해 있었다. 야전삽으로 대피호를 파낼 필요도 없었다. 쓰고 있던 철모로 파헤쳐도 당장 몸을 가릴 만한 대피호를 만들 수 있었다.」[93]

---

92) 당시 51연대 부연대장 조혁환 씨 증언(예비역 준장, 3사단장 역임)
93) 유현종, 「백마고지」(을지출판공사, 1985)

당시 395고지 일대는 아군과 적군이 쏘아 댄 포탄으로 일어난 흙먼지가 무릎까지 빠질 정도였다고 합니다. 이후 395고지는 포탄에 벗겨진 고지의 모습이 백마(白馬)가 누워 있는 모습과 비슷하다 하여 '백마고지'로 불리게 되었습니다.

이 전투로 거의 궤멸상태에 이른 중공군 38군은 전선에서 물러나고 말았는데, 총 9개 연대 중 7개 연대를 투입하여 1만여 명이 사상 또는 포로가 된 것으로 집계되었으며, 9사단도 총 3,500여 명의 사상자를 냈습니다.

「백마고지 전투전적비 비문」

천지를 뒤흔들던 포성은 잠들고 비 오듯 쏟아지던 총탄은 사라졌다. 이 능선에 다시 평화를 가져오기 위하여 우리 용사들이 흘리고 간 거룩한 피는 송이송이 꽃이 되어 조국의 이름과 더불어 길이 빛나고 있다.

단기 4285년 10월 6일 19:00, 중공 38군의 전 주력이 빗발치는 포열의 지원 밑에 어둠을 타서 공격해 오던 열흘 동안, 피아 폭탄 낙하는 30만 발을 헤아렸고, 고지의 임자가 바뀌지기 스물네 번, 포탄 가루와 시체의 혼성, 진애는 사람의 무릎을 채우고 산용은 백마형으로 일변하여 시산혈하를 이루었으나, 충용한 9사단 장병들은 솟구쳐 오르는 분노와 함께 기어코 구천여 명의 적을 무찌르고 이 땅을 지켰노라.

일찍이 조국이 위난한 어떤 때에도 없었던 그대들의 영웅적 투지는 온 겨레의 거울이 될지니, 그들의 나라 위한 일편단심 여기에 새겨 백마고지와 더불어 먼 뒷날 우리들의 후손으로 하여금 애국의 이름 외치면서 뒤를 이어받도록 하리라.

단기 4290년 7월 15일

제 5군단 세움

이 무렵 휴전회담은, 공산군 측이 전력 증강이 필요할 때마다 고의적인 트집을 잡아 회담을 지연시키고 있었기 때문에 회담은 명목상으로만 유지되고 있었습니다. 그러다가 포로처리 문제에 있어서 '자유송환'(유엔군 측)이냐 '강제송환'(공산군 측)이냐를 놓고 쌍방이 한 치의 양보도 없이 대립하면서, 결국 1952년 10월 8일부터 무기한 휴회로 들어가게 되었습니다.

유엔군은 그 동안 획득한 포로를 거제도 포로수용소에 집단 수용하고 있었는데, 이들 중에는 공산주의를 반대하는 장병들이 상당수 포함되어 있었습니다. 이 때문에 포로수용소 내에는 반공포로와 친공포로들의 충돌이 자주 일어났으며, 1952년 1월 11일에는 5,500명의 반공포로들이 '반공청년동맹'을 결성하여 국회에 강제송환을 반대한다는 진정서를 제출하였습니다. 당시 수용돼 있던 17만여 명의 포로 중 7만여 명만이 송환을 원하고 나머지 10만여 명은 송환을 거부하였습니다.

급기야 1952년 5월 7일에는 포로수용소장 도드 준장 납치 사건이 일어났습니다. 친공 포로들은 도드 준장을 인질로 삼아 포로 대우 개선, 자유의사에 따른 포로 송환방침 철회, 포로 대표위원단 인정 등을 요구하며 폭동을 일으켰는데, 이때 100여 명에 이르는 반공포로들이 친공포로들에 의해 처형되었습니다.

미 8군 사령관은 미 1군단 참모장 콜슨 준장을 신임수용소장으로 임명하고, 수용소 주변에 기갑부대를 배치하여 무력 진압할 계획을 세웠습니다. 그러나 친공포로들을 위시한 포로 대표들이 요구한 '인도주의적인 포로 대우'와 '인민군과 중공군 포로로 구성된 포로 대표단 조직의 구성'에 합의하자 도드 준장을 석방하였습니다. 이 폭동은 한 달여 만인 6월 10일에야 진압되었고, 유엔군 측은 포로들을 친공과 반공으로 분리하여 수용함으로써 재발을 방지하였습니다.

③ 한국의 휴전회담 반대운동

미국이 휴전협상을 모색하게 된 사실이 보도된 후인 1951년 6월 10일, 임시수도인 부산에서는 수만 명의 군중이 휴전반대 궐기대회를 개최하고, 6월 30일에는 이승만 대통령이 "한국의 통일과 대한민국 헌법에 위배되는 어떠한 조건의 휴전도 인정할 수 없다."라는 성명을 발표하였습니다.

그 후 한국 국민들의 휴전반대운동은, 휴전회담이 정체상태에 빠지면 잠잠해졌다가, 회담이 재개되면 국민들의 궐기대회와 정부 및 국회의 휴전반대 성명 발표가 계속되는 등 범국민적인 시위로 확대되고는 하였습니다.

이처럼 국민들이 휴전회담을 반대했던 근본적인 원인은 첫째, 국토통일의 가망이 거의 없어져 버린 데 대한 울분 때문이었고, 둘째, 휴전이 성립된 다음 또다시 전쟁이 발발할 경우 과연 미국이 다시 지원하고 나설 것인가 하는 데 대한 불안감 때문이었습니다. 당시 한국은 유엔군 사령부가 추진 중인 국군의 군사력 증강만으로는 부족하다고 느껴, 황폐해진 국토의 재건 문제 등 한국의 장래를 위해 보다 확실한 보증을 해 주기를 희망하였던 것입니다.

1953년 3월 하순, 포로송환 문제로 인하여 정체되었던 휴전회담이 재개되면서 휴전반대운동은 그 열기를 더해 갔습니다. 4월 5일, 2군단 창설 기념행사에서 이승만 대통령은 미국과 유엔군 사령부를 겨냥하여 "국토통일이 이룩되지 못한 휴전보다는 차라리 한·만 국경선으로의 진격을 단행해야 할 것이다."라고 군은 결의를 표명하고, 미국 대통령에게 보낸 서한에서도 "만약 미국이 중공군을 압록강 남쪽에 그대로 주둔하게 하는 어떠한 약정이라도 하게 되는 경우에는, 한국군의 작전 지휘권을 되찾아 필요하다면 독자적인 작전을 단행할 준비가 되어 있다."라고 강력한 의사표시를 하였으며, 국민들 또한 "통일이 아니면 죽음을 달라!"고 외쳤습니다.

이에 미국 대통령은 이승만 대통령에게 "유엔과 미국은 한국의 평화적인 통일을 위하여 계속 노력할 것"이라고 회신하였으나, 국민들이 바라는 '한·미 상호방위조약의 체결'에 대해서는 언급이 없었습니다.

6월 4일에는 공산군 측이 포로송환에 관한 유엔군 측 절충안에 동의하여 휴전이 성립될 단계에 접어들게 되자, 국민들의 휴전반대 운동은 더욱 가열되어 갔습니다.

(2) 이승만 대통령의 과감한 반공 포로 석방

1952년 12월, 아이젠하워가 미국 제 34대 대통령으로 당선된 지 한 달 만에 한국을 방문하였을 때, 유엔군 사령관은 정체 상태에 빠져든 휴전회담의 돌파구를 모색하기 위하여 평양-원산선으로 진격할 작전 계획을 세우고 이를 건의하였으나 받아들여지지 않았습니다. 아이젠하워 또한 트루먼 행정부가 추구하던 '현 접촉선에서 휴전협정을 성립시킨다.'는 기존의 정책을 고수하였던 것입니다.

1953년 2월 11일, 미 8군 사령관 벤플리트 대장이 퇴역하고 테일러 중장이 그의 후임으로 임명되었습니다. 매서운 추위가 물러가고 얼음이 녹을 즈음, 중공군이 서부전선에서 공격을 개시하여 연천 북방의 불모고지를 점령하였는데 미 1군단이 이를 탈환하려 하였으나, 테일러 중장은 이 고지가 많은 인명피해를 감수할 만한 가치가 없다고 판단하여 작전을 승인하지 않았습니다.

이때부터 유엔군 지휘관들은 인명손실을 줄이는 데 중점을 두고 진지를 악착같이 지키려고 하지 않았으나, 이에 반해 국군은 휴전성립에 대비하여 한 치의 땅이라도 더 확보하기 위해 안간힘을 써서 전투를 계속하였습니다.

1953년 3월 5일, 소련 수상 스탈린이 갑자기 뇌졸중을 일으키면서 사망하였습니다(75세). 당시 소련은 내적으로 권력기반이 정착되지 못한 가운데 국외의 문제까지 영향력을 행사할 여력이 없는 데다, 중공군을 견제하지 않을 수 없었기 때문에 한국전쟁의 조속한 종결을 바라게 되었습니다.

그때부터 휴전회담의 분위기가 긍정적인 방향으로 전환되어, 중공군 측의 요청으로 1953년 4월 6일 '사전 예비회담'이 개최되었습니다. 이때 부상당한 포로(상병포로)를 우선 교환하자는 유엔측 제안을 북한이 받아들여 유엔군 측 상병포로 681명이 돌아오고, 공산군 측 상병포로 6,670명을 돌려보냈습니다.

이때부터 공산군 측은 그토록 완강하게 주장하던 포로의 강제송환 의지를 접고, 송환거부 포로를 중립국의 감시 아래 처리하는 방안에 합의하여 휴전회담이 빠른 속도로 진전되었습니다.

이때 남한 내에 수용되어 있던 포로 중 상당수는 남한에서 강제로 북한군에 끌려간 사람들이었으며, 원래의 북한군 포로 중에서도 많은 인원들이 공산 치하로 돌아가기를 원하지 않았습니다. 판문점에서는 1953년 6월 8일 휴전협상의 마지막 난제였던 포로송환 문제를 타결시켰는데 이는 사실상 휴전 성립을 예고하는 것이었기 때문에 한국의 휴전반대운동은 최고조에 달하고 있었습니다. 이승만 대통령은 전후 가시적인 안전보장 대책 없이 회담이 진행되자 극단적인 처방책을 생각하게 되는데, 그것이 바로 반공포로 석방이었습니다. 이 대통령은 포로협정 조인 이틀 전인 6월 6일 국군 헌병총사령관 원용덕 장군에게 "판문점에서 진행되고 있는 휴전회담이 우리나라의 뜻과 달리 진행되고 있고, 북쪽으로 가기를 원치 않는 반공포로들을 인도군의 심사에 맡겨 교환한다고 하니 그대로 둘 수 없다. 이들을 석방하기 위한 좋은 방법이 없겠는가?"라며, 해결방안을 검토해 보라고 지시했습니다.

원용덕 장군은 제네바협정 전문에 "포로교환은 의무적이 아니다. 전쟁포로는 그들을 관리하는 국가의 주권에 속한다"라는 규정에 착안하여 비록 국군의 지휘권이 유엔군 총사령관에게 이양되어 있지만, 한국이 교전 당사국으로서 영토적 주권을 행사할 수 있다고 보고했습니다. 그러자 이 대통령은 "오늘부터 육·해·공군의 모든 헌병은 국군 헌병총사령관의 지휘하에 둔다."라며, 원용덕 헌병총사령관에게 반공포로 석방에 대한 대통령 명령을 하달했습니다. 이에 따라 6월 18일, 광주·마산·부산·영천·논산 등 7개 수용소에 비밀리에 하달함으로써 35,400명의 반공포로 중 26,930명을 석방하였습니다. 탈출 도중 61명이 사망하고 116명이 부상당하였으며, 8,293명은 당시 탈출 기회를 놓쳤으나 1954년 1월 풀려나 자유의 몸이 되었습니다.

이 사건을 통해 이승만 대통령은 어떠한 일이라도 단독으로 단행할 수 있음을 명백히 입증했으며, 모든 국군이 유엔군 사령관의 지휘 아래 있다고 하더라도 한국 대통령이 휴전회담을 결렬시키려 결심만 한다면 유엔군과 공산군이 어떤 협정을 체결하더라도 그것을 얼마든지 파기할 수 있다는 가능성도 보여 줬습니다. 또한, 한국이 비록 강대국의 지원을 받아 전쟁을 하고 있지만, 휴전회담이 한국 국민의 뜻과 달리 이뤄져서는 안 된다는 강력한 자주성을 보여 주었습니다. 또한 이를 통해 한미상호방위조약 체결에 한 걸음 더 나아갈 수 있게 되었습니다.

(3) 한·미 상호방위조약 체결

이승만 대통령은 건국 직후부터 미국에게 끈질기게 군사동맹체결을 요구했었고, 그는 6·25전쟁이 발발하자 동맹 체결이 더욱 시급하다고 판단했습니다. 휴전협정을 체결하더라도 언제든 북한이 재침략할 가능성이 있다고 보았기 때문입니다. 한국과의 군사동맹을 주저하던 미국은 반공포로석방 사건을 계기로, 마침내 '한·미상호방위조약'을 체결하게 되었습니다.

미 행정당국은 난국을 타개하기 위하여 1953년 6월 25일 미 국무성 극동담당 차관보 로버트슨에게 아이젠하워 대통령의 친서를 등봉시켜 이승만 대통령과 교섭케 한 결과, 다음과 같은 다섯 가지 사항이 합의되어 한국은 유엔군 측의 휴전협정 조건에 동의하기에 이르렀습니다.

(1) 휴전 후 한·미간의 상호방위조약을 체결한다.
(2) 미국은 한국에 장기적인 경제 원조를 실시하며, 그의 일환으로 우선 2억 달러를 제공한다.
(3) 한국과 미국은 휴전 후 개최하기로 한 공산 측과의 정치회담이 90일이 경과하여도 하등의 실질적인 성과가 없으면, 이를 거부한다.
(4) 한국군의 증강을 계획대로 진행한다.
(5) 정치적인 회의가 열리기 전에 공동목적에 관한 한·미간의 회의를 개최한다.

현재까지 미국은 이 한·미상호방위조약을 근거로 2만 8천여 명의 주한 미군을 한국에 주둔시키고 있으며, 대한민국 영토에 대한 무력공격에 대해서는 언제든 공동 방어하겠다는 약속을 성실히 지켜가고 있습니다. 한·미상호방위조약은 북한이 함부로 대한민국을 재

침략하지 못하도록 하는, 강력한 전쟁억제수단이 되고 있는 셈입니다. 대한민국 건국 2년이 채 안 된 시점에서 일어난 전쟁으로, 국토 80%가 잿더미가 된 폐허 속에서도 이승만 대통령은 끝까지 우리의 주권을 고수함으로써, 온 국민이 최악의 절망 상태에서도 다시 일어설 수 있는 용기를 크게 북돋웠습니다. 국가적 운명이 좌우되는 위기의 순간마다 이승만 대통령이 발휘한 과감한 외교력과 영민한 전략에 다시금 감탄하게 됩니다.

(4) 6·25전쟁의 마지막, 금성 돌출부 전투

1953년 6월 10일, 중공군은 한국의 범국민적인 휴전반대에 대한 압력으로 하계 **2차 공세**를 통해 철원과 화천 북방 금성지구의 국군 2군단(군단장 정일권 중장) 정면에 3개 군을 집중 투입하여 **수도고지, 크리스마스 고지** 등을 점령하고 약 3㎞를 남하하였으나, 국군과 유엔군의 강력한 대응 조치로 큰 피해를 입고 9일 만에 공격을 중단하였습니다.

중공군은 이 같은 공격으로 휴전회담에 소극적인 한국정부의 태도를 바꿔 보려 하였으나, 중공군의 기대와는 달리 이승만 대통령은 6월 18일 반공포로들을 석방하고 말았습니다. 이에 대한 보복 조치로 중공군은 휴전하기 전 마지막 전투에서 크게 승리하겠다는 각오하에, 휴전회담이 임박한 **1953년 7월 13일, 일명 '7·13공세'** 라 불리는 기습적 총공세를 감행하였습니다.

중공군은 국군 2군단 방어정면에 무려 5개 군(5개 군단, 제 54, 60, 67, 68, 21군)을 투입해, 국군 제 2군단을 포위망 속에 넣어 섬멸하기 위해 집중적인 공격을 개시하였습니다. 이때 전방에 배치되었던 아군은 "적이 새까맣게 밀려온다."라고 보고하였습니다. 이 공격은 1951년 하반기부터 실시된 소규모의 고지 획득을 위한 진지전이나 고지전이 아닌, 대규모의 야전군 급이 투입된 대대적인 작전이었던 것입니다. 중공군은 은밀하게 아군의 방어진지에 가까이 접근해 대피진지(둔병동, 屯兵洞)를 준비한 후, 공격을 위한 준비 사격이 진행되는 동안 숨어 있다가 그것이 끝나자마자 기습적으로 공격해 왔습니다.

중공군은 아군이 동굴진지로 대피해 포격을 가하는 틈을 타서 주병력을 아군 부대간의 공간 지역으로 진출시켜 돌파해 들어왔습니다. 수도사단 육근수 대령이 전사하고 부사단장 임익순 대령이 포로로 잡혀가게 되었습니다. 26연대 1중대 2소대는 최후까지 항복을 거부하고 전투하다가 소대장 이하 장병 전원이 전사하였습니다.

국군에서는 동굴방어전투[94]를 수행하였는데, 중공군이 이를 역이용하여 동굴입구를 점령하고 있다가 거기서 나오는 아군을 격멸시키곤 하였습니다. 이에 따라 제 16연대장 안병건 대령은 기존의 동굴방어전투 개념을 수정하여, 동굴 바깥에 각종 전투호를 튼튼하게 구축하고 진지전방에는 철조망과 지뢰를 충분하게 준비하고 있다가, 변경된 아군의 작전을 모르고 진지에 뛰어들어오는 중공군을 무수히 사살하였습니다.[95]

교암산에 배치되어 있던 제 6사단 2연대 6중대 또한 7월 13일 밤무렵 6차례나 밀고 들어오는 적과 처절한 격전 끝에, 중대장 김교수 대위 이하 전 장교 및 중대원 대부분이 전사하였으며, 불과 10명만

94) 적이 인해전술로 공격해 올 경우, 아군이 동굴 안에 대피해 있다가 포병 화력을 이용하여 적을 타격한 후, 동굴 밖으로 나와 남은 적을 섬멸하는 작전
95) 「육군사관학교 제 3기사」 (2005). 355.

이 7월 14일 아침 탈출하였습니다. 8사단 21연대 3대대와 10연대 3대대 등도 진지를 사수하면서 분전하여 사단의 철수를 엄호하였습니다.

인해전술을 이용해 파도처럼 밀려오는 중공군의 공격으로 제 2군단의 다른 지역도 돌파되어 군단 전체가 양쪽에서 포위될 상황에 도달하자, 아군은 7월 14일부터 15일간 금성천 이남의 적근산과 백암산 부근으로 철수하여 방어선을 구축하였습니다.

중공군도 그간의 전투력 손실과 보급의 부진으로 공격력이 한계에 도달하였는지, 다시는 공격을 하지 않고 진출한 지역에서 방어진지를 구축하면서 사상자를 처리하는 데 집중하였습니다.

이에 제 2군단은 7월 16일, 제 8사단, 11사단, 5사단, 미 제 3사단 등으로 반격작전을 개시하여, 7월 19일에는 금성천과 북한강 이남지역 대부분을 회복하였습니다. 제 2군단장은 금성천 북쪽으로 계속 진격하려고 하였으나, 휴전을 앞둔 시점에서 과도한 출혈을 우려한 미 8군 사령관이 승인하지 않음으로써 작전이 중단되었습니다.

이 전투에서 국군은 14,373명(전사 2,689명, 부상 7,548명, 실종 4,136명)의 손실을 입었으며, 중공군은 33,253명이 사상(死傷)되었습니다.[96]

「아무것도 생각할 겨를이 없이 방아쇠만 당기는 반사작용만 있을 뿐이다. 그나마 고참은 머리를 들고 총부리를 산 아래에 대고 갈겨 대지만 매일같이 새로 보충되는 신병들은 머리를 철모 속에 파묻고 총부리를 허공에 치켜세운 채 앉아서 마구 울며 방아쇠만 당긴다. 이쪽을 쳐다보기라도 해야 손짓을 하지, 총성에 아예 귀가 먹어 말도 들리지 않으니 어쩔 것인가.

96) 「한국전쟁(하)」(국방군사연구소, 1997), 575.

적의 포화가 멈춘듯한데 아군 진지 뒤에서 들려오는 굉음은 적의 근접을 막기 위한 VT탄 발포 소리다. 지체 없이 우리 진지 상공에서부터 산 아래쪽 허공에까지 수없이 작렬하는 아군의 VT탄막 포격으로 적의 포화는 멈췄다. 그러나 포성이 멈춘 것은 끝이 아니고 적병이 가까이에 기어오르고 있다는 징조이며 곧 시작되는 혈투 백병전의 예고이다.

폭발음과 번쩍이는 섬광 속에서 무서움에 강박감이 점증하는데 우리 포격마저 멈췄다. 칠흑 같은 어두움, 숨소리도 없는 적막 속에서 별안간 적병이 호 속으로 뛰어 들어오는 공포가 엄습하는 가장 무서운 순간이다.

숨을 죽이고 눈 깜짝할 새도 없이 이때냐, 이때냐에 입에 마르는데 돌연 "적이다." 악쓰는 소리와 함께 푸다닥 푸득 소리와 기합소리 비명소리가 여기저기서 소란한데 나는 흙먼지에 덮여 몸을 움직일 수 없다. 가느다란 신음소리만 들리는 조용한 시간이 지나면서 이윽고 동이 트기 시작했다. 검은 장막이 사라지면서 회색 하늘이 보이자 여기저기서 아픔을 참는 신음소리와 터지는 울음소리가 뒤섞인 곳에서 우선 흙, 재, 먼지로 덮인 나의 몸 여기저기를 만져보았다. 끈적한 피가 여러 곳을 적셨지만 움직일 수 있는 것으로도 아직 살아있음이 틀림없었다.

주위가 피로 얼룩진 검은 먼지임을 보니 피해가 크다는 감이 들었고 흙을 털고 산허리를 보니 중공군의 시체들이 수없이 널려 있다. 산 아래에도 여기저기 그들의 시체가 보이는데 저쪽의 금성천은 어제와 다름없이 흐른다. 나는 유개호[97]에 있었는데도 박힌 파편 몇 개를 빼어 내고는 연락병을 대동하고 진지들을 점검했다. 이미 숨져 흙먼지 속에 묻혀 있는 병사, 살이 찢어져 흰 뼈가 드러난 다리를 부여안고 나를 쳐다보자 울음을 터트리는 병사, 어깨에 관통상을 입어 유혈이 심해 숨 꺼져가는 병사 등 피와 재먼지로 누구인지 얼굴을 알아볼 수 없었다. 전사자 2명과 부상자 7명을 후송하고 중대에 보고했다. 경상자 응급치료를 명하고 밖으로 나갔다.

---

97) 위에 뚜껑이 있는 진지, 포탄이 떨어지면 뚜껑이 없는 무개호에 비해 피해가 적다.

무개교통호에 10여 구의 중공군 시체가 쳐 박혀 있는데 머리나 팔다리가 없거나 배가 터져 내장이 밖에 흘러나오는 등 모두 눈을 뜨고 처참히 죽었다. 이들을 8부 능선 아래에 널려 있는 적의 시체들 위에 내던지고는 오늘 밤 또다시 겪어야 하는 전투 대비 작업을 시작했다.」

(이기정 증언)[98)]

결과적으로 중공군은 아군보다 2-3배나 많은 1개 야전군급 부대를 투입하여 기세 좋게 공격해 왔으나, 며칠도 못 되어 아군의 군단급 역습에 도로 밀리는 신세가 되었던 것입니다. 적의 최후 공세이자 6·25전쟁의 마지막 결전은, 결국 승패를 명확하게 규정하기 애매한, 사실상의 무승부로 끝을 맺었습니다.

반격작전이 종료되던 날, 국군 통수권자인 이승만 대통령은 78세의 노구에도 불구하고 화천의 제 2군단 사령부를 방문하여 다음과 같이 장병들을 격려하였습니다.

"2군단장, 정(일권) 장군, 수고 많았어! 정말 이만하기가 다행이야. 공산군은 화천까지 내려와서 휴전선을 긋자는 것이었으니 그렇게 되었다면 형편이 어찌 되었겠는가? 우리 용감한 2군단 장병들이 끝까지 훌륭히 싸워 나라를 지켜 준 것입니다. 나의 이 모든 감사의 뜻을 모든 용사들에게 전해 주기 바라는 바입니다."

적군이 1953년 4월 하순부터 7월 하순까지 취한 공세작전 기간 동안 북괴군 및 중공군은 85만 5,900발의 포탄을 쏘았으며, 13만 5,400여 명이 사상되었고, 국군 및 유엔군은 771만 3,900발의 포탄을 쏘고 6만 4,700여 명이 사상되었는데, 이를 통하여 휴전을 앞둔 마지막 전투가 얼마나 치열하였는지를 알 수 있는 것입니다.[99)]

---

98) 「6.25 전쟁 증언록」Ⅲ (대한민국 6.25 참전 유공자회, 2008), 244.
99) 「한국전쟁」(국방부 군사편찬위원회, 1987), 154.

30여 년 전에는 대학을 '우골탑'(牛骨塔: 소뼈로 쌓아 올린 탑)이라고 불렀습니다. 이는 어려웠던 시절 자신은 못 먹고 못 입어도 좋으나 자식은 재산목록 1호인 소를 팔아서라도 서울로 대학에 보내야 한다는 부모의 한(恨) 때문에 붙여진 별칭입니다. 6·25전쟁 기간 중 치러진 수많은 전투에서 보듯이 실로 우리 대한민국은 선조들과 국군용사들, 자유우방국들의 군인들이 살과 피로 지켜 내고, 희생된 뼈로 쌓아 올린 가히 '인골탑'(人骨塔)이라 할 수 있습니다.

(5) 휴전회담의 성립과 최종 포로교환

1951년 7월 10일에 휴전회담이 개시된 이래 수많은 난관을 거친 끝에 25개월 만인 1953년 7월 27일 오전 10시, 유엔군 측 휴전회담 수석대표 윌리엄 해리슨 미 육군 중장과 공산 측 대표인 북한군 남일 대장이 판문점 회의장에 입장했으며 언제나 그렇듯이 그들의 만남에는 악수도 없었고, 목례도 없었습니다. 양측 대표는 사무적인 표정으로 탁자 위에 놓인 정전 협정과 그 외 부속 문서 등 총 18통의 문서에 서명을 계속했으며 서명에 걸린 시간은 단 '11분'이었습니다.

그후, 국제 연합군 사령관 클라크(Mark W. Clark) 대장과 북한의 김일성, 중공의 팽덕회가 협정 문서에 각각 서명함으로써, 마침내 3년 1개월 2일간 지속된 전쟁은 종막(終幕)을 고하게 되었습니다.

「한국 측 대표는 협정에 서명을 하지 않았는데, 그 이유는 우리 정부 스스로가 협정에 직접 서명하기를 거부했기 때문입니다. 이승만 대통령은 북한의 불법 남침으로 시작된 전쟁을 막대한 인명, 재산 손실만 남긴 채 그냥 끝내는 것이 정의에 부합하지 않는다고 생각했으며, 어떤 식으로든 불법 남침으로 민족적 참화를 불러온 북한 정권에 책임을 물어야 한다는 것이 이 대통령의 생각이었는데, 한국군 대표가 협정에 직접 서명하지 않음으로써 불법 남침으로 전쟁을 시작한 북한 정권의 책임을 지적한 것이었습니다.」

(국방일보 2011년 12월 26일자)

7월 30일 22시, 쌍방은 상호간 현재의 접촉선이 군사분계선으로 변경됨에 따라, 국군과 유엔군은 현선에서 남쪽으로, 공산군측은 북쪽으로 각각 2㎞씩 철수하여 비무장지대를 만들고, 새로운 방어진지 편성에 착수하게 되었습니다.

군사 분계선에서 북쪽으로 2㎞ 떨어진 곳에 동서로 그은 선을 **북방한계선**(NLL: northern limit line), 남쪽으로 2㎞ 떨어진 곳에 동서로 그은 선을 **남방한계선**(SLL: southern limit line)이라고 합니다. 이 남방한계선과 북방한계선 사이 4㎞ 공간을 **비무장지대**(DMZ)로 하여 남북 사이의 완충지대로 삼아 출입을 통제하고 있습니다. 텔레비전에서 가끔 비춰 주는 전방의 철책선이 바로 남방한계선입니다.

또한 유엔군 사령부는 8월 5일과 9일 사이, 75,000여 명의 포로를 공산군 측에 인도하였으며, 공산군 측은 12,000여 명의 포로를 유엔군 측에 인계하였습니다.

그리고 **9월 23일**, 유엔군사령부는 22,000여 명의 공산군 송환거부 포로들을, 공산군 측은 다음날 350여 명의 한국 및 유엔군의 송환거부 포로들을 비무장지대에 위치한 중립국 송환위원회에 인도한 후, 12월 23일까지 설득한 다음 자유로이 선택한 지역에 도착할 수 있도록 조치하였습니다.

(6) 전쟁 피해 집계 - 다시는 일어나지 말아야 할 전쟁

1950년 6월 25일 일요일 새벽 4시, 남한은 전혀 예상치 못한 날과 시간에 그야말로 기습을 당했습니다. '기습(奇襲)'의 사전적인 뜻은 첫째는 "몰래 갑자기 습격함", 둘째는 "남이 알아차리기 전에 갑자기하는 것"입니다. 말하자면, 기습은 적이 알기 전에 갑자기 적을 덮쳐서 공격하는 것이고, 또한 적이 알았더라도 적절히 대응하지 못하게 한다는 뜻입니다. 참으로 6·25전쟁은 선전포고도 없는 북한의 일방적인 공격이었기에 남한 입장에서는 너무도 갑작스러웠던 데다 아무런 대응을 하지 못했으니 그야말로 기습을 당했던 것입니다.

그만큼 6·25전쟁의 피해 규모도 대단했습니다.

남북한 인구 3,000만 명 중에 군인 및 민간인 사상자가 약 500만 명에 이르며, 전쟁미망인 30만 명과 전쟁고아 10만 명, 이산가족 1,000만 명 등을 합하면 피해자는 1,800만 명에 이릅니다.

뿐만 아니라 공공시설 84%, 가옥 60%가 파괴되었으며, 광업시설 50%, 공업시설 43%가 피해를 입었습니다. 그 결과, 1950년 우리나라는 1인당 GDP가 56불로, 세계에서 가장 가난한 나라였습니다.

6·25전쟁은 세계사에서도 1차, 2차 세계대전에 이어, 세 번째로 비참한 전쟁으로 기록되었습니다. 단 3년 내의 사망자 수에 있어서도 세계 최고 수치입니다.

<table>
<tr><th colspan="7">6·25전쟁 피해 규모 (국방부 군사편찬연구소)</th></tr>
<tr><td></td><td colspan="2">전사/사망</td><td colspan="2">부상</td><td colspan="2">실종 및 포로</td></tr>
<tr><td>한국군</td><td colspan="2">137,899명</td><td colspan="2">450,742명</td><td colspan="2">32,838명</td></tr>
<tr><td>유엔군</td><td colspan="2">40,670명
(미군: 36,940)</td><td colspan="2">104,280명
(미군: 92,134)</td><td colspan="2">9,931명
(미군: 8,176)</td></tr>
<tr><td>북한군</td><td colspan="4">520,000명(부상자 포함)</td><td colspan="2">120,000</td></tr>
<tr><td>중공군</td><td colspan="2">148,600명</td><td colspan="2">798,400명</td><td colspan="2">25,600명</td></tr>
<tr><td rowspan="3">민간인</td><td>사망</td><td>학살</td><td>부상</td><td>납치</td><td>행방불명</td><td>북한</td></tr>
<tr><td>244,663</td><td>128,936</td><td>229,625</td><td>84,532</td><td>303,212</td><td>1,500,000</td></tr>
<tr><td colspan="6">피난민(320만 명), 전쟁미망인(30만여 명), 전쟁고아(10만여 명)</td></tr>
</table>

1953년 7월 27일 정각 22:00시를 기해 한반도 전역에서 포성이 멈췄습니다. 마침내 3년 1개월 2일, 즉 1,129일간 지속된 전쟁이 막을 내리고 휴전상태에 들어갔습니다. 그러나 말 그대로 전쟁은 잠시 멈춘 것이지 종결된 것이 아닙니다. 지금도 북한은 겉으로는 평화를 주장하면서도, 상황이 불리해지면 어김없이 무력도발을 자행하고 있습니다.

비무장 지대 내 1,292개의 군사분계선 표지판, 그리고 무장병력이 24시간 경계하고 있는 155마일의 휴전선은 남북 분단의 엄연한 현실을 대변해 주고 있습니다. 60여년의 세월이 흘렀지만, 여전히 전쟁의 후유증은 우리 곁에 남아 있습니다. 천만 이산가족의 슬픔과 한(恨)은 태산보다 높아 아물지 않고 있습니다.

다시는 이 땅에 전쟁이 일어나서는 안되겠습니다. 6·25전쟁은 김일성의 남침야욕에 의해 불법적으로 자행되었습니다. 그렇지만, 당시 우리나라의 허술했던 군사적 대비태세로 인해 전쟁 개시 3일 만에 4만 4천 명의 국군이 몰살당하고 수도 서울이 함락되었던 사실, 그리고 오랜 전쟁으로 수많은 인명 피해와 엄청난 재산 피해를 초래했던 사실을 절대로 망각해서는 안 됩니다.

"뼈아픈 과거를 기억할 줄 모르는 사람은 과거를 되풀이하게 된다. 슬기로운 사람은 경험 속에서 지혜를 배우고 지혜로운 민족은 역사 속에서 교훈을 얻는다"는 철학자 산타아나의 말처럼, 6·25전쟁의 상흔을 늘 상기하면서 우리의 안보체제와 대적관을 확고히 해야 하겠습니다.

8. 북한 사회의 실상

A true state of affairs in North Korea

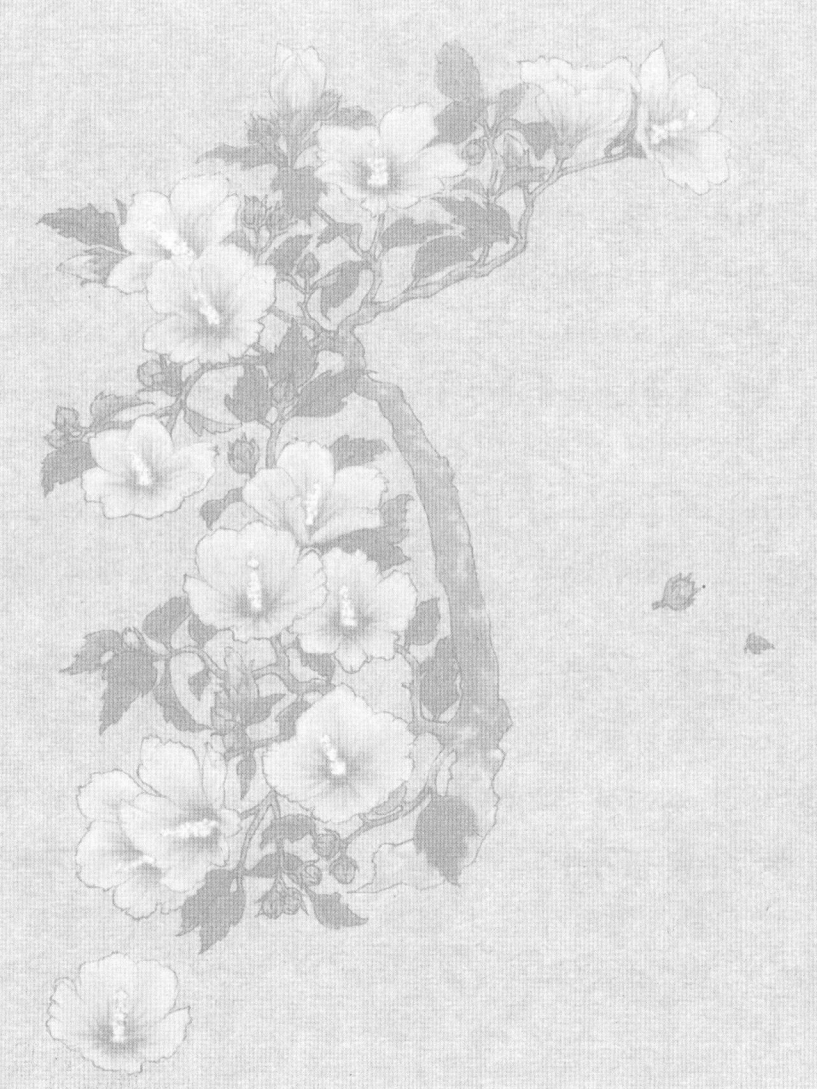

6·25전쟁에서 북한의 적화통일 의도는 실패로 돌아갔습니다. 그러나 그들은 틈만 나면 6·25와 같은 전쟁을 다시 일으키려고 준비하고 있습니다. 6·25 후부터 오늘날까지 북한 사회의 실상 가운데 중요한 몇 가지를 살펴보도록 하겠습니다.

(1) 거주 이전의 자유가 없습니다.

북한은 철저한 폐쇄사회로, 거주 이전의 자유가 없습니다. 각 지방 보안서에서 통행증을 받지 않으면 다른 곳으로 갈 수가 없으며 그곳에 가서도 배급표가 없으면 밥을 먹을 수가 없습니다. 그런데도 대한민국의 국민들 가운데 북한을 찬양하고 북한 체제를 옹호하는 어리석은 자들이 있습니다.

북한에 자유가 없다는 확실한 증거는 탈북자들을 무조건 총살하고 있다는 것입니다. 대한민국 국민은 누구나 여권을 가지고 있으며 자기가 원하는 지방이나 해외로 나갈 수 있습니다. 대한민국을 떠난다고 막을 사람이 없으며 죽이거나 형무소에 보내거나 하지 않습니다. 그러나 북한 체제는 철저하게 지방이나 해외로 나가는 것을 막고 있습니다. 정상적인 이동을 막자, 북한과 중국 국경선을 통해 북한을 탈출하려는 사람들이 늘어나고 있습니다. 만주 지역에는 탈북자가 약 30만 명, 남한에는 2만 명이 있다고 합니다. 그런데 최근에는 탈북자들이 발각되면 즉시 총살을 당하게 되어 있습니다.

북한은 김정일의 후계자로 '김정은'이 부각될 때부터 탈북을 근절시키기 위하여 탈북자를 무조건 총살하는 공포스러운 분위기를 조성하고 있습니다. 이러한 조처에 대하여 한 북한 소식통은 "김정은이 아버지에게서 내치(內治)를 넘겨받으면서 탈북을 무조건 근절하겠다고 맹세했다는 이야기가 있다. 현재 김정은이 가장 역점을 두는 것은 국경봉쇄이다."라고 말하였습니다.

북한은 탈북을 근절시키기 위하여 몇 가지 조처를 단행하고 있습니다. 먼저, 국경으로 가는 길목마다 단속하는 초소를 강화하고 있습니다. 설사 한 초소를 돈으로 매수하였다고 할지라도 다른 초소에서 적발될 수밖에 없도록 만들었습니다. 다음으로, 북한과 중국 국경 경비대를 남한과 북한의 국경 경비를 하는 부대와 같은 등급으로 대우하고, 출신 성분과 신체 조건이 좋은 최정예부대를 선택하여 배치하고 있습니다. 이들에게는 탈북자에 대한 사살권을 부여하였으며 탈북자를 사살한 군인에게는 표창까지 하고 있습니다.

그리고, 북한과 중국 국경에 철조망을 치고 있습니다. 북한은 철조망을 칠 경제적 능력이 없기 때문에 중국에서 중국 국경선에 철조망을 건설함으로써 북한의 탈북 봉쇄를 도와주고 있습니다. 이미 허룽, 싼허, 투먼 등 주요 탈북 통로에 철조망 공사가 끝난 것으로 보도되고 있습니다.

2011년 1월부터 11월 사이에 현재 해상을 통하여 탈북한 경우가 6차례나 일어났습니다. 이렇게 해상탈북이 급증하고 있는 것은, 북한과 중국 북경선 통제를 강화하면서 육상탈북이 어려워지자 북한 주민들이 해상을 통해 탈북을 시도하고 있기 때문입니다. 이제 북한은 사실상 거대한 철조망으로 꽁꽁 가두어 놓은 사회가 되었으며, 나라 전체가 감옥인 '수용소 국가'가 되고 있는 것입니다.

※ 위 내용은 2011년 11월 7일 동아일보 기사를 주로 참조하였습니다.

(2) 직업 선택의 자유가 없습니다.

북한의 사회주의 헌법 제 70조에 보면 "모든 공민은 희망과 재능에 따라 직업을 선택하며 안정된 일자리와 노동조건을 보장받는다." 라고 규정하고 있습니다. 헌법에는 명백하게 직업 선택의 자유가 보장되어 있습니다. 그러나 실제 북한에서의 직업 선택은 본인의 의사보다는 당과 행정기관의 조정, 통제에 의해 이루어지고 있습니다. 다시 말해서 주민들의 직장 배치는 각 부문별 수요에 따라 중앙의 총체적인 계획에 의해 이루어지고 있는 것입니다. 직장에서 가장 핵심적인 판단 기준은 성분과 당성이라는 이른바 정치적 기준입니다.[100)]

북한에서는 노동당의 당원이 아니면 아무리 머리가 좋고 공부를 열심히 해도 지도자가 될 수 없습니다. 심지어 학급 반장도 당원의 자녀라야 합니다. 북한에서 당원이 되는 것은 하늘의 별따기입니다. 당원이 되면 당증을 항상 가지고 다녀야 하며, 당증을 가지고 다니지 않든지 분실할 경우 심한 비판을 받고 그 직에서 해임됩니다. 또한 당증 검사 시 당증 속의 김일성 초상화가 훼손되어 있으면 이때도 심한 비판을 당하고 직장에서 해임됩니다. 그래서 당증을 몇 겹의 비닐로 싸서 해어지지 않도록 하는 것입니다.[101)]

정치적 기준 외에도 학력은 신분 상승의 중요한 수단이 됩니다. 그러나 핵심계층(혁명가 가족, 영예군인, 김일성이나 김정일을 접견한 사람, 영웅, 공로자 등)을 제외한 일반 주민들이 학교에 다니는 것은 엄격한 통제를 받기 때문에, 이들이 사회적으로 지위나 보수가 높은 직업으로 이동하는 것은 실제적으로 어려운 것입니다.

(3) 심각한 식량난에 허덕이고 있습니다.

북한의 식량난은 아주 심각합니다. 본래 북한은 배급제를 통해 기본적인 의식주 문제를 해결해 왔습니다. 그러나 1990년대 이후 경제난으로 식량 배급이 끊어지고 주민들은 굶주림 속에서 많은 사람이 아사(餓死)하는 지경에 이르렀습니다. 세계식량계획(WFP)은 현재 북한의 식량은 수요보다 약 25% 가량(100만 톤 이상)이 부족하다

---

100) 「꼭 알아야 할 통일·북한 110가지」, 165.
101) 이선교, 「한국근현대사와 북한실상」 (현대사포럼, 2011), 209.

고 보고, 북한을 '만성적 식량난'을 겪는 국가로 분류하고 있습니다. 현재 북한은 약 130만 톤의 식량이 부족하고, 650만 명이 굶주림에 허덕이고 있다고 합니다.

북한의 식량이 부족한 이유는 자연재해의 영향도 있지만 그보다 더 큰 이유가 있습니다.

첫째, 과도한 국방비 지출 때문입니다.

현재 북한은 119만 명이라는 세계 4위의 군사를 보유하고 있으며, 방사포는 5,100문으로 세계 1위이고 이것은 4,000문을 보유하고 있는 러시아보다 많은 것입니다. 또한 전투기 875대, 잠수함 70척, 전투함정 420여 척, 그리고 약 2,500-5,000톤의 다양한 화학무기를 보유하고 있습니다. 특히 북한은 지상군 전력의 70%, 공군 전력의 40%를 평양-원산 이남에 전진 배치함으로써 대한민국, 특히 수도권에 대한 기습공격을 준비하고 있습니다. 그러나 더욱 위험한 것은 공기부양정 등 260여 척의 상륙함정과 AN-2기 등 침투용 항공기 330여 대, 그리고 20만 명 정도로 추정되는 특수전 부대입니다. 북한은 언제든지 대한민국을 침투하여 후방과 전방을 점령하려는 준비를 해 놓고 있는 것입니다.

북한은 이 같은 전력을 지속적으로 유지하기 위해 막대한 국가 자금을 쏟아 붓고 있습니다. 최근 북한은 3차 핵실험에 성공했는데 핵실험에 들어간 비용은 약 2조원으로, 10년간의 식량을 살 수 있는 비용이었습니다.

이러한 상황도 알지 못하고 종북 좌파들은 "북한은 먹을 것이 없어서 남한을 공격할 능력이 없다."라고 하면서 대한민국 국민의 마음을 방심시키고 있습니다. 북한이 먹을 것이 없는 이유는 과도한 국방비 지출 때문입니다. 북한에서 식량이 약 130만 톤이 부족한데,

미국에서 옥수수 200만 톤을 수입하는 데는 약 3,000억 원이면 된다고 합니다. 주민들은 굶어 죽어 가고 있는데도, 지금 북한은 3개월간 쓸 수 있는 기름 150만 톤, 식량 100만 톤, 탄약 170만 톤을 비축하고 있습니다.

경제력보다는 군사력이 강화되어야 한다는 것은 북한이 50여 년 전부터 강조했던 바입니다. 1962년 12월 당 중앙위 전원회의에서 발표된 바에 의하면, **"인민경제 발전에 일부 제약을 받더라도 우선 군사력을 강화하여야 한다."**라고 하였고, 당시 북한이 발표한 4대 군사노선은 ① 전민 무장화 ② 전국 요새화 ③ 전군 현대화 ④ 전군 간부화였습니다.

이러한 취지는 1998년 김정일의 선군정치 때 다시 언급되었습니다. **"경제건설보다 중요한 것은 군대를 강하게 만드는 것이며 총대가 강하면 나라가 강할 수 있다."**(1998년 10월 19일 노동신문)

2010년 4월 10일 개최된 최고인민회의에서도 여전히 경제보다는 군대가 강화되어야 한다고 줄곧 외쳤습니다.

"인민군대의 전투력 강화와 국방공업발전을 위한 물질적 보장을 최우선시해야 한다."

이처럼 군사력 증강을 계속하고 있는 한, 북한의 경제난은 극도로 심각해질 수밖에 없는 것입니다. 북한이 경제가 어려워 붕괴될 것이라고 주장하는 자들은 북한을 얕보고 북한의 실체를 너무나 모르는 자들입니다. 북한은 국가적 자본을 군사력 증강에 대폭 지원하고 있는 경제 구조 때문에, 주민은 극도로 가난할 수밖에 없으나 군은 막강한 군사력을 갖춘 큰 부자요 세계적 대군(大軍)이라는 사실을 잊어서는 안 됩니다. 우리나라 국민들은 북한 주민들이 제대로 먹지 못하는 면만을 보고 북한의 군사력을 경시하는 풍조에 휘말려 안보의식이 혼탁해져서는 안 될 것입니다.

둘째, 국가의 재원을 김정일과 공산당 일당 독재를 위하여 사용하기 때문입니다.

북한은 1990년대 중반 이후부터 국민 10% 이상에 해당하는 300만 명이 굶어 죽는 최악의 참사를 당하여 사람의 시체를 먹는다는 소문이 날 정도인데, 김일성 시신을 영구 보존하기 위하여 금수산 기념 궁전을 지으며 무려 8억 9천만 달러(약 1조)를 허비했습니다. 또한 김정일의 별장은 33개이며 이 별장을 수리하는 데 2008년도에만 434억을 사용하였다고 하니 김정일은 지난 17년간 북한 주민의 인권을 최악으로 떨어뜨리며 비인도적인 정치를 해왔던 것입니다.

2011년 대북 인권단체 '좋은 벗들'의 이사장인 법륜 스님이 5월 5일 워싱턴 D.C. 소재 미국평화연구소(USIP)에서 열린 토론회에 참석, "북한에서는 최근 심각한 식량난으로 여성들의 낙태와 성매매가 급증하고 있다."라고 말했습니다. 그는 "여성들이 생존을 위해 성매매를 하는 사례가 빠른 속도로 광범위하게 늘어나고 있다."라고 하였으며, 식량을 구하려고 가구를 팔다가 집까지 팔아넘기는가 하면 이혼율이 높아지는 등 가족해체 현상까지 벌어지고 있다고 전했습니다. 또한 2010년 10월에 방영된 KBS 스페셜에서는 먹을 것이 없어서 토끼풀을 뜯어 먹는 깡마른 여성이 소개되었는데, 이 여성은 길거리에서 구걸을 하다가 10월 20일경 옥수수 밭에서 숨진 채 발견되었다고 합니다.

역대 정부에서 행하였던 대북 지원 금액을 살펴보면, 김영삼 정부가 2,266억 원, 김대중 정부가 2조 7,028억 원, 노무현 정부가 5조 6,777억 원에 이른다고 합니다(자료: 한나라당 진영 의원실). 그리고남한 국민 200만 명이 1인당 20만 원씩 북한에 돈을 주고 금강산 관광을, 9만 명이 1인당 10만 원을 주고 개성관광을 다녀왔습니다. 또한 2000년에서 2008년까지 지방자치단체에서 683억 원을 북한에 지원해 주었고, 이 중 제주도가 제일 많은 185억 원을 지원해 주었습니다.

2005년부터 북한의 IT요원 교육을 위해 남한 통일부의 사회 문화 교류지원 기금에서 4억 3,200만 원, 우리민족 서로 돕기 운동본부에서 3억 4,900만 원, 하나비즈닷컴에서 8,300만 원, 이명박 정부에서 6,300만 원을 지원해 주었는데 이 자금은 오히려 북한의 해킹부대를 양산하는 데 사용되었습니다. 이들은 2009년 7월 7일 한미 26개 인터넷 사이트에 대한 디도스 공격을 하였으며, 육군 3군 사령부를 비롯한 각 부대, 심지어는 농협의 전산망까지 공격하여 엄청난 손실을 끼쳤습니다. 북한은 이 막대한 경제 지원을 받아 북한 주민들의 굶주림을 해결해 주었어야 했지만, 김정일은 오히려 그 돈으로 남한을 침략하는 미사일과 핵을 개발하는 데 사용하였습니다. 북한을 지원하는 것이 북한 주민을 돕는 것이 아니라 김일성 3대 독재체제를 도와 거꾸로 대한민국을 공격하는 살인 무기가 되어 되돌아오게 된 것입니다.

(4) 3대 세습으로 독재 체제를 강화하고 있습니다.

조선 노동당 창건 65주년에 김정일의 아들 김정은은 인민군 대장 칭호를 받았습니다. 그 다음날 2010년 9월 28일에 40년 만에 소집된 당 대표자 회의에서 당 중앙군사위원회 부위원장이 되면서 김정일의 후계자로 화려하게 등장하였습니다. 그리고 2011년 12월 17일 김정일이 급성심근경색과 심장쇼크로 1994년부터 시작된 독재 통치 17년 만에 사망하였습니다. 김정일이 죽자 당 중앙군사위원회 부위원장이었던 김정은은 '조선인민군 최고사령관'으로 추대되었고(2011년 12월 31일), 이후 100일 만에 조선노동당 제 1비서, 국방위원회 제 1위원장으로 추대되었습니다(2012년 4월 11일). 김정은이 당·정·군을 장악하여 '김일성, 김정일, 김정은' 3대의 **절대권력자 유일지도체제**가 완벽하게 세습된 것입니다.

김정일의 갑작스러운 죽음으로 위기상황을 만난 것 같았던 북한은 12월 28일 일사불란하고 아무렇지도 않게 장례절차를 마무리한 후, 김일성 시체가 전시된 만수산기념궁전에 김정일의 미라를 전시하였습니다. 그리고 계획했던 대로 김정은은 제 3대 절대 권력의 후계자가 되어 또다시 개인숭배 작업에 착수하였습니다. 할아버지와 아버지의 후광을 등에 업고 세 번째의 절대 독재 통치가 시작된 것입니다. 물론 국민들의 자유의사는 전혀 반영되지 않은, 강압에 의한 것이었습니다. 세계 어떤 나라에서도 그 유례를 찾아볼 수 없는 일입니다. 독재 체제 3대 세습은 어떤 사회주의 국가에서도 역사상 없었던 일로, 국제사회의 많은 맹비난과 조롱을 받고 있습니다.

'절대권력자 유일지도체제'(수령절대주의)란, 어떤 집단의 공개된 토론이나 의견 교환은 일절 없이 모든 정책 결정과 판단이 최고지도자 한 사람(수령)에게 집중되어, 수령에게 수직적으로 보고되고 수령에 의해 지시되는 방식입니다. 수령은 절대적 권위를 지닌 종신 독재자입니다. 북한의 **수령절대주의 체제**는 수령이 인민대중(노동계급)을 위해 존재하는 것이 아니고, 수령이 있고서야 당이 있을 수 있고 수령이 있고서야 인민대중이 있을 수 있다는 것입니다. 한마디로 말하면 수령 개인이 모든 것의 주인이며, 모든 인민대중은 수령을 운명의 주인으로 모시고 사는 존재로서, 수령에게 몸과 마음을 다 바치는 것이 최고의 도덕입니다. 본래 스탈린주의의 사회주의 체제에는 수령의 독재의 필요성을 인정하면서도 어디까지나 수령은 노동계급과 당을 위하여 복무한다는 사상이 남아 있습니다. 이에 따라 '봉건적 혈연주의'는 철저하게 반대합니다. 그러나, 북한에서 수령 한 사람의 절대권력 독재를 3대나 세습한 것은 일반적인 사회주의 체제 이론과도 전혀 맞지 않는, 본말(本末)이 전도된 것이라 하겠습니다.

북한에서는 김일성(출생 1912년 4월 15일, 사망 1994년 7월 8일)과 김정일(출생 1942년 2월 16일, 사망 2011년 12월 17일)의 생일과 기일에 출생신고가 되지 않으며, 이들의 사진만 구겨도 평생토록 수용소에 수감됩니다. 김일성, 김정일을 잇는 제 3대 김정은의 절대 신격화도 미리부터 준비되었습니다. 북한에서 만든 대남 선전용 사이트 '우리민족끼리'에서는 2010년 11월에 "김정은 청년 대장을 우러러 폭풍 같은 '만세'의 환호성이 터져 나왔다."라는 노골적인 우상화 찬양이 등장하기도 하였습니다. 김정은은 김정일과 고영희 사이에 태어난 2남 1녀 가운데 차남으로 1983년생이며, 절대 권력을 장악하기 시작한 때는 29세였습니다. 소수 기득권층의 계속적인 정권 장악을 위해 다른 대안이 없던 김정은은 독재 체제 강화를 위해 인민들의 자유를 가혹하게 억압하고 주민 통제를 전보다 강화하고 있습니다.

북한은 김일성 일가의 권력을 영원히 유지하기 위해 3대 세습을 강행하고 있지만, 이것은 체제 붕괴의 위기를 모면하려는 일시적인 미봉책에 불과하며 결국은 무너지고 말 것입니다. 굶어 죽어 가는 수백만 명의 주민들에게는 아무런 관심이 없고, 오직 김씨 집안의 부귀영달만을 추구한다면, 머지않아 반드시 붕괴되고 말 것입니다.

(5) 인권을 유린하며 정치 수용소를 강화하고 있습니다.

'인권(人權)'이란 '인간으로서 당연히 가지는 권리'로서 인간의 존엄성을 보장받을 권리, 즉 인간 자신이 인권과 기본적 자유의 중심적 주체임을 의미합니다. 인권을 보장받을 권리는 국가나 법에 의하

여 부여된 것이 아니라 인간이기 때문에 인정되는, 모든 인간의 절대적인 기본권이라 하겠습니다.[102]

북한은 극심한 인권유린 집단입니다. 1970년대 이후 북한은 김일성을 우상화하면서 그것에 반대하는 자들을 통제하고 제거하기 위해 소위 '정치범 수용소'를 만들었습니다. 현재 수용소에 감금된 사람들은 20만 명 정도로 추산되고 있으며, 일단 들어가면 많은 이들이 살아나오지 못합니다. 대부분의 사람들은 자신이 무슨 죄 때문에 끌려왔는지도 모르며, 단지 주변 가족이나 친척들 때문에 끌려온 사람들이 대부분입니다. 한 탈북자의 증언에 따르면, "정치범 수용소에 붙잡혀 들어가는 순간 더 이상 인간이 아니며 자신을 인간이라고 생각하면 수용소에서 살아남지 못한다."고 말할 정도입니다(NGC 2009년 제작, 「디에고, 북한을 가다」 中).

2011년 11월 13일 KBS 뉴스에 따르면, "북한의 정치범 수용소는 정치범과 그의 손자까지 일가족 3대가 재판 없이 수감된다."고 설명한 뒤, 북한 6개 수용소의 2003년과 2008년의 모습을 비교해 보여 주었습니다. 이 비교를 통해서 요덕 관리소와 북창 관리소의 건물이 늘어났음이 밝혀졌으며, 이것은 그만큼 수용된 정치범의 수가 늘어났음을 의미하는 것입니다. 정치범 수용소에서 탈출한 한 탈북자는, "눈 위에 '자유를 찾아갑니다.'라고 써 놓고 탈출했던 한 탈북자가 잡혀서 다른 수감자들의 눈앞에서 총살당했다."라고 증언하였습니다.

수용소에 감금된 사람들은 수용소에서 강제노동, 심각한 영양실조, 고문, 공개처형을 통해서 처참하게 죽어 가고 있습니다. 수용소의 수감자들에게 배급되는 식량은 350g 정도이며, 사람들은 배급된 식량이 부족하여 보위부원들의 감시를 피해 쥐를 잡아먹고 풀뿌리까지 캐서 먹을 정도라고 합니다.

---

102) 최성철, 「북한인권의 이해」(북한인권개선운동본부, 1995), 41.

2005년 3월 일본의 N-TV나 2006년 미국 CNN에 보도된 것처럼 수용소에서는 아무런 재판 절차 없이 공개처형하는 일이 비일비재합니다. 특히 수용소 내에서 구류장에 갇힌 사람은 아침 5시부터 밤 12시까지 계속 무릎을 꿇고 있어야 하기 때문에 구류장에서 나오는 사람들은 대부분 폐인이 된다고 알려져 있습니다.

그동안 대한민국 정부는 북한에 대한 비판을 자제하면서 막대한 원조를 해 주었지만, 북한은 오히려 수용소를 더 강화하였습니다. 이것은 그 동안의 대북지원이 북한의 김정일 정권을 유지시켜 주고 오히려 수많은 북한 주민을 고통 속에 몰아넣었음을 입증하는 것입니다.

지금도 대한민국 국민들 중 일부에서는 대한민국의 인권에 대해서는 앞장서서 데모를 하면서도, 정작 북한에서 일어나고 있는 인권 유린의 심각한 사태에 대해서는 말 한 마디 못 하는 경우가 많은데, 이것은 비겁한 태도입니다. 우리는 북한의 인권 유린에 대해서도 그 실상을 밝히고 개선을 강력하게 요청해야 하는 것입니다.

(6) 대한민국에 대한 무력 도발을 쉬지 않습니다.

북한은 휴전 이후에 지난 반 세기 동안 무려 2,660여 회에 이르는 대남 군사 무력도발을 감행하였습니다.[103)]

구 분	대남 도발 사례
박정희 정부 (1963-1979)	1968년 1·21 김신조 일당 31명 청와대 습격사건 1968년 울진 삼척 무장공비 침투사건 1968년 미국 해군 정보함 푸에블로호 나포사건 1969년 동해상공 미국 정찰기 EC121기 격추사건 1969년 KAL기 납북사건 1970년 국립묘지 폭탄테러(박대통령 암살미수) 1973년 서해사태(북한이 의도적으로 43회 침범) 1976년 판문점 도끼만행사건[104)]

전두환 정부 (1980-1987)	1983년 미얀마 아웅산 묘소 폭파사건 1986년 김포공항 폭파사건 1987년 KAL기 공중폭파사건
노태우 정부 (1988-1992)	4건의 어선 피랍(전원 귀환) 1건의 무장침투
김영삼 정부 (1993-1997)	1995년 부여간첩 침투사건 1996년 동해안(강릉) 잠수함 침투사건 1997년 이한영 피살사건(북한추정) 1997년 조선일보 및 KBS 테러위협
김대중 정부 (1998-2002)	1998년 속초 잠수정 침투사건 1999년 1차 연평해전[105)] 2002년 2차 연평해전[106)]
노무현 정부 (2003-2007)	대남 테러리즘은 거의 없음 2006년 10월 9일 1차 핵실험
이명박 정부 (2008-2013.2.)	2008년 7월 11일 금강산 관광객 피격 사망사건 2009년 5월 25일 2차 핵실험 2009년 11월 10일 대청해전[107)] 2010년 3월 26일 천안함 피격사건 2010년 11월 23일 연평도 포격사건 2013년 2월 13일 3차 핵실험

---

103) 통일부 통일교육원, 「북한 이해, 2011」 (통일부, 2011), 113.
[대남 군사 무력 도발 도표] 참고문헌: 김태준, 「테러리즘-이론과 실체」 (서울: 봉명, 2006), 437., 고성혁, 「북한의 도발과 한미연합훈련의 변천과정」 (조갑제 닷컴).

104) 1976년 8월 18일 판문점 공동경비구역(JSA)에서 일어난 '도끼만행 사건'으로, 일명 '판문점 미류나무 절단 사건'이라고도 한다. 한국인 노무자가 공동경비구역에서 유엔군 제 3초소 앞에 있는 미류나무 가지를 치던 중 북한군의 방해를 받았으나 작업을 지속하자, 이에 북한군 20여 명이 트럭을 타고 나타나 몽둥이와 도끼로 미군 장교 보니파스 대위, 바레트 중위를 무참히 살해, 9명이 중경상을 입었다. 북한군은 단 4분 만에 만행을 저지른 후 쏜살같이 도망쳤다. 분노한 미군은 1976년 8월 21일 아침 7시 '폴 번연 작전'(Operation Paul Bunyan)이란 이름 하에 위기가 감도는 분위기 속에서 공병 16명, 경비병 30명, 한국군 특전사 대원 64명을 투입하여 그 미류나무를 제거하였으며, 작전 종결 1시간이 채 지나지 않아서 북한측은 김일성의 친서를 통해 유감의 뜻을 전했다.

105) 1999년 6월 7일부터 15일까지 연평도 서남쪽 해상에서 북한 경비정의 기습 선제 사

최근 북한이 대한민국을 공격한 대표적인 사건들을 살펴보면 다음과 같습니다.

첫째, 금강산 관광객 피격 사건입니다.

2008년 7월 11일, 금강산 관광지구 경계를 넘어간 민간인 관광객이 북한군의 총격으로 사망한 사건이 발생하였습니다. 북한은 2004년 1월 29일 체결한 '개성공업지구와 금강산관광지구 출입 및 체류에 관한 합의서'에서 '법질서를 위반했을 경우, 이를 중지시킨 후 조사하고 대상자의 위반 내용을 남측에 통보한다.'라는 규정을 명백히 위반하였습니다. 분명히 북한 정규군에 의해서 대한민국 국민이 사망했음에도 불구하고 북한은 한 마디 사과도 하지 않았습니다.

참으로 아이러니한 것은 정부의 정책에 결사반대하면서 데모에

격에 대해 우리 해군 함정이 이를 격퇴한 해전이다. 우리 해군은 북한 함정들 중 어뢰정 1척을 침몰시키고 대형 경비정 대파, 중형 경비정 2척 반파, 소형 경비정 2척 파손 등 최소 30명 이상의 사망과 70여 명을 부상시키는 큰 전과를 기록했다.

106) 한국과 일본에서 개최된 2002년 월드컵 대회가 성공적으로 마무리되어 가던 2002년 6월 29일 연평도 서남방 해상에서 북한 경비정이 NLL을 침범, 기습 공격하여 우리 해군 함정이 즉각 대응하여 격퇴한 해전이다. 교전 결과, 북한 경비정은 외부 갑판이 대부분 파괴됐고 사상자가 30여 명 이상 된 것으로 파악되었다. 북한 경비정의 기습공격을 받은 우리 해군 참수리 357호정은 1시간 34분 만에 침몰하였으며, 전사 6명, 부상 19명의 피해를 입었다.

107) 2009년 11월 10일 11시 27분, 대청도 동쪽 해상에서 북한 경비정이 NLL을 침범하여 우리 고속정에 먼저 사격을 가해 옴에 따라 우리 해군 함정이 즉각 대응하여 격퇴한 해전이다. 북한의 경비정 등산곶 383호가 북방한계선(NLL)을 침범하고 남측의 두 차례에 걸친 경고 통신을 무시하고 2.2㎞를 계속 남하하자, 이에 남측 해군의 제 2함대 사령부 소속 고속정이 경고사격을 가하였다. 이에 북측이 남측의 참수리 325호에 대하여 조준사격을 해 옴으로써 비상사태를 발령한 후 대응사격을 가하였다. 11시 40분 북측의 경비정 등산곶 383호가 함포와 기관포의 파괴로 퇴각하자 남측은 사격을 중지하였다.

앞장섰던 그 수많은 사람들이, 선량한 대한민국 국민이 관광을 갔다가 총살당하는 일이 발생했는데도 침묵하며 한 사람도 제대로 말을 못했다는 것입니다. 대한민국 국민이 다른 나라에서 총살을 당했는데 가만히 있지 말고 큰소리로 강력하게 항의하며 국민적 분노를 터뜨려야 하지 않겠습니까? 금강산 관광객 피격 사건은 북한 체제의 반인권성을 극명하게 보여 준 사건입니다. 북한은 남한의 군인뿐만 아니라 민간인까지도 주적(主敵)으로 생각하고 있는 것입니다. 뿐만 아니라, 북한은 금강산 관광 사업을 위해 금강산 지역에 살던 주민을 다 내쫓고, 금강산을 북한 주민의 출입금지지역으로 선정하였습니다. 북한 체제가 떳떳하다면 북한 주민과 관광객의 접촉을 막을 이유가 없었을 것입니다. 이것은 북한에 자유가 없다는 확실한 증거이며, 북한 체제가 남한 체제보다 낙후되었다는 증거인 것입니다.

둘째, 천안함 피격 사건입니다.

2010년 3월 26일 금요일 오후 9시 22분경, 우리 영해인 백령도 서남방 2.5㎞ 해상에서 북방한계선(NLL) 경비중이던 우리 해군 천안함(PCC-772; 1,200톤급)이 북한의 소형잠수정(연어급; 130톤)이 발사한 250㎏ 중어뢰의 기습 공격을 받아 두 동강이 난 채 침몰되었습니다. 침몰된 천안함은 3월 16일 2함대 평택항을 출항하여 백령도 근해의 경비임무를 수행하고 있던 중 열 하루째 밤, 비접촉어뢰의 수중폭발로 발생한 충격파와 버블효과에 의해 선체(길이 88.32m, 폭 10m, 높이 25m)가 아래쪽에서 위쪽으로 꺾여 순식간에 두 동강이 났습니다. 한·미 시뮬레이션[108] 결과, 폭발 위치는 가

---

108) 시뮬레이션(simulation): 실제로 실행하기 어려운 실험을 실제 상황을 적용하여 간단히 행하는 모의실험을 뜻한다. 특히 컴퓨터를 이용하여 모의실험을 할 때는 컴퓨터 시뮬레이션이라고 한다.

스터빈실 중앙으로부터 좌현 3m, 수심 6-9m였음이 확인되었습니다. 이때 중앙 가스터빈실에서 근무하던 6명은 시신조차 찾지 못한 채 산화(散華)하였습니다. 함미함체(38m)는 폭파 즉시 약 6분 만에 침몰되어 승조원 대부분이 희생되었으며, 함수함체(50.3m)는 90도 기운 상태에서 부력을 잃고 16시간 만에 완전히 침몰되었습니다. 함수함체가 가라앉기 전, 밤 11시 13분까지 58명의 대원들이 가까스로 구조되어 생존하였습니다. 천안함 승조원 총 104명 중 해군용사 46명이 순국한 것입니다. 한주호 준위(53세, 특수전여단)도 25m 캄캄한 바다 속에서 구출작전에 온 힘을 다하다가 실신하여 병원으로 후송되었으나 안타깝게도 희생되었습니다(3월 30일).

인양작전은 함정 56척, 헬기 16대, 인원 751명의 전력이 투입되어 사건 발생 다음 날(3월 27일)부터 5월 20일까지 펼쳤습니다. 4월 15일까지 폭파 즉시 가라앉은 함미 부분이 인양되었고(남기훈 상사, 김태석 상사 포함 38명 희생장병 시신 수습), 4월 24일까지 함수 부분 인양을 마쳤습니다(박보람 하사, 박성균 하사 2명 희생장병 시신 수습). 바다 속에 침몰한지 한 달여 만에 46명 희생장병의 합동장례식을 대한민국 전 국민의 눈물 속에 4월 25-29일 5일간 해군장으로 치렀습니다. 침실에서 14명, 샤워장에서 6명, 식당에서 4명, 운동기구 있던 곳에서 4명, 탄약고에 2명, 엔진실 1명, 전기창고 1명, 기관창고 1명, 그 밖에 실종된 선원이 6명이었습니다(중앙 가스터빈실). 희생자 연령층은, 20대 33명, 10대 2명, 30대 10명, 40대 1명이었고, 집안을 이어 갈 독자가 대부분이었습니다. 차가운 바다 속에 꼬박 20일간이나 잠겨 있던 내 아들이 혹시 살아 돌아오지 않을까 애간장을 태우며 지켜보던 부모와 그 가족들의 모습이 눈에 선합니다. 어느 장병의 어머니는 묘비 앞에서 하염없이 눈물을 흘리며 오열하고, 아버지는 아들의 묘비가 아들의 뺨인 양 계속 쓰다듬었습니다.

46명 장병의 희생과 유가족들의 슬픔으로 인해 전 국민들까지 가슴 아픈 것은 이루 말할 수 없으나, 천안함 피격 사건을 계기로 북한의 천인공노할 잔악하고 호전적인 도발 작태가 만천하에 드러났습니다. 더불어 전 국민들의 안보관을 새롭게 다짐하는 계기가 되었으며, 나라를 위해 헌신한 순국선열과 호국영령을 깊이 되새기게 되었습니다. 이들의 값진 희생으로 대한민국의 국가 안보는 더없이 큰 힘을 얻게 되었기에 전 국민들은 천안함 피격 사건과 그 희생들을 영원히 잊어서는 안 되며, 가슴속에 깊이 간직해야 하겠습니다.

천안함 피격 사건은 명백하게 대한민국에 대한 무력적 도발행위로, UN헌장, 정전협정, 남북기본합의서를 위반한 것입니다. 북한은 심각한 경제난과 화폐 개혁의 실패로 민심이 흉흉한 상태에서 외부 도발을 통해 민심 이완을 막고 내부 체제를 결속시킴으로써 김정은에게 이어지는 권력승계를 공고히 하기 위하여 천안함 공격을 감행한 것입니다. 그럼에도 북한은 적반하장으로 우리 정부의 사건 조사 결과를 날조극이라고 비방하고, 도리어 물증 확인을 위하여 국방위원회 검열단을 보내겠다며 정면으로 반박까지 했습니다.[109]

천안함 침몰 사건 발생 55일 만에 사건 원인 최종발표에서 예상했던 대로 정확하게 북한 소형잠수함정에 의한 250㎏ 중어뢰 공격이라는 결론을 내렸습니다. 2010년 5월 19일 국제민군합동조사단[110]의 천안함 침몰 원인에 대한 조사 결과는, 북한잠수정에 의한 어

109) 「천안함 피격사건 백서」(2011, 대한민국정부), 240.

110) 천안함 피격 사건의 원인을 찾기 위하여 한국인 49명(민 27명, 군 22명), 외국인 24명(미국 15, 스웨덴 4, 호주 3, 영국 2)으로 총 73명으로 구성되었다. 이들은 2010년 3월 31일부터 6월 30일까지 활동하였으며, 과학수사, 함정구조 및 관리, 폭발유형분석, 정보분석 4개 분과를 구성하여 과학적이고 주도면밀한 조사와 검증작업을 펼쳤다.

뢰공격으로 폭침되었다는 것이었습니다.

그 결정적 근거는, 첫째, 5월 15일 침몰지역 인근 해저에서 쌍끌이 어선에 의해서 수거한 어뢰의 추진 프로펠러(동력장치)가 북한이 남미에 수출한 CHT-02D 공격어뢰의 카탈로그 설계도면의 프로펠러와 정확히 일치했다는 점입니다.

둘째, 천안함 침몰 해역에서 수거한 어뢰 추진부 뒷부분 안쪽에서 발견된 '1번'이라는 한글표기는 북한의 어뢰라는 결정적인 증거였습니다.

셋째, 한미정보당국은 천안함 폭침 2-3일 전후 북한 사곶 기지에서 이탈했던 북한의 잠수함과 잠수정이 복귀했음을 식별했다고 발표하였습니다.[111]

한편 천안함을 공격한 북한잠수정의 어뢰는 길이 7.35m, 무게 1.7t, 최대사거리는 10-15㎞, 고성능폭약 250㎏ 규모의 중어뢰로, 북한에서 제조하여 사용 중인 것으로 밝혀졌습니다. 이 어뢰의 추적방식은 음향항적·음향수동 방식으로, 함정에서 발산되는 음향을 뒤쫓아 근접 거리에서 폭발하는 수동음향어뢰였습니다.

문화체육관광부 조사에 따르면, 천안함 피격이 북한의 소행임을 밝힌 국제민군합동조사단 보고서를 국민의 80%가 믿었습니다. 그러나 평상시에는 앞장서서 데모를 일삼던 사람들 중에, 정작 대한민국 군인 46명이 희생되었음에도 불구하고 아무런 말 한 마디 하지 않고 침묵하고 있다가, 느닷없이 이것을 대한민국 정부의 자작극(自作劇)이라 우기며 사실에 대한 의혹을 증폭시키는 소수의 국민들도

111) 정경영, 군사논단 제62호 학술논문 4 '천안함 사태와 한국의 안보태세' (한국군사학회, 2010), 88.

있습니다.

심지어 경향신문 논설위원은 "천안함 침몰 북한 소행 주장은 보수 세력의 상상임신이다."라고까지 하였습니다. 이러한 사례는 국론분열을 조장하여 자중지란을 초래할 수 있으며, 장병들의 고귀한 희생마저 헛되게 만들고 있습니다.

셋째, 연평도 포격 사건입니다.

2010년 11월 23일 오후 2시 34분, 김정은으로의 3대 세습을 본격화할 무렵에 북한은 서해 연평도의 우리나라 해병대 기지와 민간인 마을에 해안포와 방사포 170여 발을 기습 발사했습니다. 북한의 도발적인 포격으로 인해, 해병대 군인 2명(서정우 하사, 문광욱 일병)이 사망하고 16명이 부상(6명은 중경상)을 입었으며, 민간인은 2명이 사망하고 4명이 부상을 입었습니다. 이날 민간인 희생자 김치백(61세, 작업반장), 배복철(60세, 미장공) 씨는 해병대 부사관 관사 신축공사 중에 미처 대피하지 못하고 심한 포격에 숨을 거두었습니다. 주택 12동이 대파되었고 25동은 불에 탔으며, 차량 3대와 컨테이너 박스도 여러 채 파괴되었으며, 산불까지 발생했습니다. 그리고 연평도 주민 1,700명 중 95%가 피난하는 대소동을 빚었습니다. 방공호에 대피한 주민들은 추위와 공포로 밤을 지새워야 했습니다. 1953년 7월 휴전협정 이래, 영토에 대한 직접적인 공격이자, 민간인을 상대로 한 대규모 군사 공격은 처음 있는 일이어서 매우 충격적이지 않을 수 없었습니다.

연평도 포격을 통해 대한민국 국민들은 한반도가 휴전 상태의 분단국가라는 사실을 재확인할 수 있었고, 북한의 무력 도발로 전쟁은 언제든지 다시 발발할 수 있으며, 수많은 희생자가 생길 위험성이 매우 크다는 사실을 새삼 깨닫게 되었습니다.

한편, 2011년 8월 30일 수원지검 공안부(이태형 부장검사)는 서해 연평도 포격과 관련한 북한의 주장에 동조하는 글을 자신의 트위터에 올리고, 북한의 통신과 신문 보도문을 유포한 혐의(국가보안법 위반)로 김모(43)씨를 불구속 기소했습니다. 연평도 포격으로 자식과 가족을 잃은 사람들이 피눈물을 흘리고 있는데 북한의 주장에 동조하는 것은, 가족들의 가슴에 못을 박는 이적행위입니다.

이러한 북한의 천인공노할 만행을 보면서 대한민국 국민이라면 안보의식을 더욱 강화하고, 군사 전력을 증강하여 북한의 어떤 도발 행위에도 즉시 대처할 수 있는 총체적인 안보시스템을 갖추어야 할 것입니다. 아울러 맹목적인 대북지원은, 오히려 김정일을 이은 김정은 독재체제를 도와주는 것이며, 선량한 북한 주민들을 더 큰 고통 가운데 몰아넣는 것임을 명심해야 할 것입니다.

9. 철저한 국가 안보태세

Toward a thoroughgoing national security plan

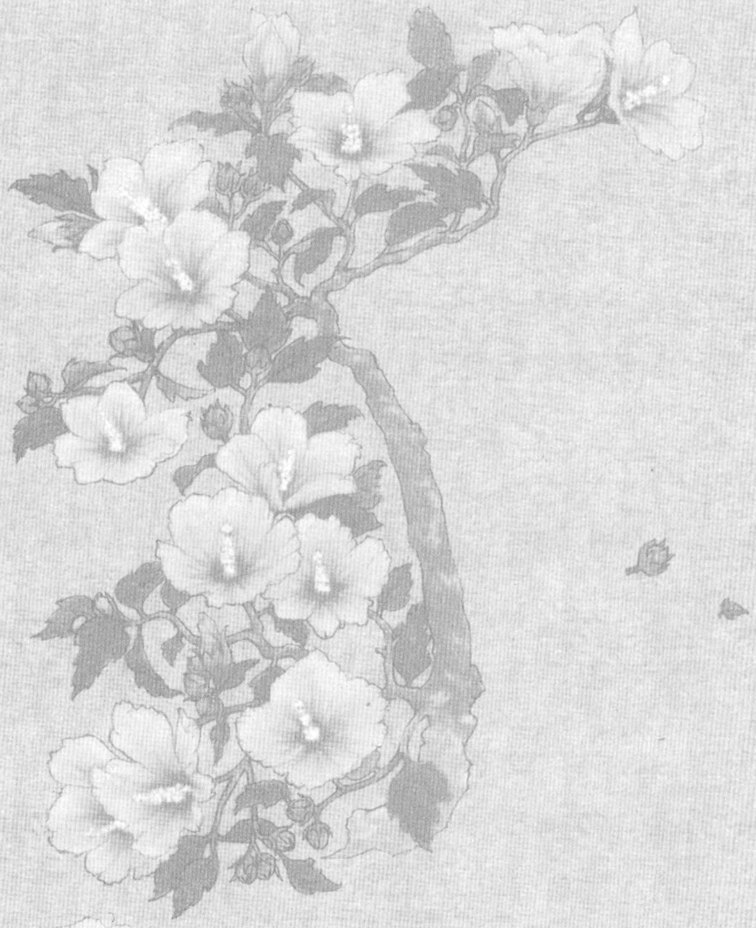

(1) 국가안보를 위해 확실한 대적관(對敵觀)을 세워야 합니다.

대한민국 국민의 생명과 재산을 보호하고 국토를 수호하는 국가안보의 시각에서 볼 때, 확고한 대적관(對敵觀) 정립은 너무나 중요하고 기본적인 사항입니다. 북한은 남한을 타겟으로 무기체계와 군사력을 배치해 놓은, 현재 우리의 적(敵)입니다. 가장 가까이에 있는 북한은 남한의 생존을 위협하고 있는 가장 핵심적인 적으로 존재하고 있는 것입니다. 그러므로 우리의 생존을 위협하고 평화통일을 가로막는 북한의 실상을 정확히 인식하고, 국가 수호의 의지를 확고히 해야 합니다. 북한 노동당은 북한의 입법부, 사법부, 행정부의 상위에 군림하는 최고 권력 기관입니다. 2010년 9월 28일 개정된 노동당 규약 전문에 명시된 바로는 "조선노동당의 당면 목적은 공화국 북반부에서 사회주의 강성대국을 건설하며 전국적 범위에서 민족해방민주주의 혁명의 과업을 수행하는 데 있으며, 최종 목적은 온 사회를 주체사상화하여 인민대중의 자주성을 완전히 실현하는 데 있다."라고 하여, 남한까지 공산화하겠다는 국가적 의지를 분명하게 밝히고 있습니다. 노동당은 북한을 실질적으로 지배하는 조직이므로, 여기 노동당 규약 전문은 실제 북한의 통치이념이라 할 수 있는 것입니다.

현재 우리나라는 분단국가이며, 남과 북은 휴전 중입니다. 지난날 6·25전쟁은 1953년 7월 27일 정전협정 체결로 잠시 중단되었을 뿐 아직 끝나지 않은 전쟁입니다. '휴전'이란 '쉴 휴(休), 싸울 전(戰)', 즉 '전쟁을 쉰다'라는 뜻입니다. 쉬는 것을 멈추면 다시 전쟁이 일어난다는 것입니다. 그래서 북한은 군사분계선을 중심으로 60여 년 동안 끊임없이 남한을 위협해 왔고, 북한의 기상천외한 도발로 한반도는 언제든지 전면전으로 확대될 불씨를 안고 있습니다.

앞에서 살펴보았듯이, 2010년 3월 26일 천안함 피격사건과 11월

23일 연평도 포격사건으로, 우리 국민은 세계 유일의 휴전 국가인 한반도의 위기 상황을 목도하면서 국가 안보의 중요성을 확인하였고, 또한 두 사건은 대한민국의 주적이 북한이라는 명확한 대적관을 모두에게 각인시켰습니다. 명백히 북한의 소행이라는 사실이 만천하에 밝혀졌는데도, 그들은 한국정부와 미국의 자작극이라는 억지 주장과 유언비어로 우리 국민의 여론을 분열시키고 끊임없이 나라의 혼란을 가중시켜 왔습니다.

북한이 보유한 방사포는 독가스와 같은 화학무기를 탑재할 수 있고 사정거리 160㎞로 수도권 어디든지 공격할 수 있으며, 1,500기의 미사일은 부산이나 목포까지도 7분이면 도달할 수 있습니다. 북한은 현재 대량살상을 위한 핵무기와 그것을 운반할 탄도 미사일도 수천 개 이상 보유한 상태입니다. 북한은 1970년대부터 탄도미사일 개발에 착수하여 1980년대 중반에 사정거리 300㎞의 SCUD-B, 500㎞의 SCUD-C를 생산하여 배치하였습니다. 1990년대에는 사정거리 1,300㎞인 노동 미사일을 시험 발사한 후 배치하였으며, 1990년대 말부터는 사정거리 3,000㎞이상의 신형 중거리 미사일(IRBM) 개발에 착수하여 2009년경 작전 배치하였습니다. 2009년 4월 5일 발사된 대포동 미사일 2호는 3단 분리에 성공하였으며, 약 6,700㎞까지 갈 수 있는 무서운 무기입니다.[112] 2012년 12월 12일에는 은하 3호 발사에 성공함에 따라 사거리 1만㎞ 이상의 대륙간 탄도미사일(ICBM) 기술을 보유하는 데 성공한 것으로 분석됩니다.

북한은 겉으로는 '우리 민족끼리'를 내세우며, 미국과 일본을 겨냥한 방어용 무기라고 하지만, 실상은 그것이 한반도를 전략적 타깃으로 삼고 있다는 사실을 모르는 이가 어디 있겠습니까? 천안함 피

112) 「꼭 알아야 할 통일·북한 110가지」, 99-100.

격사건과 연평도 포격사건으로, 북한은 지금까지 '한반도의 공산화 통일'전술을 일관되게 유지하고 있음을 스스로 입증한 것입니다.

이처럼 우리나라는 북한의 핵 개발로, 말만 들어도 몸서리쳐지는 전쟁의 위협을 당하고 있습니다. 6·25전쟁이 여전히 우리의 삶에 직·간접적으로 영향을 미치고 있는 것입니다. 우리는 절대로 북한을 얕잡아 보아서는 안 되고, 해이해져서도 안됩니다. 민족의 유구한 발전을 위해서는, 전 국민이 안보의 중요성을 철저하게 인식하여 적의 실체를 바로 알고 철저한 군비 태세를 갖춰, 국가 방위에 한 치의 소홀함도 없어야 할 것입니다.

(2) 과거의 국난이 되풀이되지 않도록 대비해야 합니다.

역사에서 교훈을 배우지 못하고 철저히 대비하지 않으면 반드시 비슷한 역사가 되풀이됩니다. 우리 국민은 수없이 많은 국난을 겪어 왔고 6·25전쟁이라는 전무후무한 동족상잔도 겪었으며, 이 전쟁은 아직 끝나지 않은 상태입니다. 국난을 당한 연후에는 반드시, 온 국민이 보다 더 정신을 차려서 그런 잘못을 다시는 되풀이하지 않도록 적에게 맞설 수 있는 능력을 갖추고, 그 대비책을 강구해야 합니다. 그런데 안타깝게도 우리나라의 역사를 보면, 이를 간과함으로써 동일한 국난이 반복된 것을 여러 번 찾아볼 수 있습니다.

우리나라가 외적으로부터 당한 큰 침략의 예로는, 1592년 4월 13일 일본의 도요토미 히데요시가 군인 21만 명을 이끌고 쳐들어와 일으킨 임진왜란이 대표적입니다. 임진왜란이 일어나기 10년 전쯤에 당시 병조판서(현 국방부 장관) 율곡 이이는 여러 가지 국제 정세로 보아 나라가 위급하니, 10만 군대를 양성해서 국방을 튼튼히 하지 않으면 왜적의 침략을 받을 위험성이 높다고 조정에 방책을 일렀습니다. 그러나 당시 조정에서는 '세종대왕 이래 태평성대를 누리고 있는 이때 이 무슨 소리냐, 공연히 국고를 낭비하고 민심을 불안케 만드는 어리석은 짓을 할 필요가 없다.'라며 율곡의 건의를 무시하였습니다.

그 당시 일본의 도요토미 히데요시는 소위 전국 시대 말기에 일본 전국을 통일하고, 그 여세를 몰아 조선과 명나라를 침범할 준비를 차근차근 진행하고 있었습니다. 이를 간파한 율곡 이이가 국가 안보를 위해 국력을 기르는 것이 꼭 필요하다는 판단에서 올바른 건의를 했는데도 당파 싸움의 결과로 일축되고 말았으며, 결국 10년 후 임진왜란이 일어나고 말았던 것입니다. 그 결과 8년 동안 계속된 왜적의 침략으로 우리나라 온 백성은 헤아릴 수 없는 수모를 당하였고, 수천 년 동안 내려오던 우리 문화재와 귀중한 문화적 유산이 상당 부분 파괴되었으며 국토는 초토화되고 말았습니다.

임진왜란과 같은 커다란 국가적 불행을 겪었음에도, 전쟁이 끝난 후 조정이나 국민들은 아무런 대비책이 없이 지내다가 20년 후에 또다시 청나라와의 병자호란(1636년, 인조 14년)이란 처참한 난을 겪어야 했습니다. 전쟁이 끝난 후에도 여전히 조정 안에서는 당파 싸움이 계속되었고, 전혀 정신 차리지 못한 채 우물쭈물하다가, 그 당시 만주에서 일어나 중국 천하를 통일한 청나라 군대에게 또 다시 침략을 당한 것입니다. 이 병자호란으로 인조 임금은 남한산성으로, 왕족들은 강화도로 피난을 가야 했고, 왕자가 만주까지 인질로 끌려가 유폐 당하는 등 임진왜란 못지않은 환난을 당했습니다. 얼마 후 임금이 남한산성에서 내려와 지금의 광나루 부근 삼전도에서 청나라 황제 '황타이지'앞에 세 번 절하고, 아홉 번 머리를 찧는 치욕적인 자세로 항복하여 겨우 전쟁이 끝났고, 그때부터 조선은 청나라의 속국과 같은 처우를 받았습니다.

인조 임금의 아들 봉림대군은 만주 선양(심양)에 볼모로 끌려가 9년 동안 수치스런 곤욕을 당하고 돌아와서 선왕이 죽고 난 후 효종 임금이 되었는데, 병자호란 때 당한 굴욕을 기어코 복수하겠다는 의지가 대단하였습니다. 그래서 당시 이완(李浣) 장군을 중심으로 비밀리에 북벌 계획을 세우고 몇 년 동안 전쟁 준비를 치밀하게 추진하였습니다. 그런데 상당한 준비가 거의 완료되었을 무렵 안타깝게도 효종 임금은 병사하고 말았습니다.

병자호란 이후 이렇게 청나라의 속국처럼 약 300년간을 지내다가 1863년 고종황제가 즉위한 뒤 흥선 대원군이 처음으로 국정에 일대 혁명적 개혁을 단행했습니다. 그러나 패기만만했던 흥선대원군도 며느리 명성황후를 제거하는 데만 온 힘을 쏟은 나머지, 결국 나라가 망국의 길을 걷게 되었고, 식민지화라는 무서운 역사의 심판을 당해야 했던 것입니다. 오늘날 우리 국민이 이러한 역사적 흐름을 제대로 이해하지 못한 채 정신을 차리지 못한다면, 지난날의 아픔과 퇴영(退嬰)의 악순환에서 결코 벗어날 수 없습니다.

(3) 온 국민이 일치단결하여 애국애족해야 합니다.

1975년 4월 30일은 월남이 패망한 날입니다. 우리는 그들이 패망해 간 과정을 자세히 주목해야 합니다. 왜냐하면 우리와 너무나 닮은 역사를 가지고 있기 때문입니다. 1954년 7월 21일 프랑스가 물러가면서 제네바 협정에 따라 북위 17도선 북쪽에는 공산주의 월맹이 있었고, 남쪽에는 자유민주주의 월남이 있었습니다. 그런데 1955년에 월맹이 월남을 공격하여 전쟁이 발생하였고, 이때 미군이 개입하였으나 10년이 되어도 전쟁은 끝나지 않았습니다(미군 파병 53만 명, 전사자 5만 8,256명, 부상 20만 명). 미군 철수의 결정적 원인이자 월맹 승리의 분수령이 된 사건은 바로 1968년 1월 31일 구정 대공세(테트 대공세)였습니다. 구정의 느슨한 분위기와 명절마다 나타나는 민족 대이동을 틈탄 기습 공격이었습니다. 월맹군과 베트공이 월남

5개 주요 도시와 36개 지방을 습격하였습니다. 이때 월맹에 의해 미국 대사관이 일시에 함락되는 예상치 못한 사태가 벌어졌는데, 언론들이 이 사건을 과장되게 보도하자 월남군과 연합군은 심리적으로 위축되어 사기가 바닥으로 떨어졌습니다. 월맹은 엄청난 자살적 공세로 막대한 군사적 피해를 보았음에도, 반미 반전 여론의 확산 기회로 삼아 정치적·심리적 대승리를 거두게 된 것입니다.

이에 미국측은 1968년 5월 10일 파리에서 비밀 협상을 시작하여, 1973년 1월 27일 5년 협상 끝에 월맹에 40억 달러 원조를 제공하는 조건으로 미·월맹 평화조약을 체결하기에 이르렀습니다. 이때 월맹이 미국과 평화 협상을 한 목적은, 미군을 축출한 후에 민중봉기를 통해 인민 민주주의 정권을 수립하고 무력남침으로 월남을 공산화하려는 속셈이었습니다.

조약체결 이후 두 달이 지나 미군은 실제로 철수하였습니다(1973년 3월 29일). 그리고 미군철수 약 2년 만에 월맹은 1975년 3월 다시 월남을 침략하였습니다. 즉각 전쟁을 중지하고 일치단결하여 침략군을 무찌르고 자유 월남을 지키자는 티우 대통령의 호소는 아무런 힘을 발휘하지 못하고, 총체적 부패와 분열로 의욕 상실에 빠져 있던 월남 백성에게는 이미 나라를 지켜야겠다는 애국심은 전혀 찾아볼 수 없었습니다. 월남은 그 좋은 최신식 무기를 가지고 제대로 싸워 보지도 못하고, 슬리퍼를 신고 쳐들어온 보잘것없는 월맹에게 대패하고 만 것입니다. 결국 전쟁 개시 50일 만인 1975년 4월 30일, 월남은 지구상에서 영원히 사라지고 말았습니다. 월남의 패망을 누구도 예상치 못한 이유는, 당시 월남은 미국이 넘겨준 최신 전투기 등으로 무장하여 공군 군사력이 세계 4위인 군사 강국이었던 데다 경제력에서도 월맹보다 월등히 앞서 있었기 때문입니다. 반면에, 당시 월맹은 전쟁수행 능력을 상실했고 매년 100만 톤의 식량 부족으로 하루 두 끼와 소금으로 연명하는 상황이었습니다. 게다가 미국이 월맹에 40억 달러를 원조하기로 한 상태여서 월맹이 평화협정을 그렇게 쉽게 깨지는 않을 거라고 믿었습니다. 이처럼 객관적인 모든 상황은 월남측에 매우 유리했기 때문에 미군이 철수하더라도 휴전 체계는 최소한 10년은 갈 것이라고 여긴 것입니다.

그런데 월남은 모든 예상을 뒤엎고 한순간에 붕괴되었습니다. 월남 전체가 총체적인 안보 불감증에 빠져 있었고 월맹을 너무나 과소평가한 것이 가장 큰 원인이었습니다. 당시 월남은 신부와 승려를 비롯한 종교인들, 그리고 언론인, 학생들, 좌익 인사들은 혼란한 사회 분위기를 이용하여, 티우 대통령의 정권 타도를 외치며 반정부 시위를 주도하고, 반미감정을 확산시키며, 국론을 분열시켰고, 사회 혼란을 가중시키는 데모가 그칠 날이 없었습니다.

1967년 대통령 선거에서 낙선한 야당 대표 '쭈옹 딘 쥬'는 '같은 민족끼리'를 내세우면서 "동족상잔의 전쟁에서 시체가 쌓여 산을 이루고 있다. 우리 조상이 외세를 끌어들여 동족끼리 피를 흘리는 모습을 하늘에서 내려다보며 얼마나 슬퍼하겠는가. 월맹과 대화를 통해, 평화적으로 남북문제를 해결하자."라고 주장하였습니다. 쭈옹 딘 쥬는 월맹의 간첩이었습니다. 티우 대통령이 내각 작전회의를 하면 1-2시간 후면 그 작전 회의 내용이 북부 월맹에 보고될 정도로, 간첩들이 각계각층에 깊숙이 침투하여 월남 정부는 속수무책이었습니다. 월남의 국론을 분열시키고 반전 여론을 부추기며, 반미 감정을 확산시켰던 베트콩(인민혁명당) 세력은 약 5만 명으로, 월남 전체 인구의 0.5%에 불과했습니다. 0.5%의 적대세력이 정치권, 군대, 종교, 언론 등에 침투하여 전체 월남을 밑 뿌리채 뒤흔들었던 것입니다.

결국 월맹 탱크가 대통령궁을 함락하고, 월남의 수도 사이공은 힘없이 점령되었습니다. 티우 대통령은 "월맹은 경제난으로 10년 내에 망할 것이다."라고 장담하면서 가난하고 약한 월맹을 얕잡아 보았는데, 오히려 월남이 먼저 망했습니다.

월맹에 의해 공산화된 후 월남에서 제일 먼저 한 일은 인민재판에 의한 무자비한 숙청이었습니다. 공무원, 군인, 경찰 등 수백만 명이 숙청 및 처형되었습니다. 무엇보다 특기할 일은, 월남 정부 하에서 반 정부 운동에 앞장섰던 교수, 종교인(승려, 신부), 학생, 민주 인사 등 월맹에 우호적이었던 16만 5천 명이 가장 먼저 처형되었다는 사실입니다. 월맹 지도자 호치민은, 월남 사람들이 종교인들의 말을 절대적으로 신봉한다는 사실을 통찰하여 신부를 이용하고 승려들을 이용하였습니다. 승려들은 반미운동의 선봉에 서서 '외세배격 자주통일'을 외치며, 심지어 온몸에 기름을 끼얹고 불을 지르는 소신공양(燒身供養)[113]에 나서기도 하였습니다. 몸에 불을 살랐을지라도, 그것은 월남 패망을 앞당긴 백해무익한 죽음이었습니다. 공산화가 되면 월맹이 자신들을 대우해 줄 것이라는 꿈은 착각이었고, 하루아침에 물거품이 되고 말았습니다. 자본주의 사회에서 반정부 활동을 하며 월남 패망에 앞장섰던 자들은 사회주의 사회에서도 똑같은 짓을 할 수 있다는 이유에서, 월맹은 그들을 가장 먼저 숙청했던 것입니다.

월맹에 의해 한순간에 함락된 수도 사이공은 피바다가 되었습니다. 자기 나라를 지킬 줄 몰랐던 국민들, 나라를 지키기 위해 단결하지 못했던 월남 국민들은 너무도 처절한 대가를 치러야 했습니다. 공산화된 월남의 '사이공'시는 '호치민'시로 바뀌었고, 과거 월남의 흔적을 지우기 위해 시내 곳곳에는 공산주의 혁명가들의 이름이 난무하였습니다. 전직 대통령과 고위 인사들의 무덤은 파헤쳐지고 그 시체들은 불태워졌습니다. 자유 시장 경제를 공산 사회주의 체제로 변경하고, 모든 사유 재산을 강제 몰수하였습니다. 1,500개의 개인

113) 자기 몸을 불살라 부처 앞에 바침. 또는 그런 일.

기업들을 국유화하고, 강제 몰수하였습니다. 언론 출판의 자유, 집회 결사의 자유, 종교의 자유를 허락지 않았습니다. 이에 항의하면 줄줄이 체포 구금되어 밀림과 늪지대의 변방으로 강제이주를 당했는데, 그 수는 230만 명에 이릅니다.

국가의 패망으로 월남 국민들은 졸지에 가족과 생이별을 해야 했고, 자유를 그리며 공산화된 조국을 탈출할 수밖에 없었습니다. 월맹군의 공세가 치열했던 당시 위에(Hue)나 다낭(Danang) 등의 도시로부터 수많은 난민들이 목숨을 걸고 탈출하였고, 사이공 함락과 함께 월남의 군인이나 월남 정권의 협력자와 그 가족들은 난민이 되어 미국으로 건너갔습니다. 베트남 사회주의공화국 성립 후에도 난민의 해외 망명이 계속되었는데, 이들이 보트나 어선으로 탈출하는 경우도 있어 '보트 피플'(boat people)[114)]이라는 말이 생길 정도였습니다. 106만 여명의 월남인들이 살아남기 위해 보트에 몸을 싣고 공산화된 조국을 떠나야 했습니다. 금방이라도 침몰할 듯한 작고 허름한 배에 무조건 몸을 싣고 자신과 가족들의 목숨을 부지하기 위해 SOS를 외치며 망망대해를 떠돌았습니다. 그 중 11만 명은 배가 전복되어 익사, 혹은 해적에게 살해당하거나 거센 파도에 수장되고 말았습니다.

월남의 비참한 패망은, 군사력과 경제력이 아무리 뛰어나도 안보의식이 약해지면 멸망할 수밖에 없다는 역사의 산 교훈을 심어 주었습니다. 나라를 지키는 참된 힘은 군사력보다 온 국민의 일치단결한 안보의식과 애국심에 있다는 사실입니다. 우리는 북한을 결코 얕잡아 보아서는 안 됩니다. 철저한 주적관과 안보의식, 그리고 올바른 역사교육을 통해 범국민적으로 일치단결하여 대비하는 길, 그것이 우리 조국을 지키는 길이요, 우리의 살 길입니다. 월맹은 미국과

114) 자유 월남 패망 후 공산 정권을 피해 고국을 탈출한 월남인들.

평화조약을 체결하고 미군을 철수시킴으로써, 월남을 침공할 기회를 얻어 공산화에 성공했습니다. 6·25전쟁도, 북한의 사주에 의한 여론몰이로 1949년 6월에 미군을 철수시킴으로써, 1년 뒤에 북한의 도발로 일어났던 것을 기억해야 합니다. 북한은 지금도 이러한 순서를 밟아가려 고 하고 있습니다.

이러한 엄연한 역사적인 교훈을 다 외면해 버리고, 지금도 북한의 주장을 그대로 답습하여, '평화협정 체결, 미군 철수!'를 주장하는 어리석은 자들이 있습니다. 불과 37년 전 실제로 있었던 월남의 비극적 패망을 상기해 볼 때, 저들의 외침은 삼천리강산에 또다시 피를 부를 수도 있는 너무나도 섬뜩한 것임을 깨닫고, 온 국민이 깨어 이 나라를 지켜야 합니다. 다음은 자유 월남 시절 사이공 대학 학생이었다가 탈출했던 한 학생의 시(詩)입니다.

멀리서 공산주의를 바라보니
금강석처럼 반짝이기에
무엇인가 궁금하여 가까이 가서
바라보니 그것은 피로 범벅이 된 눈물이라네

미군철수는, 북한이 남한을 공산화하기 위한 필수 과정일 뿐입니다. 확고한 한미동맹과 미군의 한국 거주는, 우리 민족의 생존권이 걸린 중대한 문제입니다. 북한은 현재 주한 미군이 28,000명에 불과하지만 전시에는 69만 명이 투입된다는 사실을 알기 때문에 어떻게 해서든지 남한에서 미군을 철수시키려고 하는 것입니다.

(4) 올바른 역사의식을 가진 지휘관을 양성해야 합니다.

지금 우리나라는 6·25전쟁 이후 가장 심각한 국가안보의 위기를 맞고 있다고들 합니다. 이 위기는, 나라의 존재 기반을 뒤흔드는 총체적인 위기를 뜻합니다. 지구상에서 가장 호전성이 강한 북한군을 눈앞에 두고 있는 우리입니다. 이 땅에 제 2의 6·25전쟁이 발생하지 않도록 반공을 통한 국민적 단합이 절실합니다. 그렇다면 오늘의 위기 상황에서 가장 실질적이고 시급한 대처는 무엇입니까?

올바른 역사의식으로 철두철미하게 무장된 지휘관, 전 부대원들의 힘을 결속시킬 수 있는 지휘관을 길러야 합니다. 세계사를 거슬러 올라가면, 지휘관 한 사람 때문에 위기에 처한 나라를 구한 경우가 많습니다. 참으로 깨어 있는 지휘관 한 사람이 그립고 또 너무나 절실한 때입니다. 올바른 역사의식을 가진 지휘관 한 사람은, 이북의 핵폭탄을 이길 수 있는 큰 위력입니다. 지휘관 한 사람 때문에 나라가 평안케 되고, 지휘관이 용맹한 믿음으로 던지는 말 한마디에 부대원들은 용기백배 힘을 얻고, 전 국민들은 위로를 받고 안심하게 됩니다.

(5) 후손들에게 올바른 역사의식을 전수해 주어야 합니다.

최근 우리나라는 또다시 많은 사람이 좌파로 기울어 가는 위기를 맞아, 여기저기서 우려의 소리가 높아지고 있습니다. 우리나라를 잿더미로 만들었던 그 공산주의가 또 고개를 쳐들고 국론을 분열시키려 극성을 부리고 있는 것입니다.

「조선일보가 주최한 2006년 국민의식 조사」에 의하면 54.8%가 북한은 남한의 협력 대상이라고 응답했고, 15.8%만이 남한을 위협하는 대상이라고 답하였습니다. 남북통일을 방해하는 것이 미국이며, 우리의 적은 실상 북한이 아니라 미국이라고 공공연하게 말하고 다니는 사람들이 많습니다. 전교조 소속 교사와 좌파 성향의 역사학자들이, 학생들에게 한국 현대사를 왜곡하여 대한민국을 규탄하고 반미 친북 좌파 사상을 심어 주고 있습니다. 그들은 우리나라의 주적이 미국이라고 가르치는가 하면, 제주 4·3사건을 미국이 군과 경찰을 자극하여 민간인을 학살했기 때문에 이에 민중들이 항쟁한 것으로 가르치고, 6·25는 남침이 아니라 북침이었으며(남침유인설, 서울 점령설), 미군 개입만 없었으면 통일이 됐을 것이라는 궤변을 학생들 앞에서 늘어놓고 있습니다.

국가를 지키는 가장 큰 힘은 최첨단 무기가 아니라 철저한 안보의식입니다. 국가 안보야말로 세계 모든 국가의 제 1의 국가 목표입니다. 이것은 온 국민의 역사의식이 하나 된 데서 출발하는 것입니다. 오늘날 대한민국이 좌익 성향으로 흐르는 현상은, 우리 부모 세대가 자신들이 겪은 역사를 정리하는 데 소홀하여, 자녀들에게 참혹했던 공산주의의 폐해와 참된 호국의 의미를 제대로 가르쳐 주지 못하고, 또 우리나라의 전체 역사를 제대로 교육하지 않았기 때문에 생겨난 일입니다. 지금 가장 큰 급선무는 전 국민이 올바른 역사의식을 갖는 일입니다. 왜곡 날조된 역사는 필연코 우리와 우리 후손들을 나약하게 만들고 병들게 하여 나라의 장래를 암담하게 만듭니다. 거짓 없는 역사의 보존을 위해 역사를 사실대로 바로 알게 해 주는 올바른 역사 교육이 강력히 요청되는 때입니다.

우리 후손들이 바른 역사의식으로 하나가 될 때, 이 민족의 거대한 항해는 큰 힘을 얻어 한 목적과 한 방향으로 거침없이 전진하여 나아갈 것입니다.

(6) 철저하게 실패한 공산주의의 실상을 바로 알려 주어야 합니다.

① 74년 1개월 24일 만에 패망한 러시아 공산당

1917년 11월 7일, 레닌이 주도한 볼셰비키[115]에 의해 일어난 러시아 혁명으로 세워진 구 소련(러시아 공산 정권)은 1991년 12월 31일, 74년 1개월 24일 만에 역사의 무대에서 완전히 사라져 버렸습니다. 경제 침체를 극복하기 위한 개혁개방 세력이 일으킨 쿠데타의 영향으로 공산주의가 해체, 급속히 붕괴되었고, 결국 1991년 12월 25일 고르바초프가 대통령직을 사임한 후 12개 독립공화국이 독립국가연합을 형성함으로써, 1992년 1월 1일 소련은 종말을 맞고 말았습니다. 1991년 8월 29일 소련연방 최고회의는 찬성 283표, 반대 29표, 기권 52표라는 표결로 소련에서의 모든 공산주의와 공산 활동을 못하도록 전면 정지하고, 공산주의에 사형을 선고한 것입니다. 실패를 향해 내달리던 공산주의가 결국 비참하게 무너졌습니다. 소련 여러 공화국 광장에서 레닌의 동상을 무너뜨리고, 그의 초상을 불태우고, 낫과 망치로 그려진 붉은 깃발을 내리고 러시아 고유의 삼원색 깃발을 모스크바 광장에 올렸습니다.

공산주의(communism)란 말은 원래 물건을 공동으로 균등하게 가지자는 재산 공유사상에 기초한 것입니다. 이 이름은 1848년에 독일 철학자 마르크스(1818-1883)와 엥겔스(1820-1895)의 이름으로 선언된 「공산당 선언」에서 나온 말입니다. 자본주의 사회는 부패와 모순 때문에 결국 망하고, 그 대신 사유재산과 국가가 없어지는 완전평등의 공산사회가 도래하게 되며, 그것이 역사의 종착점이라고 보았던 것입니다.[116] 저들은 이 세상에 존재하는 모든 정치, 경제, 예술, 문화, 교육, 사회, 인습, 종교현상은, 모두 경제적 체제가 직접적인 요인이 된다고 보았습니다. 그 경제적 체제는 자본(땅), 기계, 사람(공장) 세 가지가 균형을 이루어 유지되는 것인데, 자본계급들(부

115) 볼셰비키(Bolshevik): 구 소련 공산당의 별칭으로, 소련 공산당의 전신인 러시아 사회민주노동당 정통파를 가리킨다. 멘셰비키('소수파'라는 뜻)에 대립되는 개념이며, 다수파(多數派)라는 뜻으로 과격한 혁명주의자 또는 과격파의 뜻으로도 쓰인다.

116) 리처드 파이프스, 「공산주의」, 이종인 역 (을유문화사, 2006), 28-29.

르주아, 부자)이 발달한 기계의 힘으로 생산수단(프롤레타리아, 가난한 자, 노동계급)을 독점하는 바람에 경제적 불균형이 생기게 되었다고 하였습니다. 이러한 **경제적 불균형**을 없애는 방법은 오직 투쟁뿐이고, 투쟁을 통해 사회를 전복시켜야 한다고 주장합니다. 이를 위해 공산당을 조직하고, 당 조직은 굳은 결속을 부르짖으면서 정열적인 사명감과 분명한 행동강령을 주장했습니다. 그리고 공산주의 이상 실현을 위한 자기희생을 자랑스럽게 여기도록 선동했습니다.

결국 저들은 일당독재 체제 유지를 위해 민중의 대량학살도 서슴지 않습니다. 얼핏 듣기에 달콤한 공산주의 이론에 현혹된 그것을 받아들인 나라마다, 피를 흘리며 파멸되는 비극적 역사를 겪어야 했습니다. 중국의 모택동은 경제의 고도성장으로 이상사회를 건설하겠다며 모든 가정을 없애고 직업별, 군대식으로 조직화하는, 이른바 **대약진운동**(1958년)을 전개하였는데, 오히려 3천만-4천 3백만 명이 굶어 죽었습니다. 또한 모택동의 유명한 **문화대혁명**(1966-1976)에서 1억 명이 1,300만에 이르는 홍위병(red guards)에 의해 고초를 당했고, 3천만 명이 죽고, 3백만 당원이 숙청을 당했습니다.

이토록 잔악하고 몸서리치는 살상력을 가진 공산주의 사상은 1917년 레닌에 의해 러시아에서 처음 실제화 되었고, 여러 제 3세계 국가들로 뻗어 나갔으며, 캄보디아에서 가장 극단적인 정권으로 나타났습니다. 그러나 20세기를 뒤흔들었던 공산주의는 한 세기를 지나기 전에 구 소련이 붕괴되면서 몰락하고 말았습니다. 공산주의는 부패한 인간들이 사는 세상에서 결코 실현될 수 없는 허황된 망상이요 실패할 수밖에 없는 이론이며, 오히려 일인 일당 독재를 뒷받침하여 수많은 사람들을 제거하고 죽이는 잔악한 악(惡)이라는 사실이 역사적으로 증명된 것입니다.

레닌에 의한 러시아 공산주의 혁명이 성공하게 된 것은, 제정 러시아 말기 황실과 귀족의 무능함과 부패 때문이었습니다. 제정 러시아는 이미 산업혁명을 이룬 서유럽 나라들에 비해 경제·정치 등 여러 면에서 크게 뒤떨어져 있었습니다. 설상가상으로 러시아가 제 1차 세계대전(1914-1918년)이라는 장기적인 소모전에 개입함으로써 극심한 경제난으로 사회는 매우 혼란하고 불안했습니다. 국민들은 오랜 전쟁과 가난에 시달려, 황제 없는 러시아를 원했고 혁명을 원하게 되었던 것입니다.[117)]

러시아 혁명의 발단은 1905년 1월 22일 일요일, 러시아 정교회의 가퐁 신부가 이끈 상트페테르부르그의 15만 명에 이르는 거대한 평화시위로 거슬러 올라갑니다. 이날 시위 진압 과정에서 1천여 명이 죽고 3천여 명이 부상을 당했으니, 그야말로 '피의 일요일'이었습니다.

이 사건을 계기로 노동자의 파업이 전국적으로 확산되었는데, 66개 도시의 44만 명에 이르는 노동자들이 항의의 표시로 작업을 중단했습니다. 4월까지 파업 참가자는 81만 명에 이르렀으며, 각지에서 농민 봉기가 일어났습니다. 러시아의 마지막 황제 니콜라이 2세(1894-1917)가 이 사건의 파장이 얼마나 확대될지 깨닫지 못하고 있는 동안, 10월에는 러시아 역사상 최대 규모의 총파업이 발생하여 경제는 파탄에 빠지고, 국가 기능이 정지 상태에 이르고 말았습니다.

마침내 1905년 10월 30일, 니콜라이 2세가 10월 선언을 발표함으로써 차르 체제(러시아 황제 독재 체제)가 무너지고 입헌군주제가 출범하게 되었습니다. 10월 선언의 주요 내용은 시민권(언론·출판·집회·결사의 자유) 보장, 입법권을 갖는 의회의 개설, 참정권 확대 등이었습니다. 그러나 10월 선언은 혁명세력을 공격할 시간을 벌기 위한 수단이었기 때문에, 자유를 약속하였지만 전제정치는 계속되었

117) 오기평, 「세계외교사」(박영사, 1997), 339.

고 사실상 바뀐 것은 없었습니다. 이에 노동자와 농민들의 파업과 봉기가 계속 이어지자, 황제는 반란을 진압하기 위해 전과자, 불량배, 파산자 등으로 구성된 특공대를 조직하였고, 1905년 12월 27일 군대가 노동자들에게 사흘 동안 무차별 포격을 가하여 최소한 1천여 명 이상이 죽었으며[118], 이후에도 수천 명이 교수형에 처해지고 수만 명이 유배를 당하는 등 러시아는 피로 물들었습니다.

이 시기에 러시아는 강력한 산업화 정책을 추진하여 일시 큰 경제 성장을 이루었지만, 노동자와 농민들의 생활 조건은 여전히 열악하였으므로 정부에 대한 반감으로 혁명의 분위기는 고조되어 갔습니다.

1914년 7월 28일 제 1차 세계대전이 발발하자, 레닌이 주도하는 볼셰비키당은 전쟁에 대한 협력을 거부하면서 반전사상을 고취시켜 나갔습니다. 1917년 1월 전국적으로 약 25만 명의 노동자가 파업에 참가하였고, 2월 25일 총파업이 벌어졌으며 경찰과의 충돌로 사상자가 발생하였습니다. 27일에는 민중 봉기가 수도 전체를 휩쓸었는데, 노동자들은 무기고를 점령하여 무장하기 시작했으며, 저녁에는 수비대 병사 6만여 명이 이에 합류하였습니다. 마침내 1917년 3월 10일, 이른바 3월 혁명(2월 혁명)으로[119] 니콜라이 2세가 퇴위하였고, 제정 러시아는 붕괴되었으며, 임시정부가 수립되고 르보프 공이 수상이 되었습니다.

러시아 사회민주노동당은 1903년 제 2차 대회 때부터 레닌[120]을

---

118) 김경묵, 「이야기 러시아사」(청아출판사, 2004), 291, 293-294.

119) 당시 러시아에서 사용하던 율리우스력과 오늘날 일반적으로 사용되는 그레고리력은 약 13일 정도 차이가 난다.

120) 마르크스주의자 레닌(본명: 블라디미르 일리치 울리야노프)은 1870년 생으로, 아버지는 보수적인 정교회 신도로 학교 장학관이었고 어머니는 유태계이다. 맏형 알렉산드르 울리야노프가 알렉산드르 3세 암살 계획에 연루되어 1887년 처형당하자, 당

중심으로 한 볼셰비키파(과격 정통파)와 마르토프를 중심으로 한 멘셰비키파(온건파)로 양분되어 대립해 오고 있었는데, '피의 일요일' 사건 이후 제 1차 러시아 혁명의 소용돌이 속에서 1차 망명을 끝내고 귀국한 레닌이 본격적인 혁명 조직을 만들어 가면서 볼셰비키와 멘셰비키는 격렬한 분쟁을 시작했습니다. 1907년 혁명 지도자들에 대한 대대적인 검거가 시작되자 레닌은 다시 망명길에 올랐고, 1912년 프라하에서 볼셰비키만의 당 대회를 소집하며 멘셰비키와 완전한 결별을 선언하였습니다.

1917년 4월 망명 생활을 끝내고 독일의 도움을 받아 귀국한 레닌은, 즉시 놀라운 기회주의적 능력을 발휘하여 자신의 프로그램을 **'빵, 평화, 그리고 토지'**라는 짧고 명료한 슬로건으로 요약했습니다. 그의 선전에 각계각층의 대중은 크게 동조하였고,[121] 3월 혁명 후 4만 명에 불과했던 볼셰비키 수가 11월 혁명 직전에는 20만 명에 달하게 되어 그 영향력이 급속히 커졌습니다. 한편, 임시정부는 전쟁에 대한 대중의 염증과 경제 파탄으로 지지기반을 잃어 갔습니다. 이제 레닌의 볼셰비키당은 임시정부와 경쟁할 수 있는 권위를 갖춘 유일한 조직체가 된 것입니다.[122]

러시아인들은 '빵, 평화, 토지'를 꿈꾸었지만, 레닌이 의도한 공산주의는 '유럽의 내전 도모, 토지의 국유화, 당의 독재권력'이었습니

시 17세였던 레닌은 마르크스주의에 관심을 갖기 시작하였다. 1888년부터 1893년까지 마르크스주의를 깊이 연구하였는데, 한때 변호사로 일하기도 하였으나 1895년 상트 페테르부르그에서 '노동자 계급의 해방을 위한 투쟁동맹'을 결성했다가 체포되어 시베리아로 추방당했다. 1900년 스위스로 망명, 그 후 1905년 제 1차 러시아혁명 시기에 일시 귀국하였다가 다시 망명하여 1917년 3월 혁명 직후 귀국하였다.

121) 프랑수아 제레, 「인류의 영원한 굴레, 전쟁」, 고선일·유재명 역 (도서출판 부키, 2005), 48.

122) 필립 뷔통, 「유예된 유토피아, 공산주의」, 소민영 옮김 (도서출판 부키, 2005), 15.

다.[123] 1917년 10월 1일, 레닌은 폭동을 위해 동료들에게 "혁명은 계급투쟁이자, 가장 첨예하고 가장 야만적이며 가장 과격한 내전이다. 역사가 보여 주었듯이 어떠한 대혁명도 내전 없이 완성되지 않았다."라고 설득하였습니다.

임시정부가 새로운 민주정부를 수립하기 위해 실시하기로 한 총선거일(11월 25일)을 불과 18일 앞둔 11월 7일, 레닌에 의하여 임시정부는 어이없이 무너지고 말았습니다. 1917년 10월, 레닌은 비밀리에 페테르부르그 소비에트[124] 의장인 트로츠키의 협력을 얻어 '적위대'를 조직, 11월 7일 10시, 볼셰비키 적위대는 별다른 저항도 받지 않은 채 임시정부 타도에 성공하고, 소비에트 정권이 수립되었음을 선포하였습니다. 그리고 새로운 혁명정부로서 레닌을 의장으로 하는 인민위원회가 탄생하였고 모든 국가권력이 소비에트로 넘어왔음을 선포하였습니다. 이러한 일이 가능했던 것은 레닌이 모든 권력을 소비에트에 이양하는 것처럼 위장했기 때문이었습니다. 후에 레닌은 정권을 잡는 일이 '깃털을 들어 올리는 것'처럼 쉬웠다고 말했습니다. 결국 러시아에서 공산주의가 득세한 것은 민중봉기에 의해서가 아니라, '민주주의'를 선전하는 구호 뒤에 숨어서 정권을 탐내는 소수의 무리가 위로부터 강제력을 부과하여 실현된 것이었습니다.[125]

레닌은 정권을 잡은 지 3일 후 언론의 자유를 구속하는 법령을 공포하고, 징발과 몰수, 체포와 살인을 거듭했습니다.

그런데 레닌의 약속대로 실시된 총선거(11월 25일)에서 예상과 달

123) 필립 뷔통, 「유예된 유토피아, 공산주의」, 17.

124) 소비에트(soviet)는 소련의 기본 통치 단위이다. 러시아어로 '평의회'라는 뜻인데, 러시아 혁명을 거치면서 노동자·군대·농민의 권력기관을 가리키는 특수한 의미를 지니게 되었다.

125) 리처드 파이프스, 「공산주의」, 64.

리 공산당이 불과 25%를 밑도는 175석만 차지하게 되자, 레닌은 1918년 1월 18일 회의장 안팎으로 무장병력을 동원하였고 결국 의회는 완전히 해산되었습니다. 그리고 의회를 지지하기 위해 거리로 쏟아져 나온 군중들은 무참히 피를 흘리며 쓰러졌습니다. 1918년 3월부터 그 해 10월까지 8개월간 공산당에 의해 죽임을 당한 자가 170만 명에 이르고, 혁명 이후 5년간 그 수가 약 2천만 명에 달하였습니다.

1918년부터 1921년까지 레닌의 볼셰비키당은 전시체제하에서 정부가 국가 전반을 직접 통제하는 제도를 실시하였습니다. 모든 공장을 국유화하고 경험 없는 공산당원을 지배인으로 임명하자, 중공업 생산량이 1913년의 13%까지 떨어지고 경공업의 경우는 44%로 떨어졌습니다. 결과적으로 식량난이 심각해지자 1918년 식량징발령을 공포하여 농민들이 숨겨 놓은 식량을 털어 내고, 심지어 다음해의 농사를 위해 저장해 두었던 종자까지 몰수하였습니다. 1920년에는 내란과 테러와 대흉년까지 겹쳐, 당시 러시아의 공식발표에 따르면 굶어 죽은 자가 500만 명에 이르렀습니다. 여기에 전염병까지 발생하여 일반 백성들의 고생은 이루 말할 수 없는 지경이 되었습니다. 마침내 1921년 3월 1일, 11월 혁명에서 누구보다도 열렬히 레닌의 볼셰비키당을 지지했던 크론슈타트의 해병 약 15,000명이 공산당의 폭력과 독재에 항거하는 반란을 일으켰습니다. 그러나 아무런 효과를 보지 못한 채 러시아의 마지막 반공산독재 의거로 끝나 버렸고, 레닌의 총칼에 처참히 무너지고 말았습니다. 이제는 레닌의 독재와 볼셰비키 당을 반대할 수 있는 자는 아무도 없게 된 것입니다.

이와 같이 공산주의는 폭력으로 시작하여 폭력으로 다스리는 것이 그 본질이었습니다. 겉으로는 평화적인 혁명을 추구하는 것처럼 말했지만, 사실상 저들의 최종 목적은 '평화'가 아니라 '공산주의혁명'이었습니다. 평화는 가면에 불과하고 종국에는 폭력을 동원해서라도 기어코 혁명을 달성하고야 마는, 실로 공산주의는 엄청난 살상력을 가진 무자비한 이념인 것입니다.

사회에서 가장 천대받는 노동자 계층은 공산주의자들이 경제적 평등을 외치는 순간 그 이론에 쉽게 현혹되었는데, 러시아의 레닌과 스탈린은 바로 그 점을 이용하여 민중을 위하는 척하면서 '민중혁명'이란 허울 좋은 이름으로 권력을 장악하고 독재 공포정치를 시행했습니다.

레닌은 1918년 러시아 사회민주당을 **'러시아 공산당'**으로 개칭했고, 1919년 3월 6일 모스크바에서 국제적인 프롤레타리아[126] 혁명을 추진하기 위해 **코민테른**(Komintern, 제 3인터내셔널: 세계 각국 공산당의 중앙집권제에 기초한 국제조직)을 창설했습니다. 그리고 우크라이나, 코카서스, 중앙아시아 등 러시아 인접지역들을 점령하였고, 마침내 1922년 소비에트 사회주의 공화국연방(소련)이라는 역사상 최초의 일당 국가가 탄생하게 되었습니다. 그러나 레닌은 권력을 잡은 지 불과 5년 후인 1922년 5월 26일, 뇌동맥 경화증으로 반신불수가 되었고, 12월 16일에 병이 재발하여 1923년 세 번째 발작으로 자리에 눕게 되었으며, 마지막 1년간 실어증까지 앓다가 마침내 1924년 1월 21일 저녁 6시 50분, 고리키에서 53세로 사망하였습니다.[127] 장례식은 사망 6일 후인 1월 27일 치러졌습니다.

---

126) 프롤레타리아(proletariat): 사회적으로 하위 계급을 뜻하며, 무산계급을 비하하는 의미로 사용되었다. 이 후 마르크스는 사회학적 용어로 도입하여 "자기 자신의 생산수단을 갖고 있지 않아서 살기 위해 부득이 자신의 노동력을 판매해야 하는 현대 임금 노동자"라고 하였다. 이에 대응하는 부르주아(bourgeois)는 본래 도시에 거주하는 프랑스 시민을 가리켰으며, 근대자본주의 사회 형성과정에서 생산수단을 소유한 자본가 계급, 유산계급을 뜻하게 되었다.

127) 1984년 1월 20일자 경향신문에 레닌은 죽기 전 매독균이 뇌를 침범하여 진행성 중풍으로 시달렸다는 사실이 당시 한 문서에 의해 밝혀졌다고 보도되었다.

레닌 이후 '레닌주의'[128]로 가장 큰 성공을 거둔 사람은 단연 스탈린이었습니다. 스탈린은 1903년에 레닌의 책을 읽고 심취하여 볼셰비키가 되었습니다. 1905년에는 레닌을 만나 그에게서 스탈린(뜻: 강철의 인간)이라는 이름도 얻었습니다. 스탈린은 레닌에게 헌신하고 두드러진 행정수완을 발휘함으로써 레닌의 신임을 얻었습니다. 그리고 다른 공산당 지도자들과 달리, 스탈린은 레닌의 판단에 이의를 제기한 적이 없었습니다. 이에 레닌은 다른 지도자들보다 스탈린을 앞서 승진시켜 1922년 당 서기장에 임명하였습니다.[129]

그러나 레닌의 건강이 악화되고 있었기 때문에, 앞으로 있을 당권 투쟁에 대비하여 스탈린은 자기에게 개인적으로 충성하는 사람들과 아군이 될 만한 사람들을 승진시켰습니다.[130] 죽음을 눈앞에 둔 다음에야 레닌은 스탈린의 무자비함과 비인도적 폭력에 회의를 느꼈고, 발작 때문에 말을 할 수 없게 되자 편지를 통해 스탈린이 권력을 독점할 수 없게 하려 했지만, 스탈린은 그 편지를 감추고는[131] 지노비예프와 카메네프를 끌어들여 '삼두정치' 체제를 수립하였습니다. 이는 그들의 공통적 경쟁자인 트로츠키를 제거하기 위함이었습니다. 그들은 중상모략과 협박으로 트로츠키를 축출하여 멀리 추방하였습니다. 그리고 스탈린은 지노비예프와 카메네프도 제거해 버렸습니다. 레닌이 죽은 지 1-2년이 지나자 스탈린은 당의 일인자로 부상하였습니다.[132]

---

128) 레닌주의: 러시아에 적용된 마르크스의 유물론적 공산주의 이론을 말하며, 행동화한 혁명주의를 말한다. 이들은 폭력혁명을 통한 사회주의 국가의 수립을 주장한다. 레닌 사후 권력 투쟁 과정에서 저마다 자신을 레닌의 정통계승자로 자처하면서 생긴 용어이다.

129) 리처드 파이프스, 「공산주의」, 70.

130) 리처드 파이프스, 「공산주의」, 83.

131) 미란다 트위스, 「세상을 움직인 악」, 한정석 역 (이가서, 2003), 267.

132) 리처드 파이프스, 「공산주의」, 84.

스탈린은 레닌에 의해 시작된 숙청을 제도화하여 공포정치를 펼쳤습니다.[133] 1929년 농업 집단화와 1930년대 후반의 대숙청 이후 굴라크(Gulag: 1930-1955년 강제수용소)의 규모를 키워 약 1,500만 명의 소련인들이 거기서 강제노동에 시달렸고, 10%는 거기서 생을 마감했습니다.[134]스탈린의 공포정치가 최고조에 달했던 1937-1938년에 처형된 사람의 수는 한 달 평균 약 4만 명 이상이었습니다.[135] 500만 명에 달하는 농민이 학살당했거나 강제노동수용소로 끌려갔으며, 또 다른 100만 명은 이른바 인공기근(人工飢饉)으로 굶어 죽었는데, 스탈린 자신은 이 숫자를 약 1,000만이라고 말하였습니다.[136]

스탈린은 KGB의 전신인 NKVD(엔카베데-비밀첩보기관)를 세웠는데, 이들에게는 정권의 모든 적을 제거할 수 있는 광범위한 재량이 주어졌습니다. 이들에 의해 희생된 사람은 그 숫자를 헤아릴 수 없을 정도로 많았습니다. 스탈린은 1940년 NKVD의 주도 아래 폴란드가 다시는 소련에 대항할 수 없도록 엘리트들을 모두 처형하라고 지시하였고, '카틴' 숲에서 폴란드의 지식인·군인·예술가·성직자·사회운동가 등은 물론 감옥 수감자들까지 포함하여 약 25,700명을 학살하였습니다.

스탈린이 1953년 사망하기까지 30여 년 동안 구 소련에서 실종·사망한 민간인의 수는 약 2,000만 명으로 추산되고 있으며(한겨레 1998년 4월 3일자), 심지어 막심고리키의 회고록에서 스탈린은 자기의 아내를 죽이고는 유명한 의사를 찾아내어 자살로 사망진단서를

---

133) 필립 뷔통, 「유예된 유토피아, 공산주의」, 43-46.
134) 필립 뷔통, 「유예된 유토피아, 공산주의」, 200.
135) 윤원구, 「공산주의의 본질」(국방부, 1989), 206, 242.
136) 윤원구, 「공산주의의 본질」, 206.

쓰도록 당시 비밀경찰 두목 야고다에게 지령했다고 밝히고 있습니다(동아일보 1971년 3월 15일자).

무자비한 숙청과 공포정치의 한 측면에는 스탈린 '숭배'가 있었는데, 사실상 그것은 신격화였습니다. "스탈린 동지에게 오류는 없다.", "모든 것은 스탈린 동지의 지도에 따라..." 따위의 말이 일상화되었습니다. 전당대회에서 당 대표들은 앞 다투어 스탈린의 위대함을 격찬했습니다. 스탈린을 찬양하는 미술품과 연극, 심지어 칸타타까지 무수히 만들어졌으며, 학생들은 학교에서 스탈린의 저작물을 학습했습니다. 학자나 노동자나 스탈린의 지도 덕분에 자신들이 일할 수 있다는 이야기를 앵무새처럼 되뇌었습니다. 이는 충분히 중국과 북한 등 다른 사회주의 국가 지도자들이 독재 권력의 유지를 위해 답습할 만한 악의 전형이었습니다.

신으로 숭배를 받으면서 스탈린은 점차 현실과의 접촉점을 잃어버렸습니다. 아첨꾼에게 둘러싸인 그는 러시아의 진정한 상황을 모르게 되었습니다.[137] 강력한 권력을 가졌지만 가족은 죽거나 멀어졌고 암살이 두려워 국내여행을 할 수 없었으며, 술만이 시름을 잊게 해 줄 뿐이었습니다. 결국 한국전쟁이 막바지로 치닫고 있던 1953년 3월 1일, 스탈린은 모스크바 근교의 별장에서 혼자 뜨거운 물로 목욕을 한 후 자기 방에 있다가 지병인 고혈압으로 뇌졸중을 일으켰고, 오른쪽 반신이 마비된 상태로 나흘을 더 버티다가 3월 5일, 75세의 나이로 숨을 거두었습니다.

러시아 공산당은 거대한 일당독재체제였기 때문에, 소수의 공산주의 간부급들이 백성들을 감시하면서 행동의 자유,이주의 자유, 언어의 자유, 사고의 자유를 박탈하였습니다. 처음에는 강제적인 공업화로 경제가 급성장했으나, 시간이 흐를수록 생산의 효율성이 점점

137) 리처드 파이프스, 「공산주의」, 103.

떨어지면서 경제상황이 악화되어 갔습니다. 특권 지도층을 제외한 전 국민이 배고픔에 허덕였고 급기야 나라 전체가 완전히 붕괴되고 말았던 것입니다.

공산주의가 자유를 보장하고 나라의 번영을 가져와서, 백성들이 배부르고 등 따뜻하게 살게 해 주고 근심 없는 행복을 보장해 주는 것이 사실이라면, 공산주의로 대단한 위용을 떨치던 나라가 어떻게 그토록 쉽게 붕괴될 수 있었겠습니까?

영국의 저널리스트 맬컴 머거리지는 "소련 정권에 관하여 생각나는 것들 중에서 가장 신나는 일을 꼽으라면, 그것이 '실패했다'는 사실이다. 만약 성공했더라면, 인간은 끝도 없이 테러를 당하고 결국에는 노예가 되었을 것이다."라고 하였습니다.

러시아 공산당은 또 하나의 독재체제에 불과했기 때문에, 정권 유지를 위해서 폭력을 사용할 수밖에 없었습니다. 그 폭력을 포기하고 개방으로 나서자 곧 붕괴해 버린 것입니다. 그들은 공산주의의 뜬구름 잡는 이상주의를 스스로 버렸고, 소련 해체 후 다른 나라의 공산주의자들도 그 이념을 포기했습니다.

스탈린의 후계자였던 흐루시초프의 전기를 그의 아들 세르게이가 썼는데, 그는 "학생시절부터 나는 공산주의가 정확히 무엇인지를 이해하려고 노력했으나 실패했다. 나는 아버지를 졸라서 공산주의의 본질을 밝혀 달라고 했다. 그러나 그때에도 어떤 알아들을 수 있는 답변을 얻지 못했다. 나는 아버지 자신도 공산주의에 관하여 명확히 알지 못했다고 생각한다."라고 하였습니다.[138)]

공산주의 진영의 최고 지도자가 자기 아들에게조차 공산주의에 대해서 제대로 설명하지 못했다면, 도대체 일반 국민이 어떻게 공산

138) 리처드 파이프스, 「공산주의」, 203.

주의 이론을 이해할 수 있겠습니까?

② 3년 8개월 만에 실패한 크메르루즈(Khmer Rouge) 공산당

캄보디아는 동남아시아의 인도차이나 반도 남서부에 있는 나라로 타이(태국), 라오스, 베트남과 접하여 있고, 면적은 약 18만 1,040㎢이며, 인구는 1,450만 명 정도입니다. 1863년 8월 프랑스 보호령으로 식민지가 되었다가, 시하누크 국왕(1941-1970)의 독립운동으로 1953년 독립을 하였습니다. 캄보디아 왕국은 1953년부터 1970년까지 유지되었는데, 1970년 3월 17일 친미계인 '론 놀'이 시하누크의 외유 중에 쿠데타를 일으켜 '크메르 공화국'을 세웠습니다. 그러나 반(反)베트남 정책을 취했던 론 놀은 점점 세력이 약화되어 1975년 4월 17일 하와이로 망명하였으며, '폴 포트'가 정권을 장악하였습니다. 폴 포트는 원래 부유한 집안에서 자란 보기 드문 엘리트였으나, 프랑스 유학을 다녀온 뒤 공산주의와 모택동 사상에 빠져 쿠데타를 일으켰습니다.[139] 당시 파리에서 고등교육을 받은 캄보디아 공산주의 지도자들은 식민지주의에 반대하는 투쟁을 하기 위하여, 폭력 사용을 적극적으로 권장하는 가르침을 흡수했습니다. 그들은 귀국하자마자 군대를 조직하여 고원지대에서 엄격한 훈련을 받게 했는데, 그 군대의 구성원은 대부분 극빈 가정의 12-14세 사이의 청소년들이었습니다.[140]

1975년 4월 17일, 캄보디아의 수도 프놈펜에 폴 포트가 이끄는 캄보디아 공산군 크메르루즈군이 탱크와 무장트럭을 앞세우고 무혈 입성했을 때, 당시 론 놀 정권의 부패와 폭압에 시달리던 캄보디아 국민들은 열렬히 환영하는 분위기였습니다. 그러나 폴 포트의 크메

---

139) 필립 뷔통, 「유예된 유토피아, 공산주의」, 114-117.
140) 리처드 파이프스, 「공산주의」, 175.

르루즈군은 '농업식 공산주의'라는 이상적인 사회를 최단시간에 건설하기 위해 혁명에 걸림돌이 되는 사람들을 모두 죽이고, 도시에 소개령(疏開令)을 내려 사람들을 농촌으로 강제 이주시켰습니다. 그리고 화폐와 사유재산과 종교를 폐지하였습니다. 여기에 반대하는 세력과 지식인들은 반동이라는 명목 하에 수없이 학살하였고, 친미 정권에 협력했던 지식인·정치인·군인은 물론, 외국어를 구사하는 사람, 공무원, 교수, 의사, 약사 등 전문직 종사자와 중류층 이상의 사람들을 국민을 개조한다는 명목으로 무조건 처형하였습니다. 크메르루즈군은 "우리가 건설하고 있는 국가를 위해서는 훌륭한 혁명가 100만 명만 있으면 된다. 나머지는 필요치 않다. 우리는 한 명의 적을 살려 두기보다 열 명의 동지를 죽이는 쪽을 택하겠다."라고 하였습니다.[141)]

현재 뚜올 슬랭(Tuol Slang)[142)]의 박물관 자리는 과거 '정치범 수용소'가 있던 곳으로, 이곳에 약 17,000명이 수용되었는데 이 중에서 살아남은 사람은 겨우 7명에 불과했습니다. 이곳의 수감자들은 족쇄가 채워진 채로 벽이나 바닥에 붙들어 매어져 있었습니다. 즉시 처형되지 않은 사람들은 굶어죽지 않을 만큼만 식량을 배급받았고, 기력이 다할 때까지 강제노동을 해야 했습니다. 크메르루즈가 집권한 지 얼마 되지 않아 학교와 도서관은 폐쇄되었고, 신문도 사라졌습니다. 안경을 끼기만 해도 인텔리, 즉 혁명의 적으로 간주되었습니다. 신발이 닳으면 고무 타이어로 샌들을 만들어 신었고, 의복은

---

141) 필립 뷔통, 「유예된 유토피아, 공산주의」, 119.

142) 폴 포트는 프놈펜에 있는 학교 건물을 개조하여, 감금·심문·고문·처형을 일삼았던 몰살장으로 악명 높은 뚜올 슬랭(S-21)을 세웠다. 처음에는 반혁명주의자들을 위해 세워졌지만, 나중에는 남녀노소 할 것 없이 혐의를 날조해서 처형하거나 단지 처형된 사람과 아는 사이라는 이유로 고문하고 처형하였다(미란다 트위스, 「세상을 움직인 악」, 335.).

검은색 작업복 한 벌만 허용되었습니다.[143)]

연구원들의 발표에 의하면, 크메르루즈군은 친 베트남 정부군에 의해 프놈펜에서 철수할 때까지 3년 8개월 동안 인구 700만 명 가운데 약 25%인 170만 명의 자국민을 학살하였습니다. 그러나 그 당시에 살았던 사람들을 찾아가 실제 증언을 들어 보면, 학살당한 수가 약 300만 명이었다고 합니다. 이로 인해 현재 캄보디아 인구는 35세 미만의 젊은 층이 전 국민의 70%를 차지하고 있습니다. 이 대학살은, 영화 '킬링필드'(The Killing Fields)의 실제 주인공이 캄보디아를 탈출해 전 세계에 폭로해 알려졌습니다.

그러나 이러한 캄보디아 공산주의자들의 잔혹한 학살 정책은, 1979년 1월 베트남이 크메르루즈군을 몰아내고 친 베트남계인 캄푸치아 인민공화국(People's Republic of Kampuchea)을 수립하므로 결국 실패로 돌아가고 말았습니다.

우리는 크메르루즈군의 자국민에 대한 무자비한 살륙 행위를 보면서, 공산주의가 얼마나 무섭고 잔인한가를 분명하게 직시해야 합니다. 캄보디아는 6·25 직후인 1950년대만 해도 가난에 허덕이는 대한민국에 쌀을 보내 주기도 했었는데, 크메르루즈의 칼바람이 휩쓸고 간 1970년대 후반에는 그야말로 온 나라가 킬링필드(killing fields)가 되어, 순식간에 거대한 무덤이 되고 말았습니다. 공산주의의 잔학상에 몸서리쳤던 캄보디아가, 이제는 한국의 발전상을 본받겠다며 열심히 노력하고 있습니다.

그런데 정작 우리나라에는 캄보디아가 진저리치며 내다 버린 공산주의를 찬양하고 따르는 얼빠진 이들이 너무도 많습니다. 불과 32년 전, 캄보디아인들이 당한 뼈아픈 민족적 상처를 통해 전 세계

143) 미란다 트위스, 「세상을 움직인 악」, 329, 331.

사람들은 공산주의의 실상을 똑똑히 확인하였습니다. 그럼에도 불구하고, 우리나라에 아직도 그 실상을 직시하지 못하는 무지한 자들이 있으니, 실로 개탄스러울 따름입니다.

이미 역사가 준엄하게 심판하고 사형시켜 버린 공산주의 이론을, 우리의 현 세대들이 아직도 그 본질을 직시하지 못하고 다시 일으켜 세우려고 한다는 것은 역사에 대한 무지에서 비롯된 너무도 우매한 짓입니다. 공산주의자들이 떠드는 잠꼬대 같은 허풍에 다시는 현혹되어서는 안 됩니다. 붉은 피의 대학살로 한 나라를 단숨에 궤멸시켰던 이 불행한 역사가 대한민국은 물론이고 세계 어떤 나라 어떤 지역에서도 재현되어서는 안 될 것입니다.

③ 북한 사회의 비참한 실상

우리나라 현대사를 얼룩지게 만든 대구10월사건과 제주 4·3사건, 여수 순천 사건 등을 주동했던 자들은 하나같이 조국을 미제국주의로부터 해방시켜야 한다고 주장했습니다. 그러면 해방되었다는 북한의 현재 실상이 어떠한가를 생각해 볼 때 그 결론은 자명해질 뿐 아니라, 그들이 외친 구호나 주장이 얼마나 공허하고 거짓으로 포장되어 있었는지를 알 수 있습니다.

현재 북한은 식량난으로 인하여 300만이나 굶어죽고, 공개 총살과 같은 공포 정책으로 북한 주민들의 자유와 인권은 심각하게 유린되고 있습니다. 북한에 대한 다음과 같은 세계 각국의 발표는 북한의 실상과 공산주의의 실체를 다시 한 번 정확하게 일깨워 줍니다.

'국가 신용도 185개국 중 최하위' (2001.7.17 이코노믹리뷰)
'민주주의와 경제발전 지수 125개국 중 122위' (2008.2.20 노컷뉴스)
'세계 최악의 독재자 1위는 김정일'(2008.2.17 아시아경제)

'자연재해 위험지수 2위, 인구당 사망 1위' (2007.12.14 VOA news)
'언론 자유 지수 169개국 중 168위'(2008.10.22 데일리NK)
'지구촌 최악 인권탄압 국가' (2010 세계인권 보고서)

북한의 공산주의 사상은 당과 수령(일당 독재자)의 존재를 위해 인민의 희생을 무조건 강요합니다. 사람을 혁명의 도구로 생각하여, 당과 수령에 협조하지 않으면 적으로 간주하고 사람을 무차별 학살하며, 당과 수령을 위해서는 부모를 죽여도 죄로 여기지 않을 정도입니다. 참으로 지구상에서 인간을 가장 비참하게 만드는 사상이 바로 공산주의입니다. 왜 그렇습니까? 인간의 기본 권리를 송두리째 빼앗아 인간의 존엄성을 짓밟고, 아주 무능하고 나약하게 하여 결국 병들어 죽게 만들기 때문입니다. 구 소련의 러시아 공산당이 75년(74년 1개월 24일) 만에 몰락한 것은, 공산주의 사상이 결국에는 나라를 송두리째 파멸시키는 무가치하고 흉악한 사상이라는 사실을 역사를 통해 만천하에 증명한 것입니다.

북한은 자유를 철저히 억압하는 나라입니다. 오직 당과 수령을 중심으로 하는 사회로서 개인의 신체적 자유는 찾아볼 수 없습니다. 신체의 자유는 정신적 활동에 관한 자유와 함께 인간의 근원적인 요구이며, 동시에 인간 생존을 위한 최소한의 조건입니다. 북한은 인권침해와 신체자유의 침해를 방지하는 제도를 형식적으로 두고 있을 뿐, 실제 법을 집행하는 과정에서는 전혀 준수되지 않습니다. 2002년 DMZ를 통해 직접 탈북한 주성일 씨(북한군 장교)는 북한에 대하여 "폭정 국가, 억압적이고 폐쇄적이고 자유라는 것은 전혀 없는 국가, 직접 살아 보지 않고서는 절대 누구도 알 수 없는 사회"라고 증언하였습니다.

김정일은 집권 후 1998년 '전국에 총소리를 울리라.'는 지시를 내려 경범죄를 지은 자까지 사형에 처한 적이 있습니다. 2011년 말 김정일 급사 후에 김정은이 권력을 이어 전대미문의 숙청 회오리가 몰아쳤는데, 김정일 상중에 술을 마시다 걸린 인민무력부 부부장(남한의 국방부 차관 해당)의 경우, '머리카락 하나까지 흔적을 남기지 말라'는 김정은의 지시에 따라 공개된 장소에서 총살대신 박격포를 쏴서 처형했습니다(조선일보 2012년 3월 22일자). 시신의 흔적을 찾기 어려울 정도로 끔찍한 처형이었습니다. 북한은 이처럼 인권이라고는 전혀 생각조차 할 수 없는 곳입니다.

그리고 북한은 거주 이전 및 여행의 자유·종교의 자유·언론의 자유·출판의 자유가 제도적으로 차단되어 있습니다. 법적으로는 규정되어 있다고 하지만, 실제로는 많은 제약이 있거나 제대로 지켜지지 않습니다. 거주 이전에 관하여는 정부 당국에 의해 직장이 배치되어 당국의 판단에 따를 수밖에 없습니다. 여행은 자기가 사는 군 내에서만 가능하고, 고위직 관리가 아닌 이상 그 경계를 벗어나려면 인민반장으로부터 시작하여 인민위원회에 이르기까지 당국의 허가를 받아야만 합니다. 특히 평안북도, 자강도, 양강도, 함경북도 등 국경지역을 여행하기 위해서는 승인번호를 받아야 하며, 평양을 여행하기 위한 승인번호는 아무나 좀처럼 받을 수 없습니다. 북한은 오래전부터 '평양공화국'이라고 불릴 만큼 평양거주민은 당국으로부터 특별대우를 받았으며, 평양과 지방의 생활수준 격차가 심각하고, 지방에는 평양 구경 한 번 못 해 본 사람이 부지기수입니다.

역사상 어디에서도 유례를 찾아볼 수 없는 **절대적인 수령 독재 체제**를 유지해 오고 있는 북한에서, 수령은 당과 국가와 인민들에게 신성불가침의 존재로, 혁명 건설에서 절대적 지위를 차지하며 결정적 역할을 합니다. 모든 인민계급은 수령을 운명의 주인으로 모셔야 하고 수령의 절대적인 은덕으로 사는 존재라고 세뇌(洗腦)당합니다. 북한은 이러한 수령절대주의를 정당화하기 위하여 봉건적 충효 사상까지 이용하였는데, 수령은 육체의 생명을 준 부모보다 비할 바 없이 위대하고 귀중한 어버이로서 우러러 모시고 충성과 효성을 다해야 한다고 가르칩니다. 이처럼 북한은 철저하게 수령을 신격화하는 체제이므로 다른 종교 활동은 꿈도 꾸지 못합니다. 국제적 압력 때문에 형식상 봉수교회와 장충성당 등 일부 종교시설이 1980년대부터 세워지긴 했으나, 당 지령에 의한 형식상의 예배만 드릴 뿐입니다.

모든 결정의 최종 권한은 오직 당과 수령에게만 있으므로 언론의 자유는 꿈도 꾸지 못합니다. 신문이나 TV, 인터넷, 라디오, 휴대폰 등 모든 통신수단도 당이 철저한 통제 속에 관리합니다. 북한은 다른 나라들로부터 철저히 고립되어 있는 완벽한 통제 사회로서, 어떠한 외부의 정보도 유입되는 것을 엄격하게 통제합니다. 이렇게 북한은 지구상에서 가장 폐쇄적이고 고립된 국가입니다.

또한 이북 곳곳에 설치되어 있는 정치범수용소는, 북한이 3대 세습과 일당독재체제를 유지하기 위해 인민들의 자유를 억압하고 인권을 탄압하는 최악의 나라임을 스스로 증명하고 있습니다. 현재까지 북한에는 6개의 정치범수용소가 운용되고 있으며, 약 20만 명의 정치범이 수감되어 있는 것으로 추정되고 있습니다.

이처럼 공산주의가 당과 수령을 중심으로 하고 국민들의 자유를 철저히 억압함으로써 현재 세계적으로 성공하고 경제적 풍요를 누리며 국제사회로부터 신뢰를 받고 있다면 모르겠으나, 현재 북한의 실상은 완전히 그 반대입니다.

1990년대 중반기 이후 북한 인구 10%가 넘는 약 300만 명이 식량난으로 사망했습니다. 금세기 최악의 기근 사태가 아닐 수 없습니다. 이때 북한에서는 갑자기 "고난의 행군"이란 캠페인을 벌였는데, "고난의 행군"이란 말은 1938년 말부터 1939년까지 김일성이 이끄는 항일 빨치산이 만주에서 혹한과 굶주림을 겪으며 일본군의 토벌

작전을 피해 100여 일간 행군한 데서 유래한 것입니다. 김일성 사후(1994년) 얼마 못 되어 최악의 기근 사태가 급작스럽게 닥치자 김정일은 주민들의 사회적 이탈을 막고 자신에 대한 충성을 강조하기 위한 목적으로, "고난의 행군"이란 대중 노력동원 캠페인을 벌인 것입니다. 허기진 배를 채워 주려는 해결책은 하나도 없이 뼈와 가죽만 앙상하게 남은 주민에게 또다시 "고난의 행군"이라는 캠페인을 통해 국가적 기근 사태를 정당화시키고 자발적 희생을 강요한 것입니다. 북한의 심각한 인권유린 현상은 수령 개인의 우상화, 절대 숭배 사상에 의해 정신적·도덕적으로 정당화하고 있고, 법적으로도 담보되어 있습니다.

그 당시 주민들은 극심한 식량난에 허덕이며 이 거리 저 거리에서 무더기로 죽어 갔습니다. 식량난 못잖게 전기난도 심각했습니다. 턱없이 부족한 전기 때문에 정전이 잦아 한겨울 혹독한 추위에도 난방과 온수는 기대할 수 없고, 수돗물 공급이 끊겼으며, 이 때문에 가장 곤란한 점은 화장실 문제였습니다. 이렇게 일반 주민들의 비참함은 이루 말로 다 할 수 없지만, 김정일과 당 간부들은 전과 다를 바 없이 호화롭게 잘 살고 있습니다. 주민들은 굶주림에 죽어 가면서도 정치범 수용소라든지 치밀한 감시체계 등의 공포정치에 눌려 말 한마디 못 하고 계속해서 속으면서 온갖 고난과 이 기막힌 현실을 감내해야 했습니다.

실로 북한 공산주의는 악랄하고 교활하며 무자비합니다. 지금도 약 900만 명의 북한 주민들이 굶주림에 허덕이고 있으며, 굶주림을 견디다 못해 어린 딸을 팔기 위해 장터에 내어놓는 어머니까지 있다고 합니다. 거리와 역전을 헤매고 여기저기 돌아다니며 구걸하거나 남의 물건을 훔치는 꽃제비[144]가 늘고, 아예 식구 전체가 가족

144) 꽃제비: 북한에서 1990년대 들어 식량 배급제도의 붕괴 영향으로 부랑자가 급증하기 시작한 1994년경부터 주민들간에 유행된 신조어로서, 먹을 것을 찾아 일정한 거주

꽃제비로 생계를 꾸리는 경우도 허다합니다.

만일 북한 땅에서 인권을 위하여 열심히 싸워서 허기진 배를 채울 가능성이 있다거나, 애쓰고 수고한 만큼 사람답게 살 수 있는 길이 개척된다는 보장이 있다면 왜 죽음을 무릅쓰고 탈북하는 자가 늘어만 가는지를, 의식 있는 사람이라면 생각해 볼 문제입니다.

그런데 철없고 어리석은 사람들은, "북한도 사람 사는 곳인데 설마 자유가 아주 없겠느냐?"라는 망상과 환상 속에 사로잡혀 있습니다. 김일성은 북한의 정권을 장악한 다음에 기회가 있을 때마다 "북한 주민들은 고래등 같은 기와집에서 하얀 이팝(쌀밥)에 고깃국을 배불리 먹게 될 것"이라고 장담했습니다. 그러나 김일성, 김정일, 김정은으로 이어지는 3대 세습 독재체제 동안 한 번도 이 약속은 지켜지지 않았습니다.

자유 대한민국의 품에서 자유를 흠뻑 먹고 마시며 온갖 풍요를 다 누리고 있으면서 저토록 낡아빠진 공산주의 사상에 도취되어 거기에 희망을 걸고 따라가는 얼빠진 인간이 있다면, 더 이상 대한민국 국민의 자격이 없습니다. 그것은 마치 개가 먹고 토한 음식을 먹는 것과 같고, 해만 끼치고 아무 쓸모가 없어 쓰레기통에 던져 버린 것을 다시 주워다가 집안에 들이는 꼴입니다. 공산당이 있는 그 땅은 가난과 굶주림뿐이며, 어떤 발전도 기대할 수 없습니다.

우리는 6·25라는 엄청난 값을 치르고 배운 역사적 교훈을 우리 후손들의 가슴속 깊이 새겨 주어야 합니다. 국가를 염려하는 일은, 정치가나 군인만의 일이 아니라 우리 국민 전체의 공동 과제입니다. 나라가 있어야 개인도 있고 가정도 행복하고, 교회의 소중함도, 종교의 자유도 지킬 수 있는 것입니다.

지 없이 떠돌아 다니는 탈북한 어린 아이들을 지칭하는 은어

(7) 나라를 지키며 이름 없이 죽어 간 숭고한 희생을 잊지 말아야 합니다.

주후 70년 로마의 디도(Titus) 장군에 의해 예루살렘이 함락되자 967명의 유대인 저항군은 엘리아살 벤 야일(Eleazar ben Yair) 장군을 지도자로 하여 천연 요새 마사다[145]에서 3년간 저항했습니다. 그러나 주후 73년 4월 15일 로마 정예 제 10군단에 의해 마사다성은 점령당하고 말았습니다. 이때 엘리아살 벤 야일 장군은 "결코 노예가 되지 않겠다고 맹세한 우리가 목숨이 아깝다는 이유로 로마인의 노예가 될 수 없습니다. ... 이렇게 자유를 누리면서 세상을 떠나는 것이 우리에게는 더할 나위 없이 영광스러운 기념비가 될 것이기 때문입니다. 식량에는 손대지 말고 그냥 남겨 둡시다. 우리가 자결한 것은 식량이 부족해서가 아니라, 노예가 되느니 차라리 죽음을 택하겠다는 자유에의 열망 때문이었다는 사실을 만방에 과시하도록 합시다..."라고 애절하게 호소하였습니다. 이후 제비 뽑힌 10명이 전부를 죽이고, 남은 10명 가운데 제비 뽑힌 또 한 명이 9명을 죽이고 마지막 한 명도 스스로 자결하였습니다. 지하 동굴에 숨어 있던 여자(노인)와 5명의 어린아이들은 대학살을 모면하여 후세에 증언을 남겼습니다. 결사항전을 다짐한 유대 군인 967명은 유대인의 거룩한 민족혼을 간직한 채 장렬하게 자결하였습니다. 지금도 이스라엘 사람들은 그때 최후의 1인까지 항복을 거부하고 죽어간 마사다의 그 정신을 잊지 않고 기억하기 위하여, 이스라엘 신병 군인들의 정신 훈련의 마지막 장소로 마사다를 사용하고 있습니다. 그들은 이 훈련 과정에서 "마사다는 이제 두 번 다시 함락되지 않는다!"는 구

---

145) 마사다('요새'라는 뜻)는 이스라엘 남쪽, 유대사막 동쪽에 우뚝 솟은 거대한 바위 절벽에 자리 잡은 고대의 왕궁이며, 높이 약 410m, 길이 약 600m, 폭이 약 250m 마름모꼴의 천연 요새로, 고립되어 있는 난공불락의 요새지이다.

호를 외친다고 합니다. 이스라엘이 마사다의 967명의 희생을 숭고하게 기리며 잊지 않듯이, 대한민국 백성이라면 6·25전쟁 직후 3일 만에 국군 4만 4천 명의 숭고한 생명이 공산당에 의해 무참하게 희생된 역사적 사실을 결코 잊어서는 안 될 것입니다.

우리 국군에서는 6·25전쟁 때 전장의 포화 속에 묻힌 수많은 희생자들의 유해발굴을 전국적으로 실시하여 60여 년 만에 유해 4,133구, 유품 80,467점을 발굴하는 성과를 거두었습니다. 그러나 우리 민족의 산하(山河) 어딘가에는 아직도 발굴되지 않은 약 13만 4천 명의 희생자가 묻혀 있습니다.

지금 발전된 조국에서 누리는 자유와 번영은, 확실히 그들이 이 땅에서 흘린 피와 땀과 눈물의 결정체입니다. 나라를 위해 피 흘린 수많은 무명용사들, 조국의 부름 받아 공산군과 싸우다가 장렬하게 전사한 젊은 국군 용사들, 꽃봉오리도 피우지 못한 채 하루살이처럼 전사한 순국선열들을 기억해야 합니다. 낙동강 전선에서 총알받이로 희생되면서 국군 방어선을 끝까지 지켜 주었던 어린 학도병들을 기억해야 합니다. 휴전된 지 60여 년이 지나도록 그 유해조차 돌아오지 않는 자식을 자나 깨나 잊지 못하고 그리워하면서 가슴을 쓸어내렸을 부모의 아픔을 생각하면 눈물이 앞을 가립니다. 먼저 떠나신 참전용사를 비롯하여 현재 생존해 계신 약 25만의 참전용사들, 그들은 진정 용사다운 용사였습니다. 전투 현장에 있는 동안은 이미 나라의 제단에 바쳐진 목숨이라는 생각뿐이었습니다. 승전의 기쁨에 서로 부둥켜안고 눈물을 흘리다가도, 함께 싸우다가 쓰러져 간 동료 전우들을 생각할 때는 피눈물을 흘렸습니다. 그 많은 피와 땀과 희생과 아픔 속에 우리는 마침내 이 땅을 지켜낸 것입니다. 무명용사로, 교복 차림의 학도병으로 숨져 간 이들, 총탄이 빗발치는 그 험한 곳까지 지게로 탄약과 식량을 실어 나르던 노무자들, 그 피의 값어치가 얼마입니까?

오늘의 대한민국이 만들어진 것은 이름도 없이 빛도 없이 나라 위해 사라져 간 전우들의 생명의 값입니다. 그 터전 위에서 숨을 쉬고 자유와 번영을 누리고 있는 우리는, 그들의 숭고한 희생을 본받아 다시 한 번 일사각오의 순국정신으로 나라를 끝까지 지켜 내겠다는 굳은 각오와 결심을 가져야 하겠습니다.

글을 맺으면서

필자는 우리 민족의 보다 큰 발전을 촉성하는 뜻에서 혼돈과 고난, 불행의 연속이었던 근현대사를 회고하며 불운했던 과거를 성찰해 보았습니다. 사람의 생활에는 원래 과오와 결점이 많습니다. 그러나 과오를 과오로, 결점을 결점으로 알고 다시는 그것을 되풀이하지 않고 개선하려는 겸손한 노력이 있을 때 현재보다 더 나은 상태로 진보하게 됩니다. 그래야만 세계에 자랑할 위대한 문화도 창출해 나갈 수 있는 것입니다. 지금까지 인류가 과거 역사를 토대로 삼아 자기 보전, 자기 발전, 자기완성의 길에 매진해 왔듯이, 우리도 나라의 역사를 회고하고 바른 사관(史觀)을 세워 나갈 때 대한민국의 위대한 새 역사를 써 나갈 수 있을 것입니다.

자기 나라의 과거가 기억하기 싫을 만큼 수치스럽다 하더라도, 그것을 정직하게 되새김질하고 성실하게 직시하면 현재를 바로 정립하고 정확한 미래를 설계하는 토대가 마련됩니다. 그러나 한번 치렀던 처절한 역사와 그 교훈을 쉽게 잊어버린다면, 지난날 치욕스럽고 참혹했던 그 이상으로 또다시 피눈물을 흘릴 날이 올 수도 있습니다. 히틀러의 나치 정권이 어린이 150만을 포함한 600만 명 이상의 유대인을 잔인하게 학살한 참상이 야드 바쉠 홀로코스트 박물관에 사실적으로 전시되어 있습니다. 놀라운 것은, 가해자였던 독일 사람들도 그 박물관을 자주 방문한다는 사실입니다. 그들 중 일부는 눈물을 흘리며 끝까지 관람하지만, 대부분은 차마 끝까지 보지 못하고 도중에 나간다고 합니다. 더 놀라운 것은, 그런 독일 사람들을 안내하는 유대인 가이드의 설명입니다. "우리는 독일 사람들에게 복수하기 위해서 과거를 기억하는 것이 아닙니다. 우리가 과거를 기억하는 것은 다시는 무릎을 꿇지 않기 위해서입니다. 우리는 여러분 독일 사람을 이미 용서했습니다."독일인과 유대인 모두 역사 인식이 깊은 민족으로, 그들은 자신들의 역사를 잊지 않을 뿐 아니라, 더 중요한 것은 자기 민족에게 피해를 입혔던 그 민족에게도 그 역사를 잊지 않게 한다는 것입니다. 유대인들은 나치에 의해 희생된 600만 명 가운데 320만 명의 명단과 신상정보를 파헤치기 위해 2,200만 달러(약 220억 원)라는 엄청난 돈을 투자하여 전 세계가 그 역사를 잊지 않도록 노력하며, 그 결과 세계 평화에도 크게 이바지하고 있습니다. 참으로 우리 국민 전체에게도 철두철미한 역사의식이 시급한 때입니다.

우리나라는 근현대사에서 국가 생존을 위협하는 크고 작은 바람이 불어 닥쳐 아슬아슬한 위기를 수차례 겪었으나, 풀뿌리 같은 생명력으로 지금까지 보존되었습니다. 우리는 헐벗고 굶주리며 다른 나라의 원조를 받아야만 살 수 있는 너무도 가난한 나라였습니다. 독일, 미국, 일본에 눈물로 호소하여 차관을 얻어 왔습니다. 1964년 머리 잘라 가발 만들고, 쥐를 잡아 인조 밍크를 만들어 1억 달러 수출을 이루며 감격의 눈물을 흘렸습니다. 새마을운동으로 배고픔을 해결하고 잿더미의 삼천리금수강산을 푸르게 만들었습니다. 경부고속도로를 뚫고 울산공업단지를 열어 포항제철을 세웠습니다. 그렇게 자동차를 만들어 세계로 수출하고(2011년 자동차 생산량 세계 5위), 조선소, 반도체, IT산업 모두 세계 1위의 쾌거를 이루었습니다. 마침내 2011년 1조 달러 무역고를 달성하고 분야별로 눈부신 발전을 거듭하며 대한민국은 세계 경제의 중심지로 탈바꿈하였고,[146)]

146) 유엔개발계획(UNDP)은 지난 1998년 조사 가능한 세계 174개국을 대상으로 36

G20 정상회의, 핵 안보 정상회의와 같은 세계 최고위급이 모이는 국제회의를 주최하면서 높은 국력을 지닌 나라로 발돋움했습니다. TV드라마, K팝(pop)을 비롯한 한류 열풍으로 전 세계가 열광합니다. 전쟁의 잿더미 속에서 일어난 대한민국이 다른 나라에게 도움을 주는 선진일류국가가 되어, 20세기의 기적이라 불리고 있습니다.

오늘의 발전된 조국이 있기까지 그 밑뿌리에는 암울했던 대한민국 근현대사가 있었고, 아픔과 슬픔으로 얼룩진 근현대사는 대한민국 전 백성들이 나가야 할 올바른 방향을 분명히 제시해 주고 있습니다. 공산주의에 현혹되어 김일성에게 충성하며 북으로 갔던 남로당 최고 지성인들의 운명은 모두 너무나 비참했습니다. 그들의 비참하고 허망했던 최후는 곧 공산주의의 최후이기에, 오늘 우리들의 선명한 거울로 그것을 직시하고 반드시 기억해야 합니다. 또한 1950년 6월 25일 새벽 4시, 살인마 같은 김일성과 북한군의 불법 기습남침으로 3일 만에 국군 4만 4천 명이 희생된 일과 3년 1개월 2일 동안 전 국토가 초토화되고 대한민국 백성 300만 명이 희생되었던 일을 결코 잊어서는 안 됩니다. 우리는 자유민주주의 대한민국을 저 잔악스런 공산주의로부터 깨어 지켜야 합니다.

이를 위해 시급한 것은 **첫째, 정직하고 성실한 역사 교육입니다.**

역사는 더해서도 안되고 빼서도 안되며 있었던 사실대로 기술되어야만 생명력을 발휘해서 후세에게 힘 있는 교훈이 될 수 있습니다. 반드시 철저한 역사 교육이 이루어져야 우리 후손들이 자신들의 뿌리를 찾고, 나라가 나아갈 올바른 방향을 되찾게 됩니다. 유대인

년간(1960-1995년)의 경제성장률을 발표한 바 있다. 대한민국은 1960년 이후 36년간 7.1%씩 성장한 것으로 조사되어 세계 모든 국가 중 경제성장률 1위를 차지하였다.

들은 역사적 사실을 정확하게 교육하는 일에 치중함으로써, 약 10배에 달하는 아랍 적국에 포위된 상태에서도, 1948년 독립 이후 6차례의 중동전에서 계속 승리해 오고 있습니다. 역사 교육이 철저한 나라는 결코 망하지 않으며, 이것이야말로 향후 대한민국의 운명을 좌우하는 중차대한 과제인 것입니다.

둘째, 전 국민이 자기 본분을 잃지 않고 맡은 자리에서 국가를 지키는 파수꾼이 되어야 합니다.

나라의 평안과 국민복지에 힘써야 할 정치가들이, 당리당략을 선동하기에만 급급하면 자기 신세도 망치고 나라도 망치게 됩니다. 자본가들이 탐욕만 부린다면 기업도 망하고 경제를 어지럽혀 끝내는 나라도 망하게 됩니다. 입법부, 사법부, 행정부 모든 분야에서 나라의 앞날을 어둡게 하는 일이 있어서는 안 될 것입니다. 각 종교인들도 모두 깨어 일어나 나라를 위해 기도 쉬는 죄를 범해서는 안 됩니다. 저마다 시기를 바로 분별하고 호국정신으로 똘똘 뭉쳐 자유민주주의 대한민국을 끝까지 지키는 파수꾼으로서의 사명을 자각해야 합니다.

백성들이 불안한 마음 없이 믿고 맡길 수 있는 거짓 없는 정치가, 오직 나라를 생각하는 한 뜻으로 몸과 마음을 바쳐 충성하는 군경, 선각자의 정신으로 중심을 불태우며 기도를 쉬지 않는 종교인, 저마다 맡은 분야에서 힘써 분발하고 최선을 다하는 공무원, 노동자, 학생, 학부모가 되어야 합니다. 그때 비로소 이 나라는 옛 선조들의 거룩하고 숭고한 피의 밑거름 위에서 서로가 서로를 믿는 굳건한 신뢰의 끈으로 하나가 되어, 온 국민이 근심 없이 잘 사는 나라, 세계적인 강국! 위대한 자유민주주의 대한민국으로 발돋움하게 될 것입니다.

셋째, 밤낮으로 나라를 지키는 국군 장병들의 고초와 노고를 기억하고 진심으로 감사해야 합니다.

핵폭탄을 비롯한 최신 무기로 무장한 주적이 눈앞에 도사리고 있지만 우리나라 국민들 중에 그 위험을 크게 느끼거나 심리적 불안을 느끼지 않는 이유는, 두말할 것 없이 국군 장병들이 밤을 지새우며 최전방에서 철책을 감시하고 또 후방에서 나라를 철저하게 지키고 있기 때문입니다. 국민들이 먹고픈 대로 하고픈 대로 가고픈 대로 편안하고 자유롭게 생활하는 이면에는, 우리가 알지 못하는 사이 국군 장병들의 희생적인 헌신 봉사가 있다는 사실을 기억해야 합니다. 특히 지형상 삼면이 바다로 둘러싸인 데다 도서(島嶼: 크고 작은 온갖 섬) 지역이 많은 우리나라는 국방력에 있어서 해군과 해병대의 중요성은 매우 큰 것입니다. 해병대의 경우, 1948년 10월 19일 여수 순천 사건을 계기로 수륙양면 작전의 필요성이 높아짐에 따라 1949년 4월 15일 진해 덕산 비행장에서 상륙작전을 주 임무로 하여 창설되었습니다(초대 사령관 신현준 중령). 이처럼 해병대는 좌우익의 혼란이 극에 달했을 때 철저한 반공정신의 바탕 위에 창설되어 당시 제주 4·3사건의 연장선에서 제주 지역의 공비토벌을 담당하였고, 실제 대한민국 해병대의 용맹성은 6·25전쟁과 베트남전에서 증명되었습니다. 6·25전쟁 시 한국해병대 단독으로 실시한 통영상륙작전에서는 신출귀몰한 작전으로 적의 간담을 서늘하게 함으로써 당시 '귀신 잡는 해병'으로 알려졌습니다. 또한 베트남전에서는 1개 중대병력으로 2개의 연대급 북 베트남 정규군 병력과 전투를 벌여 진지를 굳건히 사수하고 크게 승리하여 '신화를 남긴 해병대' 등의 별칭으로 불리기도 하였습니다.

해병대 장병 대부분은 적의 유효 사거리 내에 배치되어 생명의 위협을 가장 크게 감수하고 있고, 북한이 도발하는 즉시 아군의 교두보 확보를 위해 적지에 가장 먼저 투입되는 부대여서 초전 생존률이 매우 저조합니다. 그만큼 투철한 희생정신과 봉사정신을 요하기 마련입니다. 온 국민들은 이 점을 각별히 인지하고 이 나라를 지키고 있는 그들의 노고에 관심을 기울여야 됩니다. 해군의 경우, 보이는 것이라곤 바닷물뿐이고 사방에서 불어오는 억센 바람을 막아 줄 바람벽도 없는 열악한 환경에서 생활합니다. 더구나 수중은 모든 것이 최악의 조건입니다. 잠수함 내부에서는 육지로 올라오기 전까지는 줄곧 생활 악취와 탁한 공기(방귀 냄새)를 감내해야 합니다. 적으로부터 조국을 지키겠다는 일사각오의 애국정신이 없이는 한순간도 감내하기가 버거울 것입니다. 대한민국 국민으로서 편안히 먹고 마시는 순간마다 국군 장병들의 말할 수 없는 고초와 노고를 늘 기억하고, 진심으로 고마운 마음으로 응원해 주며, 군 복무 기간 동안 나라를 지키는 소임을 다하고 건강한 모습으로 제대할 수 있도록 기도를 쉬어서는 안 될 것입니다.

넷째, 자유민주주의 대한민국을 지키는 일이, 모두가 자유와 평화를 영원히 누리며 살 수 있는 길임을 철저히 가르쳐 주어야 합니다.

북한은 자유가 없는 철저한 폐쇄주의 사회입니다. 거주, 이전, 여행의 자유가 없으므로 부모가 죽어도 당의 허가를 받아야 갈 수 있고, 수도 평양은 당성이 좋은 사람만 살도록 엄격하게 제한되어 있으며 일반 백성은 일생에 한 번도 가보지 못합니다. 우리나라는 신생아에게도 여권을 발행해 주지만 북한은 여권이 없고 해외여행은 꿈도 꾸지 못하며, 당의 허가 없이 국경을 넘으면 발각 즉시 총살됩니다. 당 간부가 아니면 아무리 머리가 좋고 공부를 열심히 해도 자기가 원하는 곳에 취직할 수 있는 직업선택의 자유가 없습니다. 남들보다 더 열심히 노력하더라도 개인 재산이 전혀 보장되지 않습니다. 언론 출판의 자유가 없으므로 라디오 채널은 늘 고정되어 있으며, 노동신문만 보아야 하고 중앙방송만 청취하도록 되어 있습니다.

우리나라는 군 복무 21개월간 정기 휴가, 포상 휴가, 외출, 외박이 여러 번 있지만, 북한은 10년이란 복무기간 동안, 자기가 맡은 곳의 지형·지물을 환히 꿰뚫어야 한다는 이유로 이동 없이 한 곳에서만 근무하고, 휴가·외출 그 자체가 아예 없습니다. 법적으로는 휴가를 갈 수 있다고 명시돼 있으나, 실제로는 그 자격이 되더라도 상부에서는 '잠시 휴가 간 사이 자리를 비우면 자신이 복무하던 자리를 누가 지킬 것인가!'라고 다그쳐 결국 휴가를 갈 수 없게 만드는 것입니다.

참으로 북한은 그러고도 인간 중심의 민주주의라 속이고, 혁명과 건설의 주인은 인민대중이며, 부한 자 가난한 자 없이 평등하게 사는 이상사회를 건설한다는 달콤한 거짓말로 사람들을 반복 세뇌시키고 있습니다.

우리 대한민국은 자유민주주의 국가로서, 헌법을 통해 전 국민에게 참다운 자유를 국민의 기본 권리로 보장하고 있는 복지국가입니다. 신체의 자유, 거주 이전의 자유, 직업선택의 자유, 주거의 자유, 사생활의 비밀과 자유를 침해받지 않을 권리, 통신의 비밀을 침해받지 않을 권리, 양심의 자유, 종교의 자유, 언론 출판의 자유, 집회 결사의 자유, 학문과 예술의 자유, 사유재산권 등이 있습니다. 자유민주주의! 그것은 인류의 최대가치요, 대한민국 전 국민이 지켜야 할 생명적 가치입니다. 현재 우리가 발전된 조국 속에서 누리는 온갖 자유의 소중한 터전을 이룩한 선조들의 피땀 어린 노고를 늘 기억하고, 오늘 우리에게 맡겨진 자유민주주의 대한민국을 확고히 지켜 나갑시다! 너무도 큰 희생을 치른 끝에 깨달은 자유의 숭고한 가치, 어렵게 지켜낸 자유의 귀중성을 우리 후손들에게 확고히 대물림해 줍시다!

이제 대한민국 국민들 모두에게 정말 새로운 결의가 있어야 할 때입니다. 우리 역사를 돌이켜보면, 나라가 매우 위태롭고 어려운 지경에 처했을 때, 목숨을 바쳐 나라를 구하고 나라를 살린 사람은 말 잘 하는 말쟁이들이나 글을 많이 배운 학자들이 아니었습니다. 남들이 꺼리는 일을 행동으로 본을 보인 자들이 역사적 소명의식을 가지고 나라를 지켰으며, 그 누구보다 군인들이 가장 앞장서서 목숨을 걸고 나라를 구했습니다. 호국보훈의 달이 되면 정부도 언론도 국민 개개인도 대단한 애국심이나 역사의식이 있는 것처럼 화려한 말 잔치를 합니다. 대체로 실천 없는 빈말이거나 진정성이 없는 허풍으로, 그마저도 6월이 지나고 나면 썰물처럼 사라지고 맙니다. 백 가지의 이론보다 한 가지의 실천이 요망되고, 분열을 즐기기보다 서로를 아끼고 도와주면서 단합하는 정신이 필요합니다.

크고 긴 수난과 시련 속에서도 우리 민족은 놀라운 끈기와 강인함으로 극복해 왔습니다. 오래도록 잘 다듬어진 우리 민족의 무한한 저력을 재발견하고 미래에 대한 큰 사명감과 새로운 의욕으로 함께 손을 잡고 달려 나가야 하겠습니다.

최근 우리나라 국회의원 중에 공식 행사에서 태극기를 짓밟는 자가 있는가 하면 애국가를 인정하지 않는 얼빠진 인간까지 나타나, 자유민주주의 대한민국의 안보상황이 얼마나 최악인가를 보게 됩니다. 태극기는 대한민국의 민족혼이 깃든 숭고한 깃발입니다. 수많은 애환과 질곡의 역사를 담아낸 한민족의 심장입니다. 언제나 우리에게 드넓은 어머니의 품이 되어 화해와 협력으로 민족 전체가 한길을 가도록 지켜 주었습니다. 이 자랑스러운 우리의 태극기가 국민들 한 사람 한 사람에게 애국심과 국가관을 심어 주었고 오늘의 대한민국이 되도록 초석이 되었습니다. 나라가 위기에 처했을 때 태극기를 손에 들고 흔들면서 마지막까지 대한 독립을 외치고 목숨을 바친 순국선열들이 얼마나 많았습니까? 국경일이 되면 태극기를 다림질하여 대문에 걸고, 국가 행사 때 국기의례를 하고 가슴에 손을 얹어 그 앞에 충성을 맹세합니다. 올림픽 때 선수들이 국기가 올라갈 때 온 국민들과 하나 된 감격으로 눈물을 흘리면서 동시에 애국가를 부릅니다. 애국가는 내 나라를 사랑하는 정신을 일깨워 주는 노래입니다.

우리나라 애국가에 나타난 염원처럼 **"동해물과 백두산이 마르고 닳도록 하나님이 보우하사 우리나라 만세"**를 이룩해야 합니다. 온 국민이 반세기 넘도록 불렀던 이 가사 대로 대한민국이 하나님의 보우(保佑) 아래 절대 망하지 않고 세세토록 영원하기를 진심으로 소원합니다. 이를 위해 우리 국민 한 사람 한 사람이 나라를 내 몸처럼 부둥켜안고 사랑해야 합니다. 우리 국민 전체가 '이가 날카로운 새 타작 기계'가 되어야 합니다. 그리하여야 나라를 망치는 어떠한 불온 사상도 다 부숴 뜨려 물리치고 바람에 날리는 겨와 같이 흩어 버릴 수 있을 것입니다. 산더미 같은 악의 세력이 달려든다 해도 전혀 문제 될 것이 없는 것입니다.

오랜 세월 아슬아슬한 역사의 빙판 위에서 나라를 지키기 위해 몸부림치던 독립투사들과 순국선열, 애국지사들, 군경들이 흘린 고귀한 피와 그 가족들이 한없이 흘렸을 눈물, 나라를 세우기 위해 노동자들이 보이지 않는 곳에서 흘린 땀방울은 결코 헛되지 않습니다. 반드시 하나님의 마음에 기억하신 바가 될 것입니다. 부디 그들이 뿌리고 간 애국애족의 혼을 우리 마음 판에 깊이 새겨, 대한민국을 잘 보존하고 우리 후손들에게 소중하게 물려줍시다!

복스러운 나라, 자유민주주의 대한민국을 목숨 다하기까지 지켜 나갑시다! 5천만 온 국민이 모두 애국자로 일어나야 할 때입니다.

나라를 굳건히 지키고(護國), 나라를 부강하게 일으키고(興國),
나라를 깊이 사랑하고(愛國), 나라에 정성스럽게 보답(報國)합시다!

우리 자녀들이, 나라 위해 순국했던 독립투사들과 군인과 경찰들의 애국애족의 정신과 그 사상을 이어받아 이 나라를 사랑하는 위대한 후예들이 되게 합시다! 그리하여 대한민국이 다시는 남의 나라 종이 되지 않고 자주국가로서 도움을 주는 나라, 전 세계에서 가장 으뜸가고 행복한 나라, 자손만대에 잘 사는 복된 나라가 되기를 간절히 소망합니다.

사랑하는 애인을 사모하듯 밤낮 오로지 나라 생각으로 여념이 없다가 내 나라 살리는 일이라면 소중한 생명도 초개처럼 버린, 애국열사들의 우국충정(憂國衷情)! 이제 오늘 우리의 가슴 속에 그 민족혼이 되살아나서 대한민국의 등불이 영원히 활활 타오르기를 소원하고 또 소원합니다.

찾아보기

영문 및 숫자

ㄱ

ㅈ

대한민국 근현대사 시리즈 4

잊을 수 없는 6.25전쟁

1950년 6월 25일

초 판 1쇄 2011년 11월 5일
109쇄 2025년 5월 1일

저 자 박윤식
발행인 유종훈
발행처 휘선(사단법인 성경보수구속사운동센터)
e-mail center@huisun.kr
주 소 서울시 구로구 오류로8라길 50 6층
전 화 02-2618-1217
등 록 제25100-2007-000041호
ISBN 979-11-964006-4-4 (04390)(세트)
979-11-964006-8-2
책 값 7,000원

휘선은 '사단법인 성경보수구속사운동센터'의 브랜드명입니다.

앞 표지그림: 대한민국의 국화(國花) 무궁화를 14개 도에 한 송이씩 그려 삼천리 금수강산을 상징하였다. 무궁화(Rose of sharon)는 피고 또 피어 영원히 지지 않는 꽃, 영원무궁토록 빛나 겨레의 환한 등불이 될 꽃, 성스럽고 선택받은 곳에서만 피어나는 아름다운 꽃이라 이름한다.

본 서의 표지그림은 대한민국의 밝은 미래와 강인한 생명력이 세세토록 무궁(無窮)하기를 기원하는 마음으로, 독립운동가 한서(翰西) 남궁억 선생(1863-1939년)의 무궁화 수본(繡本)을 재창작한 것이다. 처음 이 수본은 한반도에 당시의 13도를 상징하는 무궁화 13송이와 백두대간을 상징하는 무궁화 가지를 수놓았으며, 독도와 제주도는 무궁화 꽃잎으로 수놓아져 있었다.

남궁억 선생은 일제 시대에 독립운동가, 언론인, 교육자로서 나라의 독립을 위해 '무궁화운동'에 앞장섰던 분이다. 초지일관 구국을 위해 헌신한 진정한 애국자로, "내가 죽거든 무덤을 만들지 말고 과목 밑에다 묻어서 거름이나 되게 하라."는 위대한 유언을 남기셨다. 1933년 11월 4일 '무궁화와 한국역사사건'으로 체포되어 복역하다가 1935년 병보석으로 출감한 뒤 오래 살지 못하고 1939년 4월 5일 77세에 세상을 떠났다.